ULF KILIAN (HG.)

LEBEN // GESTALTEN

IN ZEITEN ENDLOSER KRISEN

D1730876

jovis

jovis

ULF KILIAN (HG.)

LEBEN // GESTALTEN
IN ZEITEN ENDLOSER KRISEN

Beiträge des Werkbundtages 2011 (16. – 18.09.2011)
veranstaltet vom Deutschen Werkbund Hessen, gefördert durch den Kulturfonds
Frankfurt RheinMain

ULF KILIAN

VORWORT

Der Deutsche Werkbund ist eine der traditionsreichsten deutschen Kulturinstitutionen, die sich als interdisziplinäre, nicht-berufsständische Vereinigung mit Fragen der Gestaltung beschäftigt. Seit seiner Gründung war und ist das Werk-Ding – ob Haus oder Möbel – Gegenstand der Gestaltung und Anlass, sich mit den Lebensbedingungen des je geschichtlichen Menschen auseinanderzusetzen.

Der Deutsche Werkbund formuliert seinen Auftrag in der Präambel zu seiner Satzung folgendermaßen: „Der Deutsche Werkbund wurde 1907 mit der Absicht ‚der Veredelung der gewerblichen Arbeit im Zusammenwirken von Kunst, Industrie und Handwerk' gegründet. Er hat wesent-liche Impulse zur Industrie- und Baukultur seiner Zeit gegeben und allgemeinbildende Ziele in Lehre und Forschung verfolgt. Er ist diskursiv, interdisziplinär und international ausgerichtet. Gesellschaftliche Veränderungen und Entwicklungen erfordern stets eine neue Ausrichtung des Deutschen Werkbunds, der sich auf diese Weise seiner Verantwortung in der Gesellschaft stellt. Er bringt sich in die für ein verantwortungsvolles Gestalten einer humanen Umwelt notwendigen Auseinandersetzungen ein. ...".

Von *dem* Werkbund zu sprechen, suggeriert eine ungebrochene geschichtliche Kontinuität, die vom Begriff auf das Wirken schließt. Das ist historisch falsch. Korrekterweise muss man von den Werkbünden sprechen. Dieser Einspruch ist nicht allein der föderalen Struktur geschuldet, die der Werkbund nach 1945 angenommen hat; vielmehr ist damit gemeint, dass sich diese seit mehr als 100 Jahren existierende Vereinigung von Beginn an den gesellschaftlich immer neuen Herausforderungen gestellt und Antworten gegeben hat. Wesentliches Merkmal des Selbstverständnisses ist deshalb nicht „*die* gute Form", mit der der Werkbund historisch eng verbunden ist, sondern das Ringen um formale Lösungen für komplexe gesellschaftliche Herausforderungen, die in der Formel des „verantwortungsvollen Gestaltens" zum Ausdruck kommt.
Der Werkbund begreift sich als Forum, auf dem in unterschiedlichen Formaten die Qualität von Gestaltung reflektiert wird. Nicht die Stilbildung steht im Vordergrund der Arbeit des Werkbundes sondern die Qualität – nicht als ontologische, sondern als historische Kategorie.

Nach 2001 richtete der Werkbund Hessen zum zweiten Mal einen Werkbundtag in Frankfurt am Main, dem Sitz seiner Geschäftsstelle, aus. Die Werkbundtage sind die zentralen Veranstaltungen des Werkbunds. Sie werden jährlich von einem der Werkbünde (Baden-Württemberg, Bayern, Berlin, Hessen, Nord, Nordrhein-Westfalen, Saarland, Sachsen und Rheinland-Pfalz) inhaltlich verantwortet und durchgeführt. Es sind die Veranstaltungen, mit denen der Deutsche Werkbund auf gesellschaftliche Entwicklungen reagiert, seine Standpunkte vorstellt und diskutiert, zugleich aber auch sich selbst und sein kulturpolitisches Engagement hinterfragt.
Der Werkbundtag 2011 – *leben // gestalten* wurde vom Hessischen Werkbund in der Zeit vom 16. bis 18. September 2011 in Frankfurt am Main im neuen Hörsaalzentrum der Goethe-Universität, Campus Westend durchgeführt. In einem interdisziplinär besetzten Kongress wurden zentrale Gesellschaftsfragen des beginnenden 21. Jahrhunderts unter einem erweiterten Gestaltungsbegriff thematisiert.
Zwei Eröffnungsvorträge am 16. September gaben einen Überblick über die gesellschaftlichen Entwicklungen vom Beginn des 20. Jahrhunderts, der Gründungsphase des Deutschen Werkbunds, bis zu den aktuellen Gesellschaftsfragen des beginnenden 21. Jahrhunderts. Der Kongress am 17. September sah vier Themenblöcke mit insgesamt acht Referaten aus unterschiedlichen Bereichen der Geistes-, Gesellschafts-, Erziehungs-, Umwelt-, Natur- und Wirtschaftswissenschaften vor: Block I „Leben in Städten – über den Einen und die Anderen" befasste sich mit den

soziologischen und philosophischen Aspekten des Zusammenlebens in modernen Gesellschaften. Block II, „Selbstermächtigung und Partizipation – über Teilhabe an Politik, Gesellschafts- und Gestaltungsprozessen", fragte nach der Einlösbarkeit von Menschenrechten als Versprechen und Herausforderung demokratischer Gesellschaften. Block III, „Gebrauch versus Verbrauch/Von Menschen und Dingen – über Produktion und Konsumtion", thematisierte neue Ansätze verantwortlichen Handelns und Wirtschaftens. Block IV, „Ein Leben nach dem falschen/Mensch und Verantwortung – über den Umgang mit materiellen, geistigen und ideellen Ressourcen", untersuchte, vorhandene Potenziale und ihren möglichen Einfluss auf gesellschaftliche Entwicklungen.

Die vorliegende Publikation basiert auf den Vorträgen des Werkbundtages 2011 und folgt im Wesentlichen der Struktur des Kongresses. Von ihr erhoffe ich mir, dass sie einerseits die Diskussionen innerhalb des Werkbunds befruchtet und andererseits einem an fachübergreifenden Gestaltungs- und Gesellschaftsfragen interessierten Publikum die Arbeit des Werkbunds näher bringt.

Bis zur Durchführung des Werkbundtages 2011 und zur Fertigstellung des Buches war es ein langer und teilweise beschwerlicher Weg. Hinter beiden Projekten steht die Mitarbeit zahlreicher Personen, denen ich an dieser Stelle für ihre Unterstützung danken möchte. Es sind dies meine Vorstandskolleginnen und -kollegen im Hessischen Werkbund Michael Peterek, Petra Schwerdtner, Gregor Fröhlich, Wilhelm Krahn, Folckert Lüken-Isberner, Martina Voegtler, Ursula Wenzel und Anke Wünschmann. Ohne das Engagement weiterer Mitglieder des Vereins, namentlich Amalia Barboza, Helen Barr, Bernhard Fuchs, Nikolaus Gramm, Christoph Koch, Georgios Kontos, Jochen Rahe, Nina Sonntag und Sabine Zimmermann wären Kongress und Publikation nicht möglich geworden.
Martina Voegtler danke ich darüber hinaus für die Gestaltung des vorliegenden Buches, Thomas Schriefers für die Überlassung der Collage für die Titelseite, den Referenten des Kongresses respektive den Autoren dieses Buches für ihre anregenden und kritischen Beiträge, Thorsten Bürklin und Annette Roggatz für die Moderation des Werkbundtages, meinem langjährigen Vorstandskollegen Michael Peterek für alles, was ohne die Zusammenarbeit mit ihm nicht möglich geworden wäre, und nicht zuletzt meiner Frau Christine Bürkle und meiner Tochter Selini für Zuspruch, Unterstützung und Geduld.
Mein Dank für die großzügige finanzielle Unterstützung des Werkbundtages 2011 und der vorliegenden Publikation gilt dem Kulturfonds Frankfurt RheinMain.

Januar 2012

Ulf Kilian,
1. Vorsitzender Deutscher Werkbund e. V. / 1. Vorsitzender Deutscher Werkbund Hessen e. V.

FREDERIC J. SCHWARTZ

WERKBUND UND ÖFFENTLICHKEIT –
EINE HISTORISCHE BETRACHTUNG

Am 23. Oktober 1965 sprachen Theodor W. Adorno und Ernst Bloch als Gastredner auf der Konferenz des Deutschen Werkbunds, dessen Thema in diesem Jahr „Bildung durch Gestalt" hieß. Unter der Überschrift „Funktionalismus heute" schlug Adorno in seiner Ansprache einen überaus kritischen Ton an. „Das Unbehagen, das mich beim deutschen Wiederaufbaustil befällt (...) bewegt mich, der dem Anblick derartiger Bauten nicht weniger ausgesetzt ist als ein Fachmann, nach dem Grund zu fragen."[1] Adorno bezog sich damit unter anderem auf seinen Arbeitsplatz im Frankfurter Institut für Sozialforschung in der Senckenberganlage 26 der Johann-Wolfgang-Goethe-Universität, das von Alois Giefer und Hermann Mäckler entworfen und 1951 fertiggestellt worden war. Er kam zu dem Schluss: Es gibt „nichts Trostloseres als die gemäßigte Moderne des deutschen Wiederaufbaustils, dessen kritische Analyse durch einen wahrhaft Sachverständigen höchst aktuell wäre."[2] Bloch war nicht weniger kritisch. In seinem Vortrag „Bildung, Ingenieurform, Ornament" referierte er über das „Termitendasein in Kistenhäusern". Formen „sind nun gerade nicht mehr menschlich zweckgerecht differenziert: Bungalow, Flughafen (...) Theater, Universität, Schlachthaus sind in der dominierenden Form des Glaskastens geeint."[3] Und beide zeigen sie mit dem Finger auf das Bauhaus.

Die Anwesenheit von Adorno und Bloch auf der Werkbundtagung wurde von vielen Historikern als Zeichen eines breiten Stimmungsumschwungs gegen den Wiederaufbaustil der Nachkriegsarchitektur und das Erbe des Bauhauses interpretiert. Betrachtet man Text und Kontext aber genauer, so deutet sich eine sehr viel komplexere und interessantere Situation an. Mein Argument wird im Folgenden aus zwei Teilen bestehen. Zum einen vertrete ich die Ansicht, dass Adorno und Bloch ihr Publikum nicht wirklich erreichten, was jedoch nichts mit dem Prestige dieser Institution zu tun hatte. Im zweiten Teil versuche ich zu zeigen, dass das Bauhaus, trotz seines hohen Ansehens und der Vorherrschaft des Funktionalismus in der Architektur der jungen Bundesrepublik, immer ein Problem darstellte. Das Bauhaus bildete auch nach dem Krieg einen historischen Referenzpunkt und hat in dieser Funktion – selbst unter denen, die sich inzwischen zur Moderne bekannten – oft genug für Irritation, Diskussion und Widerspruch gesorgt. Mit anderen Worten scheint das Bauhaus in den Architekturdiskussionen der Nachkriegszeit einerseits irritiert zu haben, hatte aber andererseits das Verdienst, diese Debatten überhaupt mit angestoßen zu haben.

Indem dieser Text sich nicht nur mit Bloch und Adorno beschäftigt, sondern auch die Interventionen anderer prominenter Intellektueller zu den Designdebatten mit einbezieht, soll auf die sich wandelnde Diskussion in Philosophie, Soziologie und Psychologie zum deutschen Wiederaufbau hingewiesen werden und auf die veränderte Art und Weise, wie man infolgedessen nun über die politischen Aspekte der gebauten Umwelt diskutierte. Mein Text wird sich außerdem mit den diskursiven Widersprüchlichkeiten in diesem Prozess befassen, die oft mit der Sorge um Mitschuld und Verstrickung der Architektur zur Zeit des Nationalsozialismus und des Krieges zusammenhingen. Es ist nicht mein Ziel, eine Rezeptionsgeschichte des Bauhauses und der funktionalistischen Position im dritten Viertel des 20. Jahrhunderts zu schreiben, sondern es geht vielmehr darum, die Politisierung der Architektur in der Nachkriegszeit genauer zu untersuchen. Hierbei kommt es darauf an, jene Diskursphänomene zu identifizieren, die frühe Hinweise auf die spätere architektonische Debatte liefern und sie detailliert zu analysieren. Wenn man die Rezeptionsgeschichte des Bauhauses als sein eigentliches Vermächtnis versteht, dann spiegelt sich hierin viel von der Entwicklung der Nachkriegsöffentlichkeit wider, wie auch die meist recht problematischen Versuche, Fragen aus den Bereichen von Architektur und Design zu Themen der öffentlichen Debatte zu machen.

Was bei Blochs Ansprache besonders auffällt, ist der große historische Bogen, den er schlägt. Bloch spürt der Entstehung dessen nach, was er die gegenwärtige „spätkapitalistische Hetze und Entfremdung"nennt oder auch die allgemeine „Bahnhofhaftigkeit unseres Daseins".[4] Es handelt sich hierbei um eine bekannte Geschichte. Seine Ansprache schildert die Eingebunden- heit des Ornaments in die Klassendynamik der Gründerzeit, als soziale Aufsteiger und Klein- bürger versuchten, die herrschende Klasse zu imitieren. In der Arbeit von Adolf Loos erkennt er eine berechtigte, „zum Teil sozialistisch gestimmte" Kritik am Missbrauch architektonischer For- men, auch wenn er der Ansicht ist, dass sie im Bereich des Stils stecken blieb.[5] Die asketische „Zweckform" verkam zu einem Stil und verlor dadurch die Verbindung zu ihren ursprünglichen Werten wie zu ihrem politischen Ursprung und wurde zu einem neuen, funktionalistischen Fei- genblatt für die im Grunde unveränderten sozialen Beziehungen. Statt für traditionelle Deko- ration plädierte Bloch für die Erneuerung des Ornaments und für eine „bildende Phantasie". Diese bildende Phantasie könnte mit dem zweifelsohne vorhandenen Einfallsreichtum kombi- niert werden, der sich in der modernen technischen Entwicklung verbirgt. Dies könnte zu einer Aufhebung der Gegensätze von Vernunft und Phantasie führen, eine Aufhebung, die nach Bloch eine humanere Umwelt und eine gerechtere Sozialordnung verspricht.

Es handelt sich hier zwar um einen außergewöhnlichen Text und nicht umsonst hatte Adorno die Philosophie seines Freundes als „große Blochmusik" bezeichnet.[6] Aber ich frage mich, wel- chen Ton Bloch wohl bei diesem Publikum angeschlagen hätte. Verweise Blochs auf die Gegen- wart sind eher vage und unspezifisch und die Referenzpunkte seiner Darstellung waren tat- sächlich sehr veraltet. Es ist berechtigt zu sagen, „daß man aus der Gründerzeit (…) noch nicht heraus ist"[7], aber nur wenige seiner Zuhörer werden sich noch an diese Zeit erinnert haben. Basis von Blochs geschichtlicher Erkundung bildeten die Stilmoden bzw. die Suche nach dem wahren Stil, der Durchbruch von Kandinsky und des Blauen Reiters, von Adolf Loos und Paul Scheerbart. All das waren Dinge, die mehr als ein halbes Jahrhundert zurück lagen. Und obwohl den Architekten der Nachkriegszeit sehr daran gelegen war, an die Verbindungen zur Vorkriegs- geschichte anzuknüpfen, geht Bloch sogar bis in die Zeit vor dem Ersten Weltkrieg zurück. In der Tat stammen viele seiner Formulierungen wie seiner Argumente aus der ersten Ausgabe seines Buches *Geist der Utopie* von 1918. Damit aber redet Bloch an den Gegebenheiten der da- mals gerade 15 Jahre alten Bundesrepublik und ihrer Kultur vorbei. Obwohl Bloch als Vaterfigur der neuen Linken der Nimbus der Aktualität umgab, muss das auf viele Zuhörer wie eine ver- staubte Geschichtslektion gewirkt haben. Jedenfalls hinterließ seine Ansprache kaum Spuren in den nachfolgenden Architekturdiskussionen.

Dagegen ist Adornos Vortrag „Funktionalismus heute" mehr als nur ein ambitionierter Konfe- renzbeitrag; als intellektuelle Übung stellt er eine Glanzleistung dar. Eingangs bittet Adorno um Entschuldigung, dass er die Grenzen seines Metiers – der Musik – überschreite, wenn er sich auf das Gebiet der Architektur begebe. Er rechtfertigt das damit, dass es durch seine Verbindung zu Schönberg und der Neuen Wiener Schule eine direkte Anknüpfung an die Sachlichkeit des Bauhauses und des Werkbundes gebe. Mittels der historischen Dialektik bricht er die Differenz zwischen Ornament und Funktion auf. Funktion, argumentiert er, sei nicht nur äußerlich, son- dern sei in erster Linie eine immanente künstlerische Funktion innerhalb der Logik des Werkes selber. Und was einst funktional war, kann sich wandeln zu etwas innerlich Überflüssigem, Ver- schwenderischem und in der Tat Ornamentalen, wenn seine Logik nicht mehr die innere Kohä- renz gewährleisten muss. Das Funktionale und das Funktionslose sind historisch miteinander verschränkt. Mit dieser Bemerkung scheint er auf Semper anzuspielen, wenn er schreibt, Orna- mente seien „Narben überholter Produktionsweisen". Dem Nicht-Funktionalen gibt er damit eine neue Bestimmung als Sublimierung der Funktion.[8] Die inhärente Funktionslosigkeit des auto- nomen Kunstwerkes in der Moderne ist keineswegs ›ornamental‹, auch wenn sie ein stummer Protest gegen jene Funktion ist, als deren kleinsten gemeinsamen Nenner Adorno die Herrschaft über die Natur, die sozialen Klassen und die Menschen begreift. Adorno fährt fort, die Unterschiede aufzuschlüsseln und neu zu bestimmen. Dabei definiert er die Funktion nicht rein technisch, sondern betont ihre soziale Dimension. Rationalität wiederum beinhaltet beides, und jede andere Art der Funktion sei eine Illusion. Und trotzdem sieht Adorno die Gesellschaft immer noch als eine irrationale, was durch eine eng ausgelegte, instrumentelle Rationalität kaum korrigiert werden kann, um die herum sich die Problematik der Architektur entwickelt hat. Funktionalismus repräsentiert im Grunde das Schlimmste von beiden Welten: er wurde konsequent zum Stil degradiert und durch seine enge Ausrichtung auf den Zweck ist er zu etwas „Eintönigem, Dürftigen, borniert Praktischen" geworden.[9] Somit hat sich die funktionalistische Form dialektisch von etwas Rationalem zu etwas Irrationalem gewandelt.

Adorno hebt den vermeintlichen Gegensatz von Handwerk und Phantasie, von Disziplin und Freiheit auf ähnliche Weise auf. Wenn man eine Funktion durchführen möchte, ohne das Subjekt dabei zu funktionalisieren, muss sich jedes Design auf dieses „Mehr" konzentrieren, auf den Mehrwert, der aus mehr bestehen muss als nur aus Funktion, Material und Technik. „Phantasie heißt: dies Mehr innervieren."[10] Ein freies Objekt für ein freies Subjekt entsteht im Prozess dieses „Antwortens auf die wortlose Frage, welche die Materialien und Formen in ihrer stummen Dingsprache an sie richten."[11] Wie so oft umkreist Adorno das nicht Benennbare, das Utopische, eine Wahrheit, die außer Reichweite liegt und die sich hinter den Worten verbirgt. So lange das Objekt an die abstrakte Logik der Warenwelt gebunden ist, kann keine noch so ausgeklügelte Art der Nutzung dem System der Dominanz entkommen. Die einzige Hoffnung liegt in der Phantasie, dem Nicht-Nützlichen oder dem noch unbekannten Zweck, dem Etwas, das andere Funktionen offenbaren kann und das Objekt menschlicher macht. Aber der gegenwärtige Zustand ist davon weit entfernt: „(Jetzt) ist ästhetisch nichts unerträglicher als seine gegenwärtige Gestalt, unterjocht von ihrem Gegenteil und durch es deformiert bis ins Innerste."[12]

Vieles ließe sich noch über diesen Text sagen. Worauf ich in diesem Zusammenhang aber besonders hinweisen möchte, ist das Problem des Anachronismus. Während Adorno vorgibt, sich gegen den „Wiederaufbaustil" zu wenden, sind seine Bezugspunkte im Grunde Adolf Loos, der Jugendstil und das Bauhaus. Diese aber waren bereits Geschichte, und der einzige zeitgenössische Architekt, den er namentlich erwähnt, ist Hans Scharoun. Während man sagen kann, dass Blochs Betrachtung um das Jahr 1910 herum zentriert ist, geht Adorno nicht viel weiter als bis 1930 und somit sprach er wohl kaum über „Funktionalismus heute". Was er hier bietet, ist nicht einmal eine treffende Analyse der Architektur des Neuen Bauens. Adornos Kritik bezog sich lediglich auf einen kleinen Teil der Architektur aus den heroischen Tagen des Funktionalismus, den er aber im Grunde genommen nur karikiert.

Diese Karikatur des Funktionalismus, des „Bauhaus-Stils" und der zeitgenössischen Architektur trafen bei den Architekten der Nachkriegszeit einen empfindlichen Nerv. Als beispielsweise der Soziologe und langjährige Sympathisant des Werkbundes, Alfred Weber, unvorsichtigerweise diesen wunden Punkt ansprach, wurde er schnell in die Schranken gewiesen. Dies fand im renommierten Rahmen des zweiten Darmstädter Gespräches statt, das weitestgehend von Mitgliedern des Werkbundes zum Thema „Mensch und Raum" organisiert worden war.

Insbesondere kritisierte Weber die Vorstellung von Architektur als einer Wohnmaschine, indem er verächtlich von „angewandter Hygiene" sprach und sie als wenig einladend und als rein abstraktes Gedankenspiel bezeichnete. Er kritisierte die Reduktion der Farbpalette auf das „verdammte Weiß", den scheinheiligen Anspruch auf Reinheit ebenso wie die einfallslose Absicht, lediglich „sachlich bauen" zu wollen. Nur Otto Bartnings Nachkriegskirchen nahm er hiervon aus, verdammte aber die ganze restliche Architektur, wie er es schon mit dem Hauptquartier der Vereinten Nationen in New York getan hatte, das er als „aufgereckte Zigarrenkiste" bezeichnet hatte.[13]

Daraufhin gab es heftige Protestrufe aus dem Publikum.[14] Bartning, der die Veranstaltung leitete, versuchte zu beruhigen und warnte, man schlage den Sack und meine den Esel.[15] Hermann Mäckler, ein Vertreter der jüngeren Generation, verschärfte daraufhin den Ton. „Ich glaube, man muß sagen, Herr Professor Weber weiß wirklich nicht, was (…) in den letzten Jahren an Bauten entstanden ist. Wenn Professor Weber unsere weißen Bauten angreift, so muß ich sagen, er greift die Farbe und die Form der zwanziger Jahre an." Ebenso vehement wandte er sich gegen die Kritik, die zeitgenössische Architektur sei „hart", „kalt" und „kristallin".[16]

Weber machte daraufhin einen Rückzieher, aber ich glaube kaum, dass es sich hier lediglich um ein Missverständnis zu Fragen der modernen oder der zeitgenössischen Architektur handelte. Tatsächlich wies dieser recht gut informierte und wohlwollende Soziologe auf etwas sehr Wichtiges hin. Dabei ging es nicht um Praxis, Stil oder Form der Architektur des Wiederaufbaus. Der Vorfall weist vielmehr darauf hin, dass es keine etablierte Gesprächsebene gab, auf der man Themen zur gebauten Umwelt, die von großem öffentlichem Interesse waren, hätte debattieren können – ähnlich jenem Diskurs, den es zum Bauhaus bereits schon einmal gab.

Wir finden viele Beispiele für dieses Problem, und die bekanntesten beschäftigen sich ausgerechnet mit dem Bauhaus. Als Beispiel sei Rudolf Schwarz genannt, einer der talentiertesten und debattierfreudigsten Architekten seiner Zeit, der in den Strudel der ständig sich wandelnden Auseinandersetzung gezogen wurde, als er die sogenannte „Bauhaus-Debatte" auslöste.[17] 1953 griff Schwarz das Vermächtnis der Schule an, indem er ihre rigorosen Vorgaben und Methoden als „ungeistigen Terrorismus" bezeichnete, die er genauso diktatorisch fand wie das „tausendjährige Reich".[18] Auf den ersten Blick machte das wenig Sinn. Ein Architekt, der auf moderne Art und Weise baut, greift etwas an, was sich inzwischen als Bild der Moderne herauskristallisiert hatte. Es macht fast den Eindruck, als handele es sich um eine persönliche Abrechnung, aber weit gefehlt. Tatsächlich ging es Schwarz weniger um die architektonische Praxis der Schule als um die Art und Weise, wie das Bauhaus es verstanden hatte, die Parameter der Debatte zu bestimmen. Er kritisierte nicht so sehr das Bauhaus als solches, sondern die „Bauhausliteraten".[19] Sein Einwand bezog sich nicht darauf, dass Architekten gezwungen waren, in einer gewissen Art und Weise zu entwerfen, sondern darauf, dass sie in einem bestimmten Fachjargon diskutieren mussten. „Was diese Literaten schrieben, war kein Deutsch, sondern der Jargon der Komintern."[20] Die Bauhäusler bezeichnete er als Leute „die kein Gespräch wollten, sondern die Diktatur."[21] Und so sollten wir dem Titel seines Artikels mit Vorsicht begegnen, der nach Goethe lautete „Bilde Künstler, rede nicht."

Leider hat er seinen eigenen Ratschlag nicht befolgt. Wie sich herausstellen sollte, war jeder Angriff auf das Bauhaus zur damaligen Zeit ein Ding der Unmöglichkeit. Das Bauhaus stand stellvertretend für all das, was unter dem Nationalsozialismus dämonisiert worden war. Trotzdem ist es wichtig zu verstehen, dass es Schwarz hier nicht um Fragen des Stils ging, sondern um die Terminologie und um jene Referenzpunkte, an denen sich die Architekturdebatte orientierte. Die Tatsache, dass das „Reden" an sich das Problem war, ist ein deutliches Zeichen für die Instabilität der diskursiven Bedingungen. Sie signalisiert die Unfähigkeit der Architekten und Kommentatoren, klare Referenzpunkte, Konzepte und Begriffe zu finden, mit denen man sich über die größeren Themen hätte verständigen können. Im Grunde stand die Art und Weise, wie Architektur vermittelt wurde und wie man sie in der öffentlichen Diskussion auch für Nicht-Experten darbot, unter Beschuss.

Zur damaligen Zeit waren mehrere Architekturdiskurse deutlich vernehmbar. Bauhaus und Moderne hatten Einzug gehalten in die Ideologie des Kalten Krieges und die Kulturpolitik begünstigte

Persönlichkeiten wie Walter Gropius, die als demokratisch, westlich und frei dargestellt wurden.[22] Inzwischen weiss man auch, wie es vielen Architekten gelang, nicht durch ihre erfolgreiche Karriere im „Dritten Reich" kompromittiert zu werden. Die meisten konnten sich institutionell wie diskursiv neu etablieren. Sie traten nun als Fachleute auf, deren Wissen vermeintlich frei war von politischen und ideologischen Einflüssen und das es nur ihnen erlaubte, qualifizierte und stichhaltige Aussagen über Städte und ihre Rekonstruktion, über Gebäude und ihre Form zu machen.[23]

Aber jenseits der staatlichen und berufsständischen Institutionen mit ihren tradierten Regeln und Vorschriften gab es noch andere Gründe, das gemeinsame Gespräch zu suchen. Damit eine sinnvolle Architekturdebatte mit der informierten Öffentlichkeit überhaupt stattfinden konnte, mussten die Bürger in der Lage sein, sich selbst eine Meinung zu bilden. Dafür bedurfte es einer etablierten Begrifflichkeit, mit der man sich verständigen konnte. Um die Architektur herum hätte sich ein öffentlicher Diskurs entwickeln müssen, der Themen und Inhalte mit den politischen Anliegen verbindet. Wir haben jedoch deutliche Hinweise darauf, dass genau dies in den frühen Jahren der Bundesrepublik eben nicht möglich war.

Aber zurück zu Bauhaus, „Funktionalismus" und zur Karikierung von Weber, Adorno und sogar Bloch. Diese Karikaturen waren zwar nicht sehr treffend, aber dafür erstaunlich langlebig. Es geht hier aber weniger um die Frage, wie treffend sie waren, sondern darum, dass sie eine Möglichkeit boten, wie Architektur in der Öffentlichkeit repräsentiert werden konnte. Dabei war der sogenannte „Bauhaus-Funktionalismus" ein wenig differenzierter und zu großen Teilen völlig falscher Mythos. Aber der historische Tatbestand des Mythos war in der Tat real. Und so würde ich „Funktionalismus" nicht als Stil, nicht als Methode oder als Baupraxis verstehen, sondern als eine spezifisch historische Art und Weise, in der die Architektur nach dem Ersten Weltkrieg ein fester Bestandteil des öffentlichen Diskurses, der Politik und der allgemeinen Debatte wurde. Ich habe an anderer Stelle untersucht, wie Architektur vor dem Ersten Weltkrieg einen Platz im öffentlichen Diskurs fand. [24] Der Kontext, in dem Architektur ihre Bedeutung fand, war ein idealistischer Diskurs des Bürgertums, wobei man sich als Konsumenten und nicht als Produzenten verstand. Der Horizont dieser Weltanschauung oder Ideologie war weder die Gesellschaft noch die Produktionsweise, sondern ein universeller Bereich der „Kultur", dessen Ausdruck sich im „Stil" der Zeit oder des Volkes wieder fand. Auch wenn diese Begrifflichkeit heute fremd klingen mag, erlaubt sie es doch, die Erfahrungen eines bestimmten Teils der Öffentlichkeit auf hohem Niveau zu beschreiben und zu analysieren. Diese Begriffe ermöglichen beides: Debatte wie auch Konsens. In diesen öffentlichen Diskurs waren prominente Ökonomen, Soziologen und Politiker involviert. Austragungsort dieser Debatten waren beispielsweise kulturelle Erörterungen oder Schriften zur Architektur, die sich an jene gebildete Öffentlichkeit wendeten, wie sie sich etwa in den renommierten Jahrbüchern des Deutschen Werkbundes fand. Hier ging es weniger um technische Angelegenheiten als um Fragen von Geist, Stil, Typ und Kultur.

Später finden sich noch einige andere Beispiele dieser Art, aber jener legitimierende Diskurs, der in Symbiose mit den maßgeblichen berufsständischen Institutionen existierte, ist mit dem Wilhelminismus untergegangen. Obwohl es freilich institutionelle, gesetzgeberische wie auch pädagogische Kontinuitäten zur Nachkriegszeit gab, verschwand diese Art des öffentlichen Diskurses und eine Zeit der Instabilität folgte. Diverse Architekten der späten 1910er und frühen 1920er Jahre publizierten nur noch in kleinen Zeitschriften mit geringer Auflage, deren Diskussionen ein viel kleineres Publikum erreichten. Thema und Fokus der Debatten waren jetzt unscharf und es lässt sich kaum erkennen, ob es hier um den Neuen Menschen, um die Erneuerung der Kultur oder um eine der vielen Arten von „Sozialismus" ging.[25]

Als einige der jungen Architekten begannen, sich beruflich zu etablieren und beispielsweise auf Verwaltungspositionen kamen, finden sich in ihrer Sprache vermehrt Metaphern des Quantifizierbaren und Messbaren. Diese fachlichen Dimensionen waren schon immer wichtig für Architekten, aber nun wurden sie zum Markenzeichen der Architektur-Avantgarde in Presse und Öffentlichkeit wie auch in zahlreichen anderen Publikationen und Ausstellungen, einschließlich derjenigen, die der deutsche Werkbund finanzierte. Dieser positivistische Diskurs entwickelte sich analog zur Professionalisierung der Avantgarde und der internationalen Lobbyingorganisation CIAM. Die Sprache der ökonomischen Planung, der Statistiken des Lebensstandards und der körperlichen Grundbedürfnisse – all das diente nun als öffentliche (und nicht nur als verwaltungstechnische oder berufsständische) Terminologie der Architektur. Obwohl es damals starke Widerstände gegen diese diskursiven Tendenzen gab, waren führende Mitglieder dieser Generation der Ansicht, dass diese Sprache nützlich und legitimierend sei und ihre Selbstdarstellung wesentlich verbesserte.

Dieses Zusammenspiel zwischen dem architektonischen Idiom und der Öffentlichkeit war eine wichtige Errungenschaft, egal wie kurzfristig und instabil sie auch sein mochte. Vor allem aber hatte es Nachwirkungen auf das Bauhaus und die Bewegung des Neuen Bauens, die beide inzwischen als Stil definiert wurden und deren Mitglieder man entsprechend einordnete. Deshalb Adornos Gleichsetzung von „Existenzminimum" (Thema des zweiten CIAM-Kongresses in Frankfurt 1929) und „Funktionalismus": „Die Zukunft von Sachlichkeit ist nur dann eine der Freiheit, wenn sie des barbarischen Zugriffs sich entledigt: nicht länger den Menschen, deren Bedürfnis sie zu ihrem Maßstab erklärt, durch spitze Kanten, karg kalkulierte Zimmer, Treppen und Ähnliches sadistische Stöße versetzt. Fast jeder Verbraucher wird das Unpraktische des erbarmungslos Praktischen an seinem Leib schmerzhaft gespürt haben."[26]

Hier karikiert Adorno zwar das Problem, aber die Gleichsetzung von Funktionalismus mit positivistischer, zweckrationaler Planung war seine Antwort auf die sorgfältig arrangierte diskursive Position der Architektur Ende der 1920er Jahre und darauf, wie es ihr gelungen war, sich im öffentlichen Diskurs, wie auch in Politik und Bildung, zu etablieren.

Diese scheinbar natürliche Art und Weise, Architektur und Öffentlichkeit zu verbinden, war lange umstritten, aber nach dem Zweiten Weltkrieg existierte sie dann gar nicht mehr. Man muss sich einmal die Situation um 1950 vorstellen. An der Entwurfspräsentation des Realgymnasiums von Hans Schwippert beim Darmstädter Gespräch von 1951 erkennt man sehr gut die gespannte Beziehung zwischen Form und Sprache. Wir würden diese Architektur als Internationalen Stil bezeichnen, manch anderer aber würde sie eher als „Funktionalismus" oder „Bauhaus" einordnen. Es handelt sich bei dem Entwurf um eine schlichte Flachdacharchitektur mit einem deutlich sichtbaren gitterartigen Betonrahmen und einer locker gegliederten, nicht-hierarchischen Wiederholung von Modulen mit einer dazu passenden rechteckigen Struktur, die zwei Höfe einfasst. Schwippert kontrastiert seine „Große Form" mit Scharouns „Auflösung" für ein anderes Schulprojekt und dabei benutzte er die damals in diesen Diskursen geläufigen Ausdrücke von „Auflockerung" und „Gliederung", aber ansonsten ist seine Beschreibung ziemlich unverständlich. Wer nun eine kalte oder rein technische Rhetorik erwartet hätte, wird enttäuscht. Stattdessen verweist er auf die „musische Gemeinschaft", die er mit seinem Entwurf zu verwirklichen suche und bei der es ihm um die „innere Gemeinschaft des Beieinander- und Miteinanderseins" gehe. Wir haben es hier nicht mit einer Erziehungsmaschine zu tun, sondern es handelt sich eher um ein „Kloster" mit dem ein Bund zwischen den „Lehrern, der Schule und dem Ganzen" hergestellt werden soll.[27] Auf derselben Veranstaltung präsentierte Franz Schuster, der wie Schwippert später auf der Interbau-Ausstellung 1957 im Berliner Hansaviertel bauen sollte, einen funktionalistischen Entwurf für einen Kindergarten. Nur einen Tag vorher hatte er seinen Beitrag zu „Mensch und Raum" noch in pathetisch-expressionistische Töne gefasst. Die Zeit werde, schrieb er, „jene Bindung an den Nächsten, an das Volk, an die Gemeinschaft, die Menschheit und das Unnennbare bringen, die die hoffnungslose Vereinzelung, die Heimatlosigkeit der Menschen wird überwinden helfen."[28] 1948 hatte Schuster sein Werk *Der Stil unserer Zeit. Die fünf Formen des Gestaltens der äußeren Welt des Menschen. Ein Beitrag zum kulturellen Wiederaufbau* veröffentlicht. Um das Thema Architektur zu veranschaulichen, bemühte er das reichlich abgenutzte Bild vom Dirigenten und seinem Orchester. Schauen wir uns einmal genauer an, was er sagt: „Die einen dürfen mit ihren besonderen Fähigkeiten nicht die anderen unterdrücken oder gar vernichten (...) Was jeder von diesem Können zeigt, in dem Begabung, Studium und Übung vereint sind, hängt nicht von ihm ab. Frei war die Wahl, sich an das Pult zu setzen; nach einem Plan, der selbst nach den strengsten Ordnungen und Regeln entstand, durch die die freiste aller Künste, die Musik, allen anderen Vorbild ist, wird jeder sich in seinem Wirken dem Sinne des Ganzen fügen."[29]

Beim Vorlesen aus seinem Buch erhielt Schuster zwar Applaus, doch herrschte Unruhe und Getuschel im Publikum. Seine Ausdrucksweise erinnerte manchen Zuhörer an die Rhetorik des Nationalsozialismus. Was auch immer der Entwurf oder das politische Anliegen des Architekten sein mochte, so konnte man Architektur in der Öffentlichkeit nicht mehr diskutieren.

Um einen Eindruck davon zu vermitteln, wie sich die Architekturdebatte weiter entwickelte, möchte ich einen kurzen Blick auf repräsentative Beispiele öffentlicher Diskussionen werfen. Zu ihnen gehören die berühmten Darmstädter Gespräche mit ihren prominenten Teilnehmern, die live übertragen und in voller Länge veröffentlicht wurden. Weiterhin zählen dazu die Werkbundkonferenzen, auch Sendungen wie „Die Kunst zu Hause zu sein" oder „Das beschädigte Leben", die ein großes Echo in der Presse fanden und später auch in Buchform erschienen.

Obwohl das erste Darmstädter Gespräch unter dem Motto „Das Menschenbild in unserer Zeit" Architektur nicht direkt berührte, ist es in diesem Zusammenhang doch interessant wegen der Kontroverse, die der Kunsthistoriker Hans Sedlmayr auslöste.[30] Sedlmayr war bekannt als überzeugter Nationalsozialist und hat aus dieser Perspektive die moderne Kunst während des „Dritten Reiches" kritisiert, wobei man fairerweise anmerken muss, dass er die moderne Kunst wenigstens ernst genommen hat. Inhaltlich änderte er seine Meinung auch nach dem Krieg nicht wesentlich und so handelte sein Darmstädter Vortrag von den „Gefahren der modernen Kunst". Deutlich erkennt man hier den Einfluss des Christentums oder genauer gesagt, des Katholizismus. Das Publikum überzeugte dieser neue Bezugspunkt jedoch nicht. Als seine Kritik allzu sehr der nationalsozialistischen Dämonisierung der „Entarteten Kunst" zu ähneln begann, gab es prompt Pfiffe und Zwischenrufe wie „Heil Hitler!". Der Maler Willi Baumeister fachte die Diskussion noch weiter an, als er lakonisch bemerkte, er habe nichts gegen „frühere PGs".[31] Die Veranstaltung war ein Fiasko und das, obwohl viele der Anwesenden nicht nur Sedlmayrs Meinung teilten, sondern auch seine fragwürdige Vergangenheit.

Um solche Vorkommnisse in Zukunft zu verhindern, wurden die Darmstädter Gespräche von nun an sehr diszipliniert abgehalten, sodass bereits gemunkelt wurde, die Veranstaltung hätte sich zu den „Darmstädter Monologen" entwickelt. Aber allen war natürlich klar, dass man eine neue Sprache finden musste, da weder der „linke" noch der „rechte" Diskurs praktikabel waren. Dass geschichtliche Themen mit besonderer Sorgfalt behandelt werden mussten, war kein bloßes Problem der Rhetorik und auch keine Frage der Etikette. Stattdessen schien es, als ob begriffliche Formulierung und Umwege, die man machte, um die Geschichte nicht zu berühren, nun konstitutiv wurden und für viele Jahre den Horizont des Denkens bestimmten, manchmal sogar auf produktive Art und Weise.

Das nächste Kolloquium in Darmstadt hatte „Mensch und Raum" zum Thema und behandelte die Architektur. Es wurde vom Werkbund veranstaltet und von einer großen Ausstellung begleitet. Die Eröffnungsrede hielt Martin Heidegger und aus diesem Anlass stellte er zum ersten Mal sein wichtiges Werk „*Bauen Wohnen Denken*" vor. Heideggers Argumentation ist ja bekannt:

dass sich in den germanischen Sprachen das Wort „Bauen" etymologisch von „Wohnen" herleite. Seine Schlussfolgerungen sind bekanntermaßen: „1. Bauen ist eigentlich Wohnen. 2. Das Wohnen ist die Weise, wie die Sterblichen auf der Erde sind. 3. Das Bauen als Wohnen entfaltet sich zum Bauen, das pflegt, nämlich das Wachstum,– und zum Bauen, das Bauten errichtet."[32] Dies ist nicht der Ort, um in Heideggers Seinsphilosophie einzutauchen oder, wie Adorno es nannte, in seinen „Jargon der Eigentlichkeit".[33] Mir geht es hier lediglich darum anzumerken, dass dieser Diskussionsbeitrag zur gebauten Umwelt von 1951 eine außerordentliche Intervention darstellt. Tatsächlich bezieht sich Heidegger hier auf den Kontext der zeitgenössischen Architektur. Wohnen, sagt er, bedeute nicht einfach, dass wir „eine Unterkunft innehaben. Bei der heutigen Wohnungsnot bleibt freilich dies schon beruhigend und erfreulich; Wohnbauten gewähren wohl Unterkunft, die Wohnungen können heute sogar gut gegliedert, leicht zu bewirtschaften, wünschenswert billig, offen gegen Luft, Licht und Sonne sein, aber: bergen die Wohnungen schon die Gewähr in sich, daß ein Wohnen geschieht?"[34] Und etwas später fährt er fort: „Wie steht es mit dem Wohnen in unserer bedenklichen Zeit? (...) So hart und bitter, so hemmend und bedrohlich der Mangel an Wohnungen bleibt, die eigentliche Not des Wohnens be- steht nicht erst im Fehlen von Wohnungen. Die eigentliche Wohnungsnot ist auch älter als die Weltkriege und die Zerstörungen (...). Die eigentliche Not des Wohnens beruht darin, daß die Sterblichen das Wesen des Wohnens immer wieder suchen, daß sie das Wohnen erst lernen müssen. Wie, wenn die Heimatlosigkeit des Menschen darin bestünde, daß der Mensch die eigentliche Wohnungsnot noch gar nicht als die Not bedenkt? Sobald der Mensch jedoch die Heimatlosigkeit bedenkt, ist sie bereits kein Elend mehr. Sie ist, recht bedacht und gut behalten, der einzige Zuspruch, der die Sterblichen in das Wohnen ruft."[35]

Diese fast beruhigenden Worte, von jemandem ausgesprochen, dessen Vergangenheit bemerkenswerte Parallelen zu der Sedlmayrs aufwies, machen allerdings keinen sonderlich aufrichtigen Eindruck. Nur einem Teilnehmer aus dem Publikum (Dolf Sternberger) gelang es, auf die Realitäten von „Zwangsverschleppungen, der Umsiedlungen, der Barackenlager, der Flüchtlinge, der Heimatvertriebenen und der Displaced Persons" hinzuweisen.[36] Aber die Bezugnahme auf die schreckliche Realität der unmittelbaren Vergangenheit so vieler Millionen Menschen war offenbar anstößig. Sogar Hans Schwippert nahm Zuflucht zu dem metaphysischen Vokabular, mit dem Architektur jetzt gerne diskutiert wurde. Als er gleich nach Heidegger seinen Vortrag hielt, sprach er nicht von der Notwendigkeit des Wohnens, sondern vom „Gebot des Bauens".[37] Auch Hans Scharoun war tief bewegt.[38] (Dass all dies nur ein Jahr nach Sedlmayrs Debakel stattfand, ist kennzeichnend für das Momentum, das die Rehabilitation und Restauration im Westen inzwischen erreicht hatte.)

Heideggers Botschaft an die Baumeister ist in mehrfacher Hinsicht emblematisch für die Architekturdiskussion der letzten 15 Jahre, bevor sich Adorno und Bloch an ein ähnliches Publikum wandten. Ich möchte hier vor allem auf drei Dinge hinweisen. Erstens, dass Geschichte und ihre Ereignisse keinen Platz in dieser Diskussion hatten. In offensichtlichem Kontrast zur Architekturdiskussion vor und nach dem Ersten Weltkrieg fällt auf, wie selten diese Debatten einzelne historische Gebäude erwähnten. Während die Geschichte langsam als Bezugspunkt verschwand, nahm die Anthropologie immer mehr ihren Platz ein. Ambitionierte Aussagen über das bis zur Unkenntlichkeit verallgemeinerte Wesen des Menschen ersetzten die Bezugnahme auf historische, politische, ökonomische und soziale Gegebenheiten. Wenn Geschichte mal ins Spiel gebracht wurde, dann war es die Geschichte der Arten und nicht die eines durch den Krieg zerstörten Europas. Auch José Ortega y Gasset sprach auf dem Kolloquium „Mensch und Raum" zum Thema „Der Mythus des Menschen hinter der Technik."[39] Es ist nicht der Fokus auf Krieg und Zerstörung, der ihn motivierte, einen Vortrag zur Technik zu halten, sondern die Notwendigkeit einer Technik im Dienst des Menschen, der den Kräften der Natur sonst schutzlos ausgeliefert wäre. Der Mensch wird hier als Mängelwesen definiert[40] – ein Echo auf die philosophische Anthropologie von Arnold Gehlen und Helmuth Plessner wie auch des Biologen Alfred Portmann. Wenn etwas an den Diskussionen zu Architektur und Design der 1950er Jahre typisch ist, dann ist es der Umstand, dass das Subjekt weder durch Stil noch durch Kultur bestimmt ist, wie dies vor dem Ersten Weltkrieg der Fall war. Auch ging es nicht um Sozialwohnungen wie noch in den 1920er Jahren, sondern der Mensch wird nun verallgemeinert und auf eine abstrakte und unhistorische Art und Weise konzeptionalisiert. Während eines Vortrags „Über die Aufgabe des Werkbunds" bei einem frühen Treffen der Gruppe im Jahre 1953 erklärte der Architekt Heinrich Lauterbach, dass das Ziel die „fortwährende Bemühung jedes Einzelnen um die menschliche Integrierung der Dinge um uns zur Gestalt" sei und dass die Überwindung der gegenwärtigen ‚menschlich nicht integrierten Wirklichkeit' das Ziel sein müsse."[41] Solche Gedankengänge kennzeichnen sogar die Veröffentlichungen der Hochschule für Gestaltung in Ulm, von der man eigentlich einen harten, sachorientierten Technikansatz gewohnt ist. Der Dozent und Philosoph Max Bense, der wesentlich an der Einführung der Kybernetik und Informationstechnologie im zunehmend technisch orientierten Ulm beteiligt war, verortete 1956 bei einer Rede vor dem Werkbund seinen Ansatz in folgendem Koordinatensystem: „Sucht man nach einem Ausgangspunkt für das Verständnis der Lage des Menschen in der technischen Welt, ihrer Zivilisation und ihrer Kultur, so stößt man auf die naturwissenschaftliche Voraussetzung der modernen Anthropologie, daß der Mensch auf dem Wege seiner Entwicklung aus dem ursprünglich geschlossenen tierischen Funktionskreis der Instinkte und der Sicherheit herausgetreten ist und ein offenes Funktionssystem der Information und damit der Unsicherheit auszubauen begonnen hat."[42] Ein zweiter, wichtiger Wandel, der sich bei Heidegger bereits andeutete, zieht sich durch diese Sätze. Das Gewicht verlagert sich vom Bauen und Gestalten auf seinen phänomenologischen Gegenspieler: das Wohnen. Wir können dies als eine Art zentrifugaler Konzeption eines Objekts in einen größeren Kontext hinein beschreiben oder es mit einem Gebäude vergleichen, das nicht an seiner baulichen Qualität gemessen wird, sondern daran, was für eine Umwelt mit ihm entsteht. „Mensch und Raum" wurde ein Topos, bei dem es nicht etwa um praktische Fragen des Grundbedarfs ging, sondern um die anthropologischen, poetischen oder phänomenologischen Forschungen von Wissenschaftlern wie dem Heideggerschüler Otto Friedrich Bollnow, der, wenn man Adorno glauben darf, ein Anhänger des Jargons der Eigentlichkeit war.[43]

Mir geht es hier nicht darum, diese Richtung zu disqualifizieren. Das Äußere nach innen zu kehren und das Innere nach außen, die Notwendigkeit, das eine in der Terminologie des anderen zu denken, entwickelte sich zu einem der konstruktivsten und wichtigsten Tropen im Entwurfsdiskurs. Seine Wiederholung ist bemerkenswert. „Wo wir an Formbildung (...) denken" schrieb Wilhelm Wagenfeld in einem Artikel in „*Werk und Zeit*" von 1957, „geht es weniger um den Gegenstand selbst als um seinen Sinn und Zweck, weniger um die Form als um den Raum, der die Form umschließt. Nicht der Griff einer Kanne ist das Wichtigste, sondern die Hand, die ihn umfaßt, nicht das Glas schließt den Kreis, der uns zusammenführt, sondern der Wein, den wir trinken."[44] Dies war kein Allgemeinplatz, sondern der Dreh- und Angelpunkt jenes Denkens, das unter den diskursiven Einschränkungen der Zeit entstand. Sehen wir uns dazu zwei Zitate von Schwippert einmal genauer an. Im ersten vernehmen wir ein Echo von Heidegger und erleben den Versuch, die Analyse innerhalb der Parameter der Heideggerschen Gedankenwelt zu vollziehen, wobei er an Grenzen stößt, die von der Zeitlosigkeit und dem mysteriös nachhallenden Klang des intransitiven Verbs verschleiert werden. „Wir haben ein gutes Glas gemacht. Mit diesem guten Glas wollten wir dem Menschen helfen, ein besseres, schöneres Leben zu haben. Hier trat nun eine gewisse Gedankenverschiebung ein. Die merkwürdige Vorstellung entstand, wir könnten nicht nur mit Hilfe des Glases dem Menschen in seinem Leben helfen, sondern dieses Glas selbst vermöge den Menschen zu bessern. Ein Gedankenfehler (...) Es gilt, die reale menschliche Situation zu erkennen und zu dieser Bescheidenheit zurückzukehren. Was aber geschah? Zwar haben wir ordentliche Gläser gemacht (...) aber wir kennen nicht mehr recht das Geheimnis des Trinkens. Manche schöne Wohnungen sind gebaut, sind eingerichtet worden; wir wissen aber nicht mehr, was Wohnen ist."[45]

Obwohl das zweite Zitat mit dem altbekannten Bild fortfährt, enthüllt es doch Außerordentliches, denn es zeigt das konstitutive Potenzial des bildlichen Ausdrucks in der Umkehrung, die Heidegger eingeführt hatte: „Nun haben wir es in 50 Jahren (...) zu ganz ordentlichen Trinkgläsern gebracht (...) Doch ist uns unterdes zweierlei passiert: zum ersten haben wir (...) derweil verlernt, daraus zu genießen; zum zweiten wurde der Wein inzwischen immer schlechter, ist das Wasser nicht mehr zu trinken (...) Was sollen uns nun die wohlbetreuten Gläser? So hat es uns, zum einen, immer wieder beschäftigt, ob nicht endlich einmal vom Brauchen zu sprechen sei statt vom Machen. Am Ende käme wohl heraus, daß Kultur eher durch die Weise des Konsums als durch die Art der Produktion bestimmt werde und einer Bildkraft bedarf, die unter dem Terror gehetzter Hervorbringungen und den Reizen ästhetischer Novitäten vollends zugrunde geht. Nun, haben wir darüber zu sprechen aufgeschoben, so ist es nicht aufgehoben."[46]

Zusammenfassend lässt sich sagen: Die Anthropologie des Entwerfens war in mancherlei Hinsicht eine Reaktion auf soziale und geschichtliche Probleme. Stieß man aber an die Grenzen dieser Anthropologie, dann führte der Weg sehr schnell in die Politik. Die dichten und gewundenen Gedankenwege Heideggers, die die reale, soziale Welt metaphysisch verklärten, erwiesen sich als der Anstoß für genau das, was er so lange zu vermeiden versucht hatte. Heidegger hatte das Wohnen als das eigentliche Problem identifiziert, aber er hatte keine Methode, mit der man es in seiner historischen Besonderheit analysieren konnte. Etwa um 1959, und seitdem immer schneller, wurde diese Lücke genau von jenen Leuten gefüllt, die sich im Architekturdiskurs bereits profiliert hatten. Ihrer Meinung nach lag das Hauptproblem in der Restaurierung des Kapitalismus durch das sogenannte Wirtschaftswunder, jener wenig humanen Form des Wirtschaftens, der sich die junge Bundesrepublik verschrieben hatte.

Dieser plötzliche politische Wandel der wichtigsten und formativsten architektonischen Diskursformel der Nachkriegszeit ist sehr bedeutsam. Dieser Prozess begann 1959 im Werkbund mit dem Kongress über „Die große Landzerstörung", auf dem die Probleme von Stadtplanung und Landbesitz thematisiert wurden. Eigentum, also die Freiheit, über privates Land autonom zu verfügen, war eines der wichtigsten Elemente in jenem Spiegel, den West-Deutschland gerne seinem kommunistischen Gegenstück im Osten vorhielt. Der Preis dafür war Landspekulation, die Zersiedlung der Städte, die Unmöglichkeit, gute Stadtplanung zu machen sowie steigende Hauspreise. Außerdem wurde der häusliche Raum, die eigene Wohnung zur Ware und zum Spekulationsobjekt. Vielleicht kam es unerwartet und sicherlich war es ungewollt, dass gerade Heidegger eine gründliche soziale und phänomenologische Analyse der einst verdinglichten Kategorien der Gestaltung oder des Bauens mittels des Problems des Wohnens angestoßen hatte. Öffentliche Diskussionen zur Architektur trugen nun Titel wie „Die Kunst zu Hause zu sein", mit Teilnehmern wie dem neuen Werkbundkoordinator und Soziologen Hans Paul Bahrdt oder mit Ernst Bloch und Alexander Mitscherlich, dessen Essay noch treffender betitelt war: „Von der Unmöglichkeit, zu Hause zu sein".[47] Mitscherlichs wichtiges Pamphlet *„Die Unwirtlichkeit unserer Städte"* konzentrierte sich allerdings nicht darauf, was Architekten tun könnten oder sollten oder was sie falsch gemacht hatten, sondern untersuchte stattdessen, was sie unter den herrschenden sozialen Umständen nicht tun konnten.[48] In seinem Beitrag zu einem Symposium mit dem an Adorno erinnernden Titel „Das beschädigte Leben" berief sich der junge Ulrich Conrads ausdrücklich auf Heidegger. Damit wollte er das Thema mehr in Richtung der materiellen und politischen Bedingungen der zeitgenössischen Architektur und der Kondition der „Unvernunft" wenden.[49]

Damit kam die Öffentlichkeit wieder ins Spiel. Den Architekten war es gelungen, die Diskussion nicht nur in einen ernst zu nehmenden öffentlichen Diskurs zu überführen, sondern sie sahen inzwischen in der Öffentlichkeitsarbeit einen wichtigen Teil ihrer eigentlichen Tätigkeit. Somit standen nun Konzepte bereit, auf die die Bürger zurückgreifen konnten, um sich zu Fragen der gebauten Umwelt eine fundierte Meinung zu bilden und bei Problemen mögliche Lösungen abzuschätzen. Die Anthologie „Die Kunst zu Hause zu sein" wurde, wie viele andere auch, im immer wichtiger werdenden Rundfunk veröffentlicht, in diesem Fall im Hessischen Rundfunk. Die SPD als damalige Oppositionspartei nahm dieses Thema auf und veröffentlichte die „Bochumer Erklärung", der sich Hans Paul Bahrdt, Alexander Mitscherlich, Ulrich Conrads und andere anschlossen. Sie war ein dringender Appell, sich mit den politischen, ökonomischen wie den sozialen Ursachen und Wirkungen der Dissonanz in der gebauten Umwelt im Nachkriegsdeutschland auseinanderzusetzten.[50] Die Architekten sprachen sich nun explizit gegen frühere Versuche aus, in denen sich ihre Kollegen noch auf ihr Expertenwissen berufen hatten. Und so konnte man in „Werk und Zeit" lesen: Es bestehe die „Gefahr, daß diese Frage von Politikern und Verwaltungsleuten immer wieder als eine Fachfrage gewertet wird (...) Wir halten es für erstrebenswert, das Thema Landzerstörung unabhängig von fachlichen Bindungen, bewußt ausgebreitet in geistige und politische Bereiche, zu einer Existenzfrage zu erklären."[51]

Es war ein ganz besonderer Moment, als Bloch und Adorno ihre Ansprachen im Werkbund hielten – gerade sechs Wochen nach der „Bochumer Erklärung" und fünf Wochen nach der hart umkämpften Bundestagswahl, die die SPD verloren hatte. Bloch und Adorno sprachen über Objekte und nicht über ihren Kontext oder über die Umwelt. Sie sprachen über Geschichte und nicht über die Anforderungen der Gegenwart. Sie äußerten Unmut, aber keinen Ärger. Sie riefen nach den Experten, statt sie wegzuschicken. Und statt Politik boten sie Philosophie. Wahrscheinlich klangen sie ziemlich anachronistisch.

Ich möchte mit der Charakterisierung dieses Moments enden, um das zu verstehen, was ich für das gemeinsame Schicksal von Philosophie und Architektur halte. In der Architektur lief das berühmte Wasserglas über, als die ganze Dialektik von Objekt und Inhalt den Fortbestand der eigenen Institution zu gefährden begann. Einen kurzen Moment lang traten die Objekte in den Hintergrund, als der Prozess selbst stärker in den Vordergrund rückte. Die zentripetalen Einwirkungen des Objekts und seiner Gestaltung schienen weniger dringlich zu sein als die zentrifugalen Belange seiner Umwelt. Das traditionelle Expertenwissen von Architekten und Designern schien überholt. Einen Moment lang wollte es scheinen, als könne man Theorie und Praxis der Architektur und ihre Beziehung zur Gesellschaft neu verhandeln. Auch der Werkbund schien am Rande der Auflösung zu stehen. Er änderte 1969 den Untertitel seiner Zeitschrift von „Werk und Zeit. Monatzeitung des Deutschen Werkbunds" in „Monatzeitung für Umweltgestaltung".[52] Die organisatorische Form schien zersprengt und sich in diesem Prozess von der Architektur auf die ganze Welt auszudehnen. 1971 war es vor allem die ältere Generation, die den Eindruck hatte, sie könne die Richtung, in die der Werkbund sich entwickelte, nicht länger mittragen. Hans Schwippert, Hans Schmitt-Rost, Wend Fischer und Richard Scherpe zogen die Konsequenzen und verließen die Zeitschrift.[53] Vielleicht war dies der Punkt, an dem die Grenzen der Architektur langsam sichtbar wurden. Nur einen Moment, bevor man zur konventionellen Praxis der Architektur zurückfand, schienen Werkbund und Bauhaus überholt zu sein, aber ihr Vermächtnis blieb dennoch erhalten, weil der Augenblick seiner Verwirklichung versäumt wurde.

Die sozialen Formationen des Wissens, des Bauens und der Politik widersetzten sich einer gründlichen Neuausrichtung oder aber Neues konnte sich unter diesen Bedingungen einfach nicht entfalten. Die Logik und das Momentum der Diskussion standen dem Einfluss unflexibler Institutionen gegenüber und in diesem speziellen Moment schien das Bauhaus eines dieser toten Gewichte darzustellen. Als eine ziemlich entpolitisierte Geschichte der Schule in der großen Ausstellung „Fünfzig Jahre Bauhaus" in Stuttgart ausgestellt wurde, protestierten die Studenten der gerade untergehenden Ulmer Hochschule für Gestaltung. Sie wollten, dass die Anforderungen der Gegenwart stärker ins Gewicht fielen und wandten sich gegen das Zelebrieren der Vergangenheit und gegen die ein für alle Mal beendete Geschichte des Bauhauses. Da trat Gropius auf den Plan und solidarisierte sich mit den Studenten. Aber in seiner Ansprache warnte er davor, sich politischen Zielen unterzuordnen und den immer kleiner werdenden Fokus aufs Objekt noch weiter zu vernachlässigen. Und so zeigte sich einmal wieder, dass Architektur und Revolution kaum miteinander zu vereinbaren waren. Und genau in diesem undefinierbar chaotischen Moment, in dem sich das Geschehen auf Messers Schneide abspielte, verlief die Entwicklung in Richtung Postmoderne und ließ alle anderen Möglichkeiten eines vielleicht andersgearteten Neubeginns außer Acht.

Das Ziel des Bauhauses, der Versuch, das Leben zu erneuern mit all seinen politischen und sozialen Implikationen sowie der Absicht, die Beziehung von Objekt und Praxis zu reformieren, verharrte im Dunkel der Geschichte. Dies war ein Beispiel dafür, was hätte sein können und bot eine mögliche Alternative zu einer dann letztendlich fatalen geschichtlichen Entwicklung. Oder aber das Ziel blieb einfach der Zukunft vorbehalten. Selbst manchem Linken schien dies ratsam. Habermas etwa wies den „linken Faschismus" Rudi Dutschkes zugunsten einer rationalen Debatte zurück, ebenso wie Adorno.[54] In seiner Einleitung zur *Negativen Dialektik* heißt es: „Philosophie, die einmal überholt schien, erhält sich am Leben, weil der Augenblick ihrer Verwirklichung versäumt ward."[55] Als seine Studenten, die seine Lehre umsetzen wollten, ihn mit einer spontanen Revolte konfrontierten, weckte das in Adorno Erinnerungen an frühere Aufstände, die so furchtbar missbraucht worden waren. Es schien ihm, als sei der richtige Zeitpunkt verpasst worden oder noch gar nicht gekommen. Am 31. Januar 1969 wurde sein Arbeitsplatz, das von Hermann Mäckler und Alois Giefer entworfene Institut für Sozialforschung, von 76 protestierenden Studenten besetzt.[56] Adorno entschied sich, das Gebäude räumen zu lassen. Er rief die Polizei und widmete sich fortan seiner Philosophie.

Der unter der Überschrift „Werkbund und Öffentlichkeit – eine historische Betrachtung" gehaltene Vortrag erschien 2009 unter dem Titel „Funktionalismus heute": Adorno, Bloch und das Erbe des Modernismus in der BRD in:
„Mythos Bauhaus – Zwischen Selbsterfindung und Enthistorisierung", Anja Baumhoff und Magdalena Droste in Kooperation mit Sigrid Schade (Hrsg), Reimer Verlag, Berlin 2009.
Der Abdruck erfolgt mit freundlicher Unterstützung des Reimer Verlages.

[1] Theodor W. Adorno: Funktionalismus Heute, in: Ohne Leitbild. Parva Aesthetica. Frankfurt am Main, 1967, S. 104.

[2] a.a.O., S. 114.

[3] Ernst Bloch: Bildung, Ingenieurform, Ornament, in: Werk und Zeit 11–12, 1965, S 2.

[4] a.a.O.

[5] a.a.O., S.2.

[6] Theodor W. Adorno: Große Blochmusik, in: Neue Deutsche Hefte, Nr. 69, 1960/61, S. 14–26.

[7] Ernst Bloch (wie Anm. 3), S. 2.

[8] Theodor W. Adorno (wie Anm. 1), S. 107.

[9] a.a.O., S. 114.

[10] a.a.O., S. 118.

[11] a.a.O., S. 118.

[12] a.a.O., S. 124.

[13] Otto Bartning (Hg.): Mensch und Raum. Darmstädter Gespräch 1951, Darmstadt 1952, S. 96–97.

[14] Siehe die unveröffentlichten Protokolle, die „Beifall" festhalten, aber noch mehr „Lachen", „Pfeifen", „Widerspruch" und Rufe wie „Raus! Aufhören!", in: a.a.O., Bartning, S. 97.

[15] a.a.O., S. 97.

[16] a.a.O., S. 97–98.

[17] Zur Bauhausdebatte siehe Paul Betts: The Authority of Everyday Objects: A Cultural History of West German Industrial Design, Berkeley, Los Angeles 2004, S. 85. Greg Castillo: The Bauhaus in Cold War Germany, in: Kathleen James-Chakraborty (Hg.): Bauhaus Culture: From Weimar to the Cold War, Minneapolis 2006, S. 188-89. Ulrich Conrads, Magdalena Droste, Winfried Nerdinger, Hilde Strohl (Hg.): Die Bauhaus-Debatte 1953: Dokumente einer verdrängten Kontroverse, Braunschweig 1994. Wolfgang Pehnt, Rudolf Schwarz 1897–1961: Architekt einer anderen Moderne, Ostfildern 1997, S. 137–42.

[18] Rudolf Schwarz: ‚Bilde Künstler, rede nicht': Eine (weitere) Betrachtung zum Thema Bauen und Schreiben, in: Baukunst und Werkform 1, Bd. 6, Januar 1953, repr., in: Die Bauhaus-Debatte 1953, S. 34–47, S. 35.

[19] a.a.O., S. 35.

[20] a.a.O., S. 46.

[21] a.a.O., S. 45.

[22] Siehe Paul Betts: The Bauhaus as Cold War Legend: West German Modernism Revisited, in: German Politics and Society 2, Bd. 14, 1996. Betts: The Authority of Everyday Objects (wie Anm. 17). Castillo: The Bauhaus in Cold War Germany (wie Anm. 17).

[23] Vgl. Werner Durth: Deutsche Architekten: Biographische Verflechtungen, 1900–1970, Braunschweig 1986.

[24] An anderer Stelle habe ich bereits untersucht, wie Architektur ein fester Bestandteil des öffentlich Diskurses wurde. F. J. Schwartz: Der Werkbund. Ware und Zeichen 1900–1914, Dresden 1999.

[25] Siehe meinen Aufsatz: „Form follows Fetish: Adolf Behne and the Problem of Sachlichkeit.", in: Magdalena Bushart (Hg.), Adolf Behne: Essays zu seiner Kunst- und Architekturkritik, Berlin 2000.

[26] Theodor W. Adorno (wie Anm. 1), S. 110–11.

[27] Otto Bartning (wie Anm. 13), S. 173–81.

[28] a.a.O., S. 120.

[29] a.a.O., S. 123.

[30] Zu Sedlmayr siehe Norbert Schneider, Hans Sedlmayr, 1896–1984, in: H. Dilly (Hg.): Altmeister moderner Kunstgeschichte, Berlin 1990.

[31] PG, Abkürzung für Parteigenosse, bzw. ehemaliges Mitglied der NSDAP.

[32] Martin Heidegger: Bauen Wohnen Denken, in: Martin Heidegger, Mensch und Raum. Darmstadt 1952, S. 74. Karsten Harries bespricht Heideggers Text im Kontext der Darmstädter Gespräche, in: The Ethical Function of Architecture, Cambridge 1997, S. 152–66.

[33] Theodor W. Adorno: Jargon der Eigentlichkeit. Zur deutschen Ideologie, Frankfurt am Main 1964. Trotz Adornos

Ablehnung von Heideggers Seinsphilosophie überlappt sie sich häufig mit Aspekten seiner eigenen Arbeit. Vgl. hierzu Silke Kapp: Asyl für Obdachlose oder Zwischen Frankfurter Küche und Frankfurter Schule, in: Zeitschrift für kritische Theorie 18–19, 2004.

[34] Martin Heidegger (wie Anm. 32), S. 72.

[35] a.a.O., S. 84.

[36] a.a.O., S. 126.

[37] a.a.O., S. 86.

[38] Eine kurze, aber ausgewogene Diskussion über Scharouns Interesse an Heideggers Philosophie erschien in: Peter Blundell Jones, Hans Scharoun. London 1995, S. 136. Siehe auch J. Christoph Bürkle, Hans Scharoun. Zürich 1993, S. 96.

[39] Martin Heidegger (wie Anm. 32), S. 111–17.

[40] a.a.O., S. 114.

[41] Heinrich Lauterbach: Über die Aufgabe des Werkbundes, in: Wend Fischer (Hg.): Zwischen Kunst und Industrie: Der Deutsche Werkbund, München 1975, S. 413–14.

[42] Max Bense: Kunst in künstlicher Welt, in: Werk und Zeit 11, Bd. 5, 1956, S. 3.

[43] Otto Friedrich Bollnow: Mensch und Raum, Stuttgart 1963. Bollnow wird oft erwähnt in Adornos Jargon der Eigentlichkeit.

[44] Wilhelm Wagenfeld: Industriemesse contra Museum, in: Werk und Zeit 6, Bd. 6, 1957, S. 436–37.

[45] Hans Schwippert: Warum Werkbund? In: Werk und Zeit 5, Bd. 5, 1956, S. 428.

[46] Hans Schwippert: Begrüßung und Einführung zur Tagung „Die große Landzerstörung", in: Werk und Zeit 12, Bd. 8, 1959, S. 447.

[47] Gert Kalow (Hg.): Die Kunst zu Hause zu sein. Eine Senderreihe des hessischen Rundfunks, München 1965.

[48] Alexander Mitscherlich: Die Unwirtlichkeit unserer Städte: Anstiftung zum Unfrieden, Frankfurt am Main 1965.

[49] Ulrich Conrads: Städtebau zwischen Unvernunft und Hoffnung, in: Alexander Mitscherlich (Hg.): Das beschädigte Leben: Diagnose und Therapie in einer Welt unabsehbarer Veränderungen, Grenzach 1969, S. 148.

[50] Konrad Jule Hammer (Hg.): Die Bochumer Erklärung 16. September 1965, Berlin 1965.

[51] Walter Rossow: Die ‚Landzerstörung' und der Werkbund, in: Werk und Zeit 3, Bd. 11, 1962, S. 3.

[52] Werk und Zeit 7, Bd. 18, 1969, S. 1.

[53] „Veränderungen in der Herausgeberschaft und in der Redaktion", in: Werk und Zeit 7, Bd. 20, 1991, S. 1.

[54] Rolf Wiggershaus: Die Frankfurter Schule, München 1991, S. 687.

[55] Theodor W. Adorno: Negative Dialektik, Frankfurt am Main 1966, S. 15.

[56] a.a.O., Stefan Wiggershaus: Die Frankfurter Schule, S. 702.

LUDGER HEIDBRINK

LEBEN NACH DEM FORTSCHRITT. ZUR NACHHALTIGEN GESTALTUNG DER ZUKUNFT

Seit längerer Zeit wird wieder über alternative Zukunftsentwürfe und Entwicklungsmodelle diskutiert. Die Zukunft in Gestalt nachhaltiger, das heißt sozial- und umweltverträglicher Transformationsprozesse ist erneut zu einem Thema der Gegenwart geworden. Erneut, weil es in der Geschichte immer wieder Phasen gegeben hat, in denen die Zukunft auf der Agenda der Gegenwart gestanden hat. Heute, am Beginn des 21. Jahrhunderts, stellt sich die Frage nach der Zukunft allerdings unter einem besonderen Vorzeichen. Es geht um das Leben – manche sprechen auch vom Überleben – nach der Ära des von Krisen geschüttelten Fortschritts. Die Idee, oder besser das Ideal des Fortschritts, wie es im Verlauf des 18. Jahrhunderts mit der beginnenden Industrialisierung und der Herausbildung der bürgerlichen Gesellschaft entstanden ist, wird aufgrund globaler Krisenprozesse zunehmend infrage gestellt. Die Vorstellung, dass sich die Menschheitsgeschichte in einem progressiven und positiven Sinn weiterentwickelt, scheint angesichts begrenzter Ressourcen, des beschleunigten Klimawandels und wiederkehrender Wirtschaftskrisen endgültig hinfällig geworden zu sein. Nachdem in den 1980er Jahren mit dem Zusammenbruch des Kommunismus und dem Siegeszug des Marktliberalismus schon einmal das „Ende der Geschichte" (Francis Fukuyama) ausgerufen worden war und der französische Philosoph Jean-François Lyotard schon zuvor vom „Ende der großen Erzählungen" gesprochen hatte, ist es heute das Leitbild des sozialen und industriellen Fortschritts, das in Zweifel gezogen wird. Zugleich wird die Frage aufgeworfen, wie ein Leben – unser Alltagsleben – jenseits der bisherigen Fortschrittsvorstellungen möglich ist.

Ich möchte mich mit der Frage befassen, wie ein solches Alltagsleben nach dem Niedergang des Fortschrittsideals aussehen könnte und wie eine Gestaltung der Zukunft möglich ist, ohne dabei die Fehler der Vergangenheit zu wiederholen. Meine Ausgangsdiagnose, die ich im weiteren genauer ausführen möchte, ist dabei eine doppelte: Wir haben zum einen Schwierigkeiten, der Vorstellung des Fortschritts zu entkommen und ein Leben ohne Fortschrittsvorstellungen zu führen – der Fortschritt als mentale Infrastruktur und Habitus ist hartnäckiger, als wir denken. Und wir neigen zum anderen dazu, die Zukunft mit den falschen Mitteln gestalten zu wollen, nämlich mit Mitteln, die aufgeklärte und autonome Akteure voraussetzen, die zu rationalen Zukunftsplanungen in der Lage sind.

Genau darin aber liegt das Problem. Meiner Ansicht nach scheitern die meisten Versuche, die Zukunft vernünftig zu gestalten, weil sie die begrenzte Rationalität der Handelnden nicht genügend in Rechnung stellen. Um ein Leben nach dem Ende der Fortschrittsideen führen zu können, brauchen wir neue Vorstellungen der sozialen Gestaltung, die – so meine These – am Arrangement von alltäglichen Entscheidungssituationen ansetzen und nicht vorrangig auf herkömmliche Verfahren der politischen Steuerung oder der bürgergesellschaftlichen Partizipation bauen, die nach Ansicht ihrer Vertreter über kurz oder lang zu einer nachhaltigen Transformation des Gesellschaftssystems führen sollen – es aber, wie die bisherige Erfahrung lehrt, nicht tun.

Die Hartnäckigkeit der Fortschrittsidee

Auch wenn das alte aufklärerische und geschichtsphilosophische Projekt des „Fortschritts im Bewusstsein der Freiheit", wie Hegel es genannt hat, zu Beginn dieses Jahrhunderts endgültig obsolet geworden ist, existieren Rudimente der Fortschrittsidee mit einer erstaunlichen Hartnäckigkeit im öffentlichen und privaten Handeln weiter. Die Vorstellung, dass es einen dynamischen zeitlichen Entwicklungsprozess gibt und der Mensch in der Lage ist, die Zukunft gezielt und bewusst zu beeinflussen, bestimmt nach wie vor unser Alltagsleben und die Organisation der Gesellschaft. Alle Versuche, dem Modell der historischen Dynamik zu entkommen, sind bisher mehr oder weniger gescheitert. Das Leitbild des Fortschritts, das – einfach gesagt – darin besteht, dass sich von der Vergangenheit über die Gegenwart in die Zukunft hinein ein zeitlicher

Steigerungsprozess vollzieht, in dessen Verlauf eine Akkumulation von Erfahrungen, Wissen, Kapital etc. stattfindet, wodurch ein Mehr an Erkenntnissen und Lebensqualität erzeugt wird, lebt heute in ganz unterschiedlichen Bereichen fort.

So beruht die Marktwirtschaft auf einer effektiven Wachstumsrate, die im globalen Maßstab durchschnittlich bisher bei etwa 3 bis 5 Prozent gelegen hat.[1] Dabei werden je nach Wirtschaftssektor Renditen von bis zu 19 Prozent als erforderlich angesehen (etwa im Bankensektor, bei dem die Eigenkapitalrenditen, wie wir es von der Deutschen Bank wissen, sogar auf 25 Prozent hochgetrieben werden), um langfristig auf globalen Märkten wettbewerbsfähig zu bleiben. Entsprechende Steigerungen im Produktions- und Konsumbereich sind die Folge. Im Jahr 2010 hat trotz Klimaprotokollen und Einsparbemühungen der weltweite Energieverbrauch um 5,6 Prozent zugenommen, allein in Deutschland wurden zwanzig Prozent mehr SUVs (Sport Utility Vehicles) verkauft als im Jahr zuvor (aktuelle PKWs haben übrigens eine durchschnittliche Motorleistung von 134 PS, die Mitte der 1990er Jahre noch bei 95 PS lag). Die Nutzungsrate von Elektrogeräten und Computern sinkt aufgrund technologischer Innovationen kontinuierlich, sodass der Berg an Elektronikschrott umso höher wächst. Die Menge an gekaufter Kleidung hat sich in den letzten zehn Jahren verdoppelt, während fast 40 Prozent unserer Lebensmittel – eine skandalöse Größe – ungenutzt entsorgt werden. Und der Güterverkehr nimmt aktuellen Schätzungen nach allein im LKW-Bereich in Deutschland bis 2025 um 55 Prozent zu,[2] vom Flugverkehr ganz zu schweigen. Jüngste Berechnungen der EU-Kommission gehen davon aus, dass der weltweite Energieverbrauch sich durch das Bevölkerungswachstum und die wirtschaftliche Entwicklung der nachrückenden Volkswirtschaften bis 2030 verdoppeln wird.[3]

Umso bedenklicher ist es deshalb, dass auch im Nachhaltigkeitssektor der Glaube an Steigerungsquoten und ökologische Fortschrittslösungen fortlebt. Mit Devisen wie „Simplify your life" oder „Less is more" wird den Anhängern eines grünen Lebensstils suggeriert, dass der Verzicht auf massenindustrielle Produkte oder der Kauf von Biofleisch zu einer globalen Verbesserung der Lebensqualität beitragen. Die LOHAS – die Anhänger der „Lifestyles of Health and Sustainability" –, die im Toyota Prius zum Ökosupermarkt fahren, ihre Wohnung mit recycelten Designermöbeln ausstatten und bei Atmosfair CO_2-Abgaben für ihre Flugreisen nach Sri Lanka zahlen, treten als neue Missionare eines emissionsarmen und energieeffizienten Lebensstils auf, der Genuss ohne Reue und damit einen Gewinn an Daseinszufriedenheit durch den Rückbau an ökologischer Landnahme verspricht. Die Maxime des „Growing by Shrinking", die sich in immer mehr Produktions- und Konsumtionsfeldern ausbreitet, ist zum Mantra eines postutopischen Hedonismus geworden, der das Ziel der Lebensverbesserung nicht verabschiedet hat, sondern an die Stelle eines exzessiven Ressourcenverbrauchs das Ideal des qualitativen Wachstums setzt, das durch eine maßvolle und bewusste Alltagsgestaltung umgesetzt werden soll.

Die Realität spricht allerdings eine andere Sprache. So zeigen Umfragen und empirische Untersuchungen, dass zwar über die Hälfte der Verbraucher von sich behauptet, an sozialen und ökologischen Standards von Gütern und Dienstleistungen interessiert zu sein, letztlich aber nur etwa zehn Prozent ihre Einstellungen tatsächlich in die Praxis umsetzen.[4] Zwischen der Selbstwahrnehmung und dem faktischen Handeln besteht weiterhin eine Kluft. Darüber hinaus folgt unser Alltagsverhalten in weiten Bereichen dem technologischen Leitbild der Energieeffizienz, das auf der Entkopplung von Ressourcenverbrauch und Wachstum beruht, die durch den weltweiten Zuwachs an Energie- und Flächenbedarf regelmäßig konterkariert wird.

Das Fortschrittsideal existiert also auch dort in abgewandelter Weise weiter, wo es infrage gestellt und zumindest rhetorisch verworfen wird. Die neue Utopie lautet nicht mehr Kolonialisierung der Zukunft, egal um welchen Preis und zu welchen Kosten für die nachfolgenden Generationen. Sie beruht stattdessen auf höherer Ressourceneffizienz und der aktuellen Einpreisung von Kosten für die langfristige Nutzung von Gemeinwohlgütern, ohne dass dabei das eigene Alltagsverhalten selbst grundlegend verändert wird.

Systematisch verzerrtes Entscheidungsverhalten

Nach dem bisher Gesagten ergibt sich der interessante Befund, dass wir das moderne Fortschrittskonzept nicht hinter uns gelassen haben, sondern es sich hartnäckig aufrechterhält. Es bestimmt weiterhin sowohl die Steigerungsdynamik des globalen Marktkapitalismus als auch alternative Lebensstile, die auf eine nachhaltige, aber insgesamt qualitativ bessere Zukunft ausgerichtet sind. Es scheint dem Menschen schwerzufallen, sich die Zukunft anders als nach dem Prinzip der Optimierung von Wahloptionen und der Zunahme an Lebensqualität vorzustellen.[5] Die Steigerungsutopie liegt somit nicht nur dem ökonomischen Wachstumsmodell zugrunde, das auf die Potenzierung von Renditen und die Maximierung von Gewinnen angelegt ist. Sie bildet auch den Maßstab der meisten ökologischen Transformationsmodelle, die durch höhere Einsparquoten und die Nutzung regenerativer Energien die Realisierung einer zukunftsfähigen Gesellschaft in Aussicht stellen, die der gegenwärtigen Gesellschaft mehr oder weniger ums Haar gleicht.

Worin liegt diese Resilienz – die Widerstandsfähigkeit – des Fortschrittsprinzips begründet? Wieso gelingt es uns nicht, trotz Einsicht in die Risiken einer ungezügelten Wachstumsdynamik und fehllaufender Steuerungsmechanismen grundlegend andere Gestaltungskonzepte für die Zukunft zu entwickeln?

Eine naheliegende Vermutung besteht darin, dass der Mensch höherstufige – kollektive gesellschaftliche – Veränderungsprozesse nicht anders als in Analogie zu seiner individuellen zeitlichen Entwicklungsdynamik denken kann. Hans Blumenberg hat schon vor Jahrzehnten auf die auffälligen Parallelen zwischen Weltzeit und Lebenszeit hingewiesen. Insbesondere in der europäischen, vom Individualismus geprägten Kultur weisen die meisten historischen Verlaufsfiguren eine erstaunliche Ähnlichkeit mit der zeitlichen Struktur menschlicher Existenz auf, die sich von der Vergangenheit über die Gegenwart in die Zukunft hinein in Gestalt einer (nicht unbedingt kontinuierlichen, aber kohärenten) anwachsenden Linie erstreckt. Martin Heidegger hat in seiner Analyse des Daseins darauf aufmerksam gemacht, dass das gewöhnliche Leben – das durchschnittliche Man – durch eine Auslieferung an die Gegenwart gekennzeichnet ist, durch die Vergangenheit und Zukunft ausgeblendet werden, zumindest aber der präsentischen Lebensweise der Vorrang eingeräumt wird. Diese Fokussierung auf das „Hier und Jetzt" (Georg Picht), also eine sich durchhaltende Fixierung auf den sozialen und ökonomischen Status quo lässt sich in zahlreichen Geschichtsmodellen der Moderne beobachten, in denen gesellschaftliche Veränderungsprozesse und Gestaltungsprogramme aus der heutigen Situation abgeleitet werden, sodass insgesamt eine starke Gegenwartspräferenz besteht.

Ich kann mich hier nicht genauer mit weiteren Ursachen für die eigentümliche Halbwertszeit des Fortschrittsmotivs befassen, die zum Teil sicherlich auch in der Säkularisierung eschatologischer Heilserwartungen und ihrer Fortsetzung in modernen Evolutions- und Emergenzmodellen liegt. Mir scheint jedenfalls empirisch plausibel zu sein, geschichtliche Verlaufsfiguren aus existenziellen Zeitdynamiken abzuleiten. Der Vorteil dieser Ableitung liegt auf jeden Fall darin – und darauf kommt es im Folgenden besonders an –, die Schwierigkeiten besser beschreiben zu können, Gestaltungsansätze für die Zukunft zu finden, die tatsächlich eine nachhaltige Wirkung entfalten und nicht bloß das Bestehende fortsetzen oder mehr oder weniger wirkungslos an bisherige Transformationskonzepte anknüpfen.

Man könnte das Problem, um das es hier geht, auch anders formulieren: Warum sind die meisten der jüngeren gesellschaftlichen Umgestaltungsversuche von den „Grenzen des Wachstums" bis zur „Risikogesellschaft" größtenteils erfolglos geblieben? Wieso hat die Mehrzahl der Menschen Schwierigkeiten, die bestehende Lage zu ändern, obwohl sie ihnen als objektiv falsch erscheint? Weshalb leben wir einfach so weiter, während wir zugleich wissen, dass die Verhältnisse dringend verbessert werden müssten?

Die Verhaltensforschung spricht in solchen Fällen von systematisch verzerrtem Entscheidungsverhalten, das durch heuristische Einflussfaktoren – sogenannte *biases* – erzeugt wird. Zwei solcher verzerrender Heuristiken habe ich genannt: Den *historical bias*, der uns dazu verleitet, zeitliche Verläufe als historische – aus der individuellen Existenz abgeleitete – Prozesse mit einer inhärenten Steigerungsdynamik zu interpretieren. Und den *status quo bias*, der bestehenden Strukturen einen determinierenden Einfluss auf alltägliche Handlungsentscheidungen verleiht. Wenn dies so ist – und empirische Verhaltensexperimente unterfüttern diese Annahme –, bedarf es veränderter gesellschaftlicher Gestaltungsansätze, die nicht von autonomen und rationalen Akteuren ausgehen, sondern von *weak actors*, deren Handlungen von situativen Entscheidungsfaktoren beeinflusst werden und die von nicht expliziten (also zumeist unbewussten und unreflektierten) Präferenzen und Vorannahmen geleitet werden.

Unser Alltagsleben und immer wiederkehrende Krisenverläufe sind ein untrüglicher Indikator für ein verzerrtes Entscheidungs- und Planungsverhalten, das sich nicht einfach mit rational verbesserten Entscheidungen und langfristigeren Planungen aus dem Weg räumen lässt. So ist der Umstand, dass kluge und vernünftige Menschen regelmäßig gegen ihre Zielsetzungen verstoßen und weiter einen S-Klasse-Mercedes fahren, nachdem sie sich ein Passivhaus mit Kraft-Wärme-Kopplungsanlage zugelegt haben, ebenso ein Beleg für unvollständige und widersprüchliche Handlungsrationalität wie das Versagen der Schuldenbremse in öffentlichen Haushalten, die allen Abkommen und Regelungen zum Trotz nicht in der Lage sind, notwendige finanzielle und fiskalische Sanierungsmaßnahmen durchzuführen. Ganz zu schweigen von der volatilen Dynamik der Finanzmärkte, auf denen allein in der ersten Augustwoche 2011, drei Jahre nach der Lehman-Brothers-Pleite, erneut 2,8 Billionen Dollar vernichtet worden sind – obwohl die Aufsichtsmechanismen verbessert, neue Gesetze erlassen und ganze Ketten an Rettungsschirmen aufgespannt wurden.

Vor diesem Erfahrungshintergrund scheint es wenig aussichtsreich zu sein, der wiederkehrenden Krisenverläufe durch weitere staatliche Steuerungsprogramme oder durch herkömmliche Formen zivilgesellschaftlicher Partizipation und Bürgerbeteiligung Herr werden zu wollen. Eine deliberative Bürgerpolitik, wie sie etwa von Anthony Giddens und Ulrich Beck angesichts wiederkehrender Risikounfälle der hochtechnologischen Zivilisation eingefordert wird, setzt genau den mündigen und aufgeklärten Bürger voraus, der im Alltag immer wieder gegen seine eigenen Einsichten verstößt. Weil Bürger nur in seltenen Fällen in der Lage sind, ihre Interessen und Präferenzen auf konsequente Weise in Handlungen umzusetzen, führen die bisherigen Wege der deliberativen Bürgerdemokratie und partizipatorischen Zivilgesellschaft nur begrenzt zum Erfolg.

Dasselbe gilt für Forderungen nach mehr Bürgermoral und sozialen Tugenden. Dem Bürger mangelt es ja nicht an Werten und Idealen, er weiß sehr wohl, was er tun sollte, er ist nur leider nicht ohne Weiteres in der Lage, seine Ziele in einer Weise zu verwirklichen, die mit seinen eigenen Wünschen und Motiven übereinstimmt.

Bürger brauchen, mit anderen Worten, Unterstützungen und Hilfestellungen, um gegen ihre Defekte und Schwächen die Ziele zu erreichen, denen sie aus guten Gründen in ihrem Alltag zu folgen versuchen. Nicht die erwähnte und viel diskutierte „Mind-Behaviour-Gap" – die Kluft zwischen Einstellungen und Handlungen – ist das Hauptproblem. Die Herausforderung besteht vielmehr in der systematischen Verzerrung von Handlungsentscheidungen bei Akteuren durch falsche Situationsbewertungen, unrealistische Einschätzungen zukünftiger Entwicklungen und die Überschätzung der eigenen Lösungskompetenzen.

Gestaltung von Entscheidungssituationen

Was somit benötigt wird, ist etwas, das sich als nachhaltige Gestaltung von Entscheidungssituationen oder – zugespitzt formuliert – als nachhaltiges Gesellschaftsdesign bezeichnen lässt. Unter „nachhaltig" verstehe ich dabei weniger die klassische *triple bottom line* von ökonomischen, ökologischen und sozialen Zielsetzungen als die Einflussnahme auf Handlungskontexte, die so modelliert werden, dass Akteure in die Lage versetzt werden, die sozial- und umweltverträglichen Ziele zu verfolgen, die sie aus eigenen Überzeugungen verfolgen wollen.

In den USA – und zunehmend auch in Europa – wird dieser Ansatz seit einiger Zeit unter dem Titel des libertären Paternalismus diskutiert. Prominent geworden ist der libertäre Paternalismus durch das Buch *Nudge: Improving Decisions about Health, Wealth and Happiness* des Ökonomen Richard Thaler und des Juristen Cass Sunstein von 2008. Die Grundidee des libertären Paternalismus besteht darin, durch moderate Anstöße – durch „Nudges" – Änderungen des Verhaltens herbeizuführen, die als solche im (langfristigen) Interesse der Akteure liegen. Es geht nicht darum, Menschen zu lenken oder zu manipulieren, sondern sie durch die förderliche Gestaltung von Handlungskontexten darin zu unterstützen, die Entscheidungen zu treffen, die sie eigentlich treffen möchten, zu denen sie aber aus Gründen mangelnder Kompetenz, individueller Irrtümer oder bloßer Bequemlichkeit nicht fähig sind.

Beispiele hierfür gibt es genug. Neben den schon genannten Neigungen, dem Status quo den Vorzug gegenüber Veränderungen zu geben und von der Zukunft eine graduelle Verbesserung der Lebenslage zu erwarten, sind Menschen im Alltagshandeln zahlreichen habituellen Einflüssen, mentalen Fehleinschätzungen und kognitiven Überforderungen ausgesetzt. So lässt sich zeigen, dass etwa Konsumenten bei Kauf- und Verbrauchsentscheidungen stark durch die Gestaltung von Wahloptionen *(choice architecture)* und die Darstellung von Produktinformationen beeinflusst werden *(framing effect)*.[6] Zu viele Detailinformationen verwirren und überfordern uns *(information overload)*. Gleichzeitig macht es einen erheblichen Unterschied, in welcher Reihenfolge zum Beispiel Waren in Geschäften und Speisen in der Cafeteria präsentiert werden (etwa Salate vor den Süßspeisen oder vegetarische Gerichte vor Fleischgerichten – die Ratatouille vor dem Hühnerfrikassee). Einen wesentlichen Einfluss auf unsere Kaufentscheidungen hat auch die Kennzeichnung von Lebensmitteln (ob zum Beispiel ein Milchprodukt 1 Prozent Fett enthält oder zu 99 Prozent fettfrei ist).

Dasselbe gilt für medizinische Operationen. Wir werden uns eher einem kritischen Eingriff unterwerfen, wenn der Arzt uns 50 Prozent Überlebenschancen in Aussicht stellt, als wenn er von einem fünfzigprozentigen Sterberisiko spricht. Routinen und Standardeinstellungen – sogenannte *default situations* – spielen in diesem Zusammenhang ebenfalls eine wichtige Rolle, da Menschen sich, wie wir gesehen haben, am Status quo orientieren und deshalb unter normalen Umständen eine geringe Bereitschaft zum Wechselverhalten zeigen. Dies lässt sich zum Beispiel bei der Organspende beobachten. So spenden in Spanien, wo die Widerspruchslösung angewendet wird, also jeder, der keine schriftliche Ablehnung formuliert hat, Organspender ist, 34 von einer Million Menschen ihre Organe, während in Deutschland, wo es bisher keine entsprechende gesetzliche Regelung gibt, gerade mal knapp 15 Spender auf eine Million Einwohner kommen.[7]

Weitere Einflussfaktoren sind Trägheit und nachlassende Selbstkontrolle *(self regulation fatigue)*. Insbesondere bei anspruchsvollen ethischen Aktivitäten wie nachhaltigen Konsumweisen tritt immer wieder der Effekt ein, auf Gewohnheiten zurückzugreifen oder dem Verhalten der Masse zu folgen *(herd effect)*. In einer kürzlich veröffentlichten Studie mit dem Titel „Do Green Products

Make Us Better People?" haben zwei Psychologen aus Toronto gezeigt, dass Probanden nach dem Kauf biologischer und ökologischer Produkte dazu neigen, besonders ungesunde Dinge zu konsumieren oder sich rücksichtslos gegenüber der Umwelt zu verhalten, weil sie durch ihr voriges Verhalten eine Art moralisches Guthaben angesammelt zu haben glauben, das sie anschließend wieder aufbrauchen.[8] Menschen tendieren zu einer mentalen Kontoführung (mental accounting), bei der sie positive mit negativen Handlungsweisen verrechnen.

Desweiteren neigen Menschen dazu, sich bei der Abwägung von möglichen Gefahren (etwa bei der Benutzung des Flugzeugs) durch die Höhe des Risikos (in diesem Fall die Anzahl der Todesopfer) beeindrucken zu lassen, auch wenn die Eintrittschance dieser Risiken selbst relativ gering ist.. In diesen Zusammenhang gehört auch, dass bei der Abschätzung von Risiken die Verlustängste eine dominantere Rolle spielen als die Aussicht auf potenzielle Gewinne. Menschen fürchten eher, Dinge zu verlieren, als dass sie hoffen, neue Dinge dazu zu gewinnen (loss aversion). Umgekehrt überschätzen wir sehr häufig unsere Fähigkeit der Kontrolle und Vorsorge, indem wir Misserfolge nicht auf das eigene Versagen, sondern auf andere Akteure oder äußere Umstände zurückführen (illusion of control). Während wir Erfolge häufig uns selbst zuschreiben (overconfidence), neigen wir andererseits dazu, Risiken auszublenden, indem wir sie für unwahrscheinlich erklären (probability bias). Ähnliche Einflussfaktoren lassen sich auch beim Umgang mit Kosten-Nutzen-Kalkulationen und bei der Bewältigung von Krisenprozessen beobachten. Menschen legen nicht nur grundsätzlich ein konservatives Verhalten an den Tag, indem sie an vorhandenen Gütern festhalten (endowment effect). Sie tendieren außerdem dazu, externe Kosten, wie sie etwa bei der Nutzung von Gemeingütern entstehen, in die Zukunft zu verlagern (hyperboling discounting), statt in der Gegenwart präventive Maßnahmen (zum Beispiel gegen drohende Markt- und Umweltkrisen) zu ergreifen.

Diese Liste von biases und Heuristiken macht deutlich, dass verhaltenspsychologische Faktoren einen größeren Einfluss auf unsere Alltagsentscheidungen haben als rationale Nutzenkalküle oder moralische Überzeugungen. Das systematisch verzerrte Entscheidungsverhalten ist Ausdruck einer begrenzten (nicht fehlenden!) Handlungsrationalität, auf die mit einer entsprechenden Gestaltung von Handlungskontexten – und, wie gesagt, nicht mit einer verbesserten politischen oder ökonomischen Langzeitplanung – reagiert werden muss.

Nachhaltiges Gesellschaftsdesign – Alternativen zur bisherigen Zukunftsgestaltung

Der erwähnte libertäre Paternalismus stellt zwar nicht die einzige, aber eine möglicherweise erfolgversprechende Reaktion auf die begrenzte Rationalität von Akteuren dar, die zwar häufig wissen, was sie tun, aber eben nicht immer tun, was sie wissen. Aus Sicht des libertären Paternalismus geht es darum, die vorhandene Bereitschaft von Menschen, sich im Alltag nachhaltig oder sozialverträglich zu verhalten, durch ein intelligentes Entscheidungsdesign zu fördern, ohne dabei die individuelle Wahlfreiheit einzuschränken. Ganz ähnlich, wie sich Odysseus freiwillig an den Mast seines Schiffes binden ließ, um den Sirenenklängen zu widerstehen, besteht die gesellschaftliche Konsequenz des libertären Paternalismus darin, institutionelle Arrangements zu schaffen, die uns dabei helfen, die eigene Bequemlichkeit und Gedankenlosigkeit im Alltag zu überwinden, wobei zugleich die Möglichkeit des Ausstiegs aus den geschaffenen Arrangements (das opting out) offengehalten wird.

Sunstein und Thaler sprechen deshalb vom „real third way",[9] der zwischen politischer Regulierung und individueller Selbstbestimmung hindurchführt. Der libertäre Paternalismus nimmt eine originale Mittelposition zwischen der Freiheitsideologie des Liberalismus, der ohne Rahmenregeln und Kontrollmechanismen seine eigenen Grundlagen aufzuzehren droht, und doktrinären Weltverbesserungsprogrammen ein, die mit technokratischen oder moralischen Mitteln den Weg in eine bessere Zukunft beschreiten wollen. Die Grundannahme des libertären Paternalismus lautet, dass politische Bewegungen nicht dann erfolgreich sind, wenn sie die besseren Argumente auf ihrer Seite haben, sondern wenn sie über Argumente verfügen, die Menschen zum Handeln bewegen.[10] Ideen, so die pragmatische Annahme, beziehen ihre Überzeugungskraft nicht aus objektiven Gründen, sondern aus ihren praktischen Realisierungschancen.

Um soziale Transformationen zu fördern, sind deshalb Verfahren der moderaten politischen Gestaltung, die an den Alltagssituationen der Bürger ansetzen, zielführender als groß angelegte Umbauprojekte oder technologische Optimierungsstrategien, wie sie gegenwärtig etwa unter den Labels der „Dritten Industriellen Revolution", der „Ressourceneffizienz" oder des „Geo-Engineering" geplant werden – allesamt traditionelle Steuerungs- und Lösungskonzepte, die der modernen Steigerungsutopie (der Entkoppelung von Wachstum und dem Verbrauch von Lebensgrundlagen) sowie dem Leitbild des rationalen Akteurs (der Krisen durch verbesserte Vorsorge und Planung löst) verhaftet bleiben.

Um einen wirkungsvollen Wandel riskanter sozio-technischer Verhältnisse zu erreichen und die mentalen Infrastrukturen aufzubrechen, die für eine fortgesetzte Fixierung auf die Prinzipien der Steigerung und Kontrolle sorgen, benötigen wir ein – wie ich es vorhin schon genannt habe – *nachhaltiges Gesellschaftsdesign,* das alternative Zukunftsoptionen eröffnet, ohne dabei Freiräume und Entscheidungsmöglichkeiten zu beschneiden. Hierfür stehen – grob gesagt – drei Arten der Gestaltung von Wegen zur Verfügung.

Der erste Weg besteht in der *Erleichterung nachhaltiger Handlungsoptionen.* Dies kann durch den Abbau von Hindernissen, aber auch durch die Änderung von Standardeinstellungen, durch geschickte Formen der Selbstbindung und durch positive Anreize geschehen. So können etwa (kommunale) Energieversorger ihre Kunden standardmäßig mit Ökostrom beliefern und zugleich die Möglichkeit des Wechsels in einen konventionellen Stromtarif anbieten. Da Menschen im Alltag (wie Erfahrungen bei der Organspende oder Betriebsrente gezeigt haben) eine relativ geringe Neigung zeigen, Voreinstellungen zu ändern, dürfte der Anteil regenerativer Energien auf diesem Weg erheblich zunehmen. Ein weiteres Mittel sind freiwillige Selbstverpflichtungen, die das konsequente Umsetzen von nachhaltigen Verhaltensänderungen erleichtern. So könnten Verbraucher ein eigenes Depot für Energieausgaben einrichten oder mit ihrer Bank einen Vertrag abschließen, der sie – ähnlich wie beim Zertifikatenhandel – dazu verpflichtet, bei der Überschreitung einer bestimmten Grenze des Verbrauchs neue Berechtigungsscheine zu erwerben oder nicht genutzte Scheine (Zertifikate) an die Bank zu verkaufen. Hilfreich sind auch Bonusprogramme, die das Benutzen umweltfreundlicher Verkehrsmittel belohnen, Smartmeter im Hauhalt, die den Stromverbrauch anzeigen, oder Wettbewerbe um den Sparrekord beim Autofahren, wie sie heute schon im Internet durchgeführt werden (zum Beispiel unter www.spritmonitor.de). Schließlich gibt es auch soziale und kulturelle Anreize, den eigenen Lebensstil zu ändern und Daseinsziele zu finden, die weniger ressourcenintensiv sind als bisher. So kann auf den Gewinn an Glück und Zufriedenheit aufmerksam gemacht werden, der durch ein weniger dynamisches, leistungs- und konsumorientiertes Leben entsteht. Untersuchungen haben gezeigt, dass immer mehr Menschen Befriedigung nicht mehr in der Karriere, beruflichem Erfolg und materiellen Gütern finden, sondern in sozialen Beziehungen, mehr persönlicher Zeit und gesellschaftlichem Engagement.[11]

Der zweite Weg ist durch die *Erschwerung falscher Handlungsalternativen* gekennzeichnet. Dies kann vor allem durch die Errichtung von Barrieren geschehen, die in Gestalt von Nutzungshemmnissen, von Sanktionen und sozialen Beobachtungssituationen umgesetzt werden. So ließe sich etwa im Automobilbereich durchgängig das elektronische Gaspedal einführen, das mit zunehmender Betätigung schwergängiger wird, oder Tachometeranzeigen, die sich bei höheren Geschwindigkeiten rot färben (wie es sie übrigens früher schon einmal bei den alten Balkentachos gegeben hat) – beides Mittel, um den PKW-Lenker zu einer besonnenen Fahrweise zu mahnen. Denkbar sind auch, ähnlich wie auf Zigarettenpackungen, Warnhinweise und Bildsymbole, mit denen bei Konsumgütern, Reisen oder auch der Nutzung des Internets auf den jeweiligen Ressourcenverbrauch aufmerksam gemacht wird. Neben traditionellen Kostensteigerungen in Form von Steuern oder Abgaben könnten auch negative Bonussysteme hilfreich sein, bei denen man, wie dies heute in öffentlichen Toiletten („Sanifair") geschieht, eine höhere Nutzungssumme zahlt, die später in ausgewählten Geschäften wieder für nachhaltige Produkte eingelöst werden kann. Besonders wirkungsvoll ist die Gestaltung sozialer Situationen, in denen Akteure durch wechselseitige Beobachtung davon abgehalten werden, in konventionelle Verhaltensmuster zurückzufallen. So wurde bei einem Realexperiment in einem Coffeeshop fair gehandelter Kaffee zum gleichen Preis wie normaler Kaffee angeboten. Der bloße Hinweis auf der Angebotstafel brachte nur einen geringen Verkaufszuwachs. Durch zusätzlich ausgelegte Informationsblätter kauften etwas mehr Leute den fairen Kaffee. Die Zahl steigerte sich noch einmal, als die Kunden bei der Bestellung gefragt wurden, ob sie lieber normalen oder fairen Kaffee haben möchten. Am meisten Coffeeshop-Gäste entschieden sich für den fairen Kaffee in dem Moment, in dem jemand bei der Bestellung direkt hinter ihnen stand. Die Beobachtung durch andere trägt somit erheblich dazu bei, dass wir unsere Handlungsziele konsequenter verfolgen.[12]

Der dritte Weg besteht darin, *alternative Handlungsoptionen anzustoßen und zu fördern*. Hierzu existieren unterschiedliche Formate, die von neuen Arten der Kollaboration über die Einrichtung von Dialogforen bis zur Gestaltung von Laboratorien reichen, in denen innovative Lebensformen erprobt werden. So beteiligen beispielsweise immer mehr Firmen die Konsumenten bei der Entwicklung von Produkten *(prosuming, crowdsourcing)* oder es werden in Multistakeholder-Foren und durch nationale Agenden gemeinsame Maßstäbe für sozial- und umweltverträgliche Entwicklungen festgelegt (Dialogprozess Konsum, ISO 26000). Es geht in Zukunft nicht mehr nur darum, den Bürger über deliberative Verfahren an politischen Prozessen partizipieren zu lassen, sondern ihn zu einem aktiven Mitgestalter von Wertschöpfungsketten und demokratischen Prozeduren zu machen. Im Vordergrund steht dabei nicht nur die Teilhabe an, sondern die Veränderung von gesellschaftlichen Strukturen. So können Bürger, wie die Einspeisevergütung bei Solaranlagen oder der Fall der Schönauer Stromrebellen zeigen, selber zu Anbietern von Ökostrom werden und aktiv auf Marktangebote Einfluss nehmen (so gehören die Elektrizitätswerke Schönau – die EWS – mittlerweile zu den führenden Ökostrom-Anbietern in Deutschland). Interessant ist auch das vom MIT stammende Modell der „Living Labs", in denen unter Realbedingungen alternative Lebensstile erprobt werden können. Anstöße zur Umsetzung neuer Verhaltensweisen gehen, wie die Erfahrung lehrt, von Gruppenerfahrungen und Vorbildern aus (sogenannten Pionieren des Wandels oder *change agents*), die Nachahmungseffekte auslösen und bei den Bürgern das Bewusstsein der Selbstwirksamkeit stärken.

Schlussbetrachtung: Nachhaltige Zukunft durch Selbstbindung

Der Leser wird sich möglicherweise über die teils etwas trivialen Beispiele und Instrumente wundern. Aber alle drei Wege setzen an der psychischen Verfassung und begrenzten Alltagsrationalität von Menschen an, die in ein Geflecht aus Gewohnheiten, Zeitknappheit und Überlastung eingebunden sind. Aus diesem Grund erreichen Verfahren der moderaten Intervention und des listigen Anstoßens eher das Ziel eines nachhaltigen Sozialwandels als invasive Eingriffe durch politische Steuerung, Aufklärungskampagnen oder pädagogische Erziehungsprogramme.

Frei nach Gottfried Benns Satz „Rechne mit Deinen Beständen" lautet die Devise des nachhaltigen Gesellschaftsdesigns „Rechne mit Deinen Defekten". Um die ganz normalen Defekte menschlichen Lebens in eine gemein- und sozialverträgliche Richtung zu lenken, wird die Architektur von Alltagssituationen so gestaltet, dass es den Bürgern leichter fällt, das zu tun, was sie eigentlich tun wollen. Durch den Abbau von Hindernissen, die Errichtung von Barrieren und die Förderung von Alternativen werden sie darin unterstützt, ihre Wünsche und Bedürfnisse zu realisieren. Es reichen häufig schon geringfügige Mittel wie die Änderung von Standards oder die Darstellung von Informationen aus, um Menschen zur Korrektur falscher Verhaltensweisen zu bewegen. Das Design von Gesellschaften durch die Gestaltung von Wahlarchitekturen und die Modellierung *(framing)* von Entscheidungssituationen hat deshalb nicht nur den Vorteil der Sparsamkeit und Effektivität der eingesetzten Mittel. Es besitzt auch den Vorzug, dass sich mit seiner Hilfe das Leben der Menschen im Sinn ihrer eigenen Präferenzen ändern lässt, anstatt weiterhin dem riskanten Ideal des gesteigerten Wohlstands und Wachstums zu folgen.

Ist damit eine Alternative zum überholten Fortschrittsmodell gefunden? Oder wird mit der Idee der moderaten Einflussnahme an die Stelle der alten Planungsutopie eine neue Utopie der libertären Lenkung gesetzt, die womöglich antidemokratische Züge der Manipulation und technokratischen Kontrolle aufweist? Das politische Programm des libertären Paternalismus legt diese Einwände nahe. Es ruft Ängste vor dem *Nanny State* hervor, der seine Bürger bevormundet und ihre Grundrechte durch staatliche Eingriffe beschneidet. Anstatt gemeinwohlverträgliche Entscheidungen zu provozieren, bestehe die Gefahr – so die Kritik –, eine Moraldiktatur zu errichten, die im Namen sozialer Wohlfahrt und ökologischen Schutzes parteipolitische und ideologische Willkürakte durchsetze.[13] Darüber hinaus bleibt unklar, wie die politischen Gestalter von Entscheidungssituationen selber den Einflüssen entkommen, die ihrer Theorie der unterstützenden Wahlarchitektur zugrunde liegen. Und schließlich scheint der libertäre Paternalismus auf einem äußerst skeptischen (und konservativen) Menschenbild zu beruhen, das von schwachen und fremdbestimmten Akteuren ausgeht, denen das Potenzial zur eigenverantwortlichen Lebensführung und Daseinsvorsorge abgesprochen wird.

Diese Einwände sind ernst zu nehmen. Die nachhaltige Gestaltung gesellschaftlicher Entwicklungen hat nur dann Aussichten auf Erfolg, wenn die Bürger in die politischen Steuerungsprozesse miteinbezogen werden. Je restriktiver die Eingriffe durch die institutionellen und organisatorischen Arrangements in die Entscheidungsfreiheiten der Akteure sind, umso stärker müssen die betroffenen Akteure aktiv an der Gestaltung ihrer eigenen Entscheidungsumgebung beteiligt werden, indem sie im Austausch mit der Politik gemeinsame Vorschläge für nachhaltige Handlungsoptionen entwickeln.[14]

Es wird in Zukunft nicht mehr nur darum gehen, den Bürger über deliberative Verfahren an politischen Prozessen partizipieren zu lassen, sondern ihn zu einem intelligenten Mitgestalter von Wertschöpfungsketten und demokratischen Verfahren der Selbstbindung zu machen. Eine libertär-paternalistische Umwelt- und Sozialpolitik hat dann Chancen auf Realisierung, wenn es ihr über entsprechende institutionelle und organisatorische Arrangements gelingt, eine wachsende Zahl von Bürgern davon zu überzeugen, der Leitvorstellung einer nachhaltigen Entwicklung in ihren Alltagsentscheidungen aus eigenen Interessen zu folgen. Ähnlich wie Odysseus, der sich aus Vorsorge gegen den Gesang der Sirenen an den Mast seines Schiffes fesseln ließ, werden die Bürger dann bereit sein, sich freiwillig an nachhaltige Verhaltensvorgaben des gestaltenden Staates zu halten, wenn dadurch ihre eigenen Handlungsziele erreicht werden. Das Risiko einer staatlichen oder wirtschaftlichen Gesellschaftsplanung lässt sich vermindern, wenn die Bürger dazu gebracht werden, als eigenverantwortliche Designer an der Gestaltung nachhaltiger Entscheidungskontexte mitzuwirken. Der Übergang zu einer nachhaltigen

Zukunftsgestaltung erfordert nicht notwendigerweise Freiheitsverzichte, sondern kann durch eine intelligente Freiheitsförderung befördert werden, mit deren Hilfe sich gesellschaftliche Akteure in ihrem Alltagsleben aus Selbstinteresse an Gemeinwohlzielen ausrichten.

[1] http://www.bankenverband.de/downloads/032011/konjunkturprognose-mit-sperrfrist (19.4.2012). Siehe auch Hans Christoph Binswanger: Die Wachstumsspirale, Weimar b. Marburg, 2006.

[2] ADAC-Motorwelt 9/2011, S. 121.

[3] http://www.steinkohle-portal.de/content.php?id=246 (19.4.2012)

[4] Silke Borgstedt/Tamina Christ/Fritz Reusswig: Umweltbewusstsein in Deutschland 2010; online unter: http://www.umweltbundesamt.de/uba-info-medien/4234.html (19.4.2012).

[5] So glauben nach einer Allensbach-Studie gegenwärtig 42 Prozent der Deutschen wieder an den Fortschritt, während 33 Prozent dem Fortschritt gegenüber skeptisch sind. Anfang der 1980er Jahre war das Verhältnis umgekehrt: 31 Prozent waren damals fortschrittsoptimistisch eingestellt, während 41 Prozent Zweifel am Fortschritt hegten (FAZ, 18.5.2011).

[6] Zum Folgenden siehe Lucia Reisch, Kornelia Hagen: Kann der Konsumwandel gelingen? Chancen und Grenzen einer verhaltensökonomisch basierten sozialen Regulierung, in: Ludger Heidbrink, Imke Schmidt, Björn Ahaus (Hg.): Die Verantwortung des Konsumenten. Über das Verhältnis von Markt, Moral und Konsum, Frankfurt/New York 2011, S. 228ff.

[7] http://www.3sat.de/nano/glossar/organspenden.html (19.4.2012).

[8] http://www.rotman.utoronto.ca/facbios/file/Green%20Products%20Psych%20Sci.pdf (19.4.2012).

[9] Richard H. Thaler, Cass R. Sunstein, Nudge: Improving Decisions About Health, Wealth and Happiness, London 2008, S. 253f.

[10] Oliver Flügel-Martinsen: Grundfragen politischer Philosophie. Eine Untersuchung der Diskurse über das Politische, Baden-Baden 2008, S. 238.

[11] Daniel Kahneman, Angus Deaton: High income improves evaluation of life but not emotional well-being, in: PNAS 107 (38), September 2010, p. 1, www.pnas.org/cgi/doi/10.1073/pnas.1011492107 (19.4.2012).

[12] Zum Hintergrund vgl. Timothy Devinney, Pat Auger, Gian Eckhardt: The myth of the ethical consumer, Cambridge 2010.

[13] Vgl. Gilles Saint-Paul: The Tyranny of Utility, Princeton/Oxford 2011.

[14] Vgl. Ludger Heidbrink, Johannes Reidel: Nachhaltiger Konsum durch politische Selbstbindung. Warum Verbraucher stärker an der Gestaltung von Entscheidungsumwelten mitwirken sollten, in: Gaia, Nr. 3, 2011, S. 152–156.

ULF KILIAN

DOMINIUM TERRAE

„Denn die Unzeit, in der wir heute leben, verordnet uns den Glauben an das genaue Gegenteil: dass wir an einem Ende der Geschichte angekommen seien, dass sich unser System des Lebens und Wirtschaftens nicht mehr in einem weiteren historischen Prozess
grundsätzlich verändern, sondern sich nur noch auf der Erdkugel verbreitern wird und
dass man künftigen Fortschritt nicht mehr am Fortschritt sozialer Prozesse messen wird
können, sondern nur noch an den Verbesserungen der technischen Mittel, mit deren Hilfe
alles immer ein bisschen anders so bleiben wird, wie es ist.“[1]

Werkbund und Moderne – Schwanken zwischen Pathos und Utopie[2]

Der Ausgangspunkt der konzeptionellen Überlegungen des Werkbundtages 2011, auf dessen
Beiträgen diese Publikation aufbaut, war die Frage, wie man den kulturellen Herausforderungen,
die sich am Beginn des 21. Jahrhunderts stellen, gestalterisch entsprechen kann.

Dies setzte in einem ersten Schritt die Analyse dessen, was heute und mit guten Gründen als globale Krise empfunden wird, voraus, erforderte aber auch in einem zweiten Schritt eine Positionie-
rung des Werkbunds, dessen Gestaltungsverständnis von jeher einem erweiterten Ansatz folgt. Es
galt, einen Titel für den Werkbundtag zu formulieren, der dem Selbstverständnis des Werkbunds
entsprach und sowohl seine Tradition als auch die Brüche, die sich seit seiner Gründung 1907
ereigneten, berücksichtigt.

Die Berufung auf den Begriff der *Moderne* lag nahe, zumal eine große Zahl von Werkbundmit-
gliedern zu den exponierten Vertretern dieser Epoche am Anfang des 20. Jahrhunderts zählten
und der Deutsche Werkbund im Sinne eines nicht ausschließlich technischen, sondern auch
ethisch konnotierten Begriffs der Moderne agierte. Er reagierte – getragen von der Hoffnung
auf eine *Humanisierung der Gesellschaft durch Gestaltung* – auf die krisenhaften ökonomischen
und sozialen Veränderungen des ausgehenden 19. und beginnenden 20. Jahrhunderts.

Die Gleichsetzung von Werkbund und Moderne greift allerdings zu kurz und die Beurteilung
der Paradigmen seines Engagements, mit dem er auf die Herausforderungen der letzten 105
Jahre antwortete, erfordert eine differenziertere Betrachtung. Für die aktuellen und zukünftigen
Aufgaben wäre es nicht zutreffend und wenig zielführend gewesen, sich auf eine Vergangenheit
zu berufen, die in ihrer Dialektik sowohl die Bezugspunkte als auch die Keime der Kritik in sich
trug. Die Autorität der Moderne hat an den Folgen ihrer Geschichte Schaden genommen und
selbst die Kritik an ihr ist in die Kritik geraten. Damit ist aber *die* Moderne als zentraler Bezugspunkt
des Werkbunds problematisch geworden, wenn nicht gar verlorengegangen. Vor allem aber ist es
der *moderne Mensch,* der aufgrund seiner Bestimmungen (Subjekt und Träger der Werte der Aufklärung zu sein) und der von ihm verursachten Katastrophen (technische und ökonomische Mas-
senvernichtungskriege, Ausbeutung und Naturzerstörung) zur Disposition steht. Dieser Verlust legt
den Blick frei auf zwei korrelierende Begriffe, die weniger programmatisch sind und den Ausgangspunkt der Arbeit des Werkbunds viel besser umreißen: Leben Gestalten.

Die Gründungsphase des Werkbunds ist flankiert von zahlreichen reformerischen Strömungen.
Die Satzung des Werkbunds verrät im Anspruch auf „Veredelung der gewerblichen Arbeit im
Zusammenwirken von Kunst, Industrie und Handwerk.“[3] die Reaktion auf eine Realität, in der
diese Qualität nicht verwirklicht zu sein schien. Der Begriff der *Veredelung* erinnert nicht zufällig
an Goethes klassisches Diktum.[4] Veredelung meint im Kontext der Arbeit des Werkbunds eine
den Menschen in den Blick nehmende Verbesserung von Produkten und Prozessen, die Verbesserung der Lebensbedingungen der Menschen also und darüber hinaus schließlich die Verbesserung *des* Menschen selbst.

Der Mensch selber wurde zum *Projekt* einer visionierten besseren Zeit. Die dieses Postulat be-
gleitenden und folgenden Katastrophen führen zwangsläufig zu der Frage, ob sie trotz oder

wegen dieses – nicht nur vom Werkbund vertretenen – Anspruchs den letzten 100 Jahren ihren martialischen Stempel aufdrückten?

Ohne den *messianischen* Anspruch der Verbesserung der Lebensbedingungen einer durch die Industrialisierung veränderten Lebenswelt, der die frühen Reformer antrieb, infrage stellen zu wollen, scheint mir doch ein brutaler Geist noch im besten – nämlich diesem – Vorsatz enthalten. Er entlarvt sich im definiten Artikel. In den idealisierenden Generalisierungen „*die* Neue Zeit", „*der* Neue Mensch" oder auch „*die* gute Form" spricht sich eine Einstellung aus, die *mörderisch* werden kann. Sie setzt voraus, dass es keine Alternative gibt, die es verdient, so genannt zu werden, und dass sie für alle gilt, universell ist.

Kein geringer als Theodor W. Adorno wies den Werkbund in einem im Rahmen einer Tagung gehaltenen Vortrag auf die Ansprüche des Menschen hin.

> „Die lebendigen Menschen, noch die zurückgebliebensten und konventionell befangensten, haben das Recht auf die Erfüllung ihrer sei's auch falschen Bedürfnisse. Setzt der Gedanke an das wahre, objektive Bedürfnis sich rücksichtslos über das subjektive hinweg, so schlägt er, wie von je die volonté générale gegen die volonté des tous, in brutale Unterdrückung um. Sogar im falschen Bedürfnis der Lebendigen regt sich etwas von Freiheit; das, was die ökonomische Theorie einmal Gebrauchswert gegenüber dem abstrakten Tauschwert nannte."[5]

Ich möchte den Werkbund in seinem Eintreten für die *Verwirklichung von Humanität durch Gestaltung* – vor dem Hintergrund des Gesagten – gegen eine rückblickende, die historischen Befangenheiten vergessende Kritik doch auch ernst und in Schutz nehmen. Dass der Werkbund diesen Respekt verdient, hat er im Verlauf seiner Geschichte (man müsste von seinen Geschichten und den Werkbünden sprechen) immer wieder bewiesen. Die Beweise tragen aber – selbstverständlich – die Handschrift der Zeit, in der sie erbracht wurden. Dass der *gute* nicht auch zwangsläufig der *richtige* Vorsatz ist, lehrt die Geschichte.

Für den Werkbund muss das heißen, nicht den Menschen, sondern den *lebendigen* Menschen ins Zentrum seines Bemühens zu stellen. Einige der in diesem Artikel verwendeten Vokabeln scheinen *historisch diskreditiert*. Zu ihnen zählen solche wie Humanität, Utopie, Qualität, gute Form, Verantwortlichkeit, Nachhaltigkeit und dergleichen; Begriffe, die entweder *aus der Mode gekommen* sind oder durch vielfachen Gebrauch an Prägnanz verloren haben. Ich werde nicht ohne sie auskommen wollen, um das Anliegen des Werkbundtages und der vorliegenden Publikation bestimmen zu können.

Die Frage, die der Begriffskombination *leben/gestalten* Sinn geben kann, ist dann die nach dem *Wie: Wie wollen wir leben? Wie können wir Leben gestaltend bewahren?*

Diese Fragen wiederum sind nicht voraussetzungslos. Sie bedürfen vor allem der Bestimmung des Wir. Wer sind wir, die wir leben und gestaltend Leben bewahren wollen?

Gestaltung ist die primordiale Bestimmung menschlichen Lebens. Wir gestalten nicht nur Artefakte; wir gestalten Räume, Abläufe, Beziehungen. Und wir tun das so, wie wir es tun, und mit dem Vorsatz, unsere Lebensbedingungen zu erhalten oder – und das ist die Regel – sie zu verbessern. In diesem Sinne ist Leben Gestalten. Wir tun das als rationale Wesen und im Rahmen unserer Möglichkeiten. So weit die Theorie im Angesicht der Katastrophe.

Kulturen müssen in diesem Tun *fortschreiten*, um sich Veränderungen anzupassen und entsprechend auf sie zu reagieren. Wo liegen in diesem Feld die Kriterien für ein richtiges oder verfehlendes Tun? Welches sind die Paradigmen, unter denen über Gelingen oder Scheitern entschieden wird? Der Wunsch nach einem guten Leben suggeriert, dass es ein besseres als das jeweils derzeitige Leben, das ist eines unter den historischen Gegebenheiten gelingendes, den Menschen entsprechendes Leben, ein menschliches also, gäbe sowie die Chance auf Erreichung desselben. Ein in diesem Sinne *gutes* Leben als Ziel zu formulieren, ist angesichts der gegenwärtigen globalen Krise eine existenzielle Herausforderung.

Fortschritt und Wachstum

Der Topos der *Humanisierung der Lebenswelt* bleibt der zentrale Bezugspunkt einer Utopie, die den positiv konnotierten Begriff des Fortschritts, als der er am Beginn des 20. Jahrhunderts verstanden werden durfte, längst nicht mehr zum Maßstab hat. Fortschritt wird zunehmend zur Bedrohung und die Möglichkeiten und Hoffnungen, die er partiell anbietet bzw. weckt, werden als Verschärfung der globalen Krise empfunden. Nun scheint ein Leben ohne Fortschritt ein Paradox zu sein. Um welchen Fortschritt geht es also?

Fortschritt wird aus der Perspektive der gängigen und dominierenden Weltanschauung und Weltbeherrschungspraxis synonym mit Wachstum verwendet. Vor dem Hintergrund einer enorm schnell wachsenden Weltbevölkerung und zunehmend knapper werdender Ressourcen ist diese Interpretation allerdings nicht aufrechtzuerhalten. Was kann also an die Stelle dieses Topos treten?

In der *Unzeit*[6], am *Ende der Geschichte*[7] lebt Fortschritt in der Form und unter dem Etikett der Transformation fort. Transformation meint hier den *Zustand sich verändernder Zustände* in einem an sich wesentlich gleichbleibenden Kontinuum. Während die „Alten" bis in die frühe Moderne noch am Fortschritt im Sinne eines Morgen nach dem Heute und an der Hoffnung und dem ihr innewohnenden Auftrag, an dieser Hoffnung zu arbeiten, festhielten, beharrte die Postmoderne auf der Erkenntnis eines allgegenwärtigen Ist-Zustandes. Die Möglichkeiten, die diese beiden Modelle – das der Moderne und der Postmoderne – bereithalten, scheinen wenig tauglich, den katastrophalen Wirkungen, deren Ursache sie waren, zu begegnen.

Die modernen Naturwissenschaften und die Wirtschaftswissenschaften nehmen weiterhin ein wie auch immer geartetes Danach ins Visier. Der *Mythos*, der dieser Zukunft unterliegt – der der Einlösung des ewigen Versprechens einer besseren Welt – ist maßgeblich einer von Wachstum und Optimierung. Es ist die große Erzählung im Zeitalter nach dem *Ende der großen Erzählungen*[8] und angesichts der globalen Krise gründlich widerlegt. Völlig unklar scheint zu sein, was der Motor dieser Dynamik ist? Was treibt diese Maschine, was die Maschinisten an? Welche Rechtfertigung außer dem Sachzwang und einem falschen, weil zerstörerischen Weltbild können die Choreografen und Dramaturgen der Katastrophe als Begründung – wenn schon nicht als Entschuldigung – ihres Tuns anführen? Welches Welt- und Menschenbild lässt ein Weiter-so zu?

Heute also, am Ende der Unzeit und *nach* dem Ende der Geschichte steht die Krise, und sie ist total, nicht nur weil sie als ökonomische, soziale und ökologische Krise eine unseren Globus umspannende Krise ist, nicht nur weil sie in doppelter Hinsicht eine von uns verursachte und eine von uns vor der Zukunft zu rechtfertigende Krise ist, sondern weil sich in ihr eine grundsätzliche Infragestellung der Paradigmen unserer Lebensgestaltung ausspricht; und das nicht als Fehler oder Unfall eines ansonsten *richtigen* Systems, sondern als notwendige Folge desselben.

Am Ende steht die Frage, ob sich der lethargische Duktus der Unzeit, dass es nicht die erste Krise sei, die die Menschheit zu bewältigen hatte und hat, oder das Bewusstsein der Notwendigkeit einer Re-Vision und ein aus diesem Bewusstsein geschuldetes Umdenken durchsetzen wird. Noch aber dominiert das technokratisch-ökonomische Weltbeherrschungsmodell, das in der Lage ist, die Krise derart in die Länge zu ziehen, dass zu befürchten ist, dass an ihrem Ende nicht die Chance ihrer Bewältigung sondern nur die Katastrophe stehen wird.

Dominium terrae

Die Moderne hat in einem entscheidenden Punkt das von der christlichen Religion geprägten Weltbild nicht überwunden. Das Subjekt der Aufklärung trägt die Attribute des abendländischen, christlichen Gottes. Es ist die säkularisierte Variante jenes jenseitigen Schöpfergottes, der als „maître et possesseur de la nature"[9] einer diesseitigen Natur gegenübersteht. Die von Gott bereinigte Warte wird vom modernen Subjekt eingenommen. Es wird ebenfalls zum Schöpfer, ihm ist – durch die Autorität einer *Heiligen*, in die *nur noch diesseitige* Welt übernommenen *Schrift* – aufgegeben, sich die Welt urbar und untertan zu machen. Es versteht sich nicht als Teil der Natur und als Mensch unter Menschen. Das *Kainsmal* des Subjekts der Moderne ist dessen Hybris, die Leugnung und Ignoranz, Teil der Welt zu sein, dessen Krise es verantwortet. Das Subjekt der Moderne ist (sich) *causa sui* und lebt Freiheit auf Kosten von Empathie durch (All)Macht. Welt als Gegenüber und als das Andere ist ihm nur noch Verfügungsmasse. In diesem Sinne wird Fortschritt als ausschließlich aktiver Vorgriff auf Welt verstanden und nicht als *Nachschritt*, mit dem der *lebendige Mensch* sich einem Leben, das sich in seiner Wirkungsmächtigkeit dem planenden und berechenbaren Zugriff durch ihn weitgehend entzieht, anzupassen versucht. Gibt es einen Ausweg aus dieser Krise, ein Leben nach dem falschen? Die Forderung, die sich aus diesem Missverhältnis von Mensch und Welt ergibt, ist nicht die nach einer *mystischen* Vereinigung des Selbst und der Realität, sondern die nach der Übernahme der Verantwortung, der Sorge für das Sein, das sich in diesem Verhältnis ausspricht.

Angesichts der affirmativen Potenz des Status quo erscheinen innerhalb dieses dystopischen Rahmens Bemühungen um einen Ausweg eher unwahrscheinlich. Das *unzeitige* Leben kreist trotz des wissenschaftlichen und technischen Fortschritts in sich und erzeugt in seiner beschleunigten Dynamik eine verhängnisvolle Stagnation. Und deshalb muss die Forderung die nach *einer* Entscheidung sein. In der Krise ist die Alternative zu einer Praxis gegen das Leben die Entscheidung für das Leben. Es geht darum, gegen die bildmächtige und instrumentelle *Unvernunft* eine *Ahnung* wach zu halten, die eine Alternative zur Zerstörung unserer Lebensgrundlagen bietet. Diese sollte als Utopie Erwartungen und Ziele formulieren. In diesem Sinne sind Utopien nach Martin Seel

> „in Zeit und Raum unerreichbare Zustände, deren Erreichbarkeit dennoch gedacht werden kann und gedacht werden soll. Sie sollen gedacht werden, um innerhalb des Wirklichen den Sinn für das Mögliche zu schärfen. (...) Gemessen an der jeweiligen Wirklichkeit sind Utopien außerwirkliche Zustände, deren Imagination der Gegenwart auf die Sprünge helfen soll.
>
> Das utopische Denken macht sich dabei den Umstand zunutze, dass die von ihm überbotene Wirklichkeit selber ein Ineinander von Möglichkeit und Unmöglichkeit ist."[10]
> „(...) Schließlich sind Utopien keine Verheißungen, wie es eines Tages kommen werde, sondern Vorschläge, wie über den Tag hinaus gehandelt werden soll. Es muss sich hier und jetzt lohnen, darauf seine Energie zu verwenden, gegebenenfalls sogar: dafür seine Existenz aufs Spiel zu setzen. Die aber kann nur lohnend sein, wenn der unerreichbare Zustand ein erfüllbarer Zustand ist. Die Annäherung an eine Illusion wäre selber Illusion."[11]

homo homini lupus est[12]/homo homini deus est[13]

> „Ohne den Anderen wäre die Welt für mich nicht nur tot und leer, sondern auch sinn- und verstandlos. Nur an dem Anderen wird der Mensch sich klar und selbstbewusst; (...) Der erste Gegenstand des Menschen ist der Mensch. (...) So ist der Mensch der Gott des Menschen. Dass er ist, verdankt er der Natur, dass er Mensch ist, dem Menschen."[14]

Die späte Einsicht des aufgeklärten Menschen wird darin liegen müssen, dass er Mensch unter Menschen und Teil eines Systems „Welt" ist, das weder von außen betrachtet werden kann noch von außen betrachtet werden darf, und dass die Aufklärung kein Heilsversprechen, sondern eine anzunehmende Verpflichtung ist.

Das widerspricht einer Verbraucherhaltung und setzt den verantwortungsbewussten, *aufständischen* Bürger voraus, den Alexander Mitscherlich beschwört. Er versteht seine 1965 zum Unfrieden anstiftende Schrift *„Die Unwirtlichkeit unserer Städte"* als Versuch, „(…) zur Verwirklichung der besseren Utopie beizutragen; die der Stadt die Qualität erhalten möchte, Raum des denkenden Aufstandes zu bleiben, in Formen, die es zu finden gilt."[15] Diese programmatischen Zeilen umreißen Aufgaben und Herausforderungen, denen sich eine Gesellschaft stellen muss. Stadt erscheint bei Mitscherlich in vierfacher Gestalt: als allegorischer Raum, als gebauter Raum, als sozialer Raum, und – unter diesen Aspekten – als Möglichkeitsraum.

Als *allegorischer* Raum ist Stadt *Raum des denkenden Aufstands*. In ihr entsteht Kultur. Kultur und Stadt sind Synonyme.

Als gebauter Raum ist Stadt immer schon gestaltend geschaffener und je bestimmter Raum. Als gebauter Raum trägt Stadt die Handschrift ihrer Bewohner. Gleichzeitig drückt ihre Gestalt den Bewohnern ihren Stempel auf.

Als sozialer Raum ist Stadt ein zu bewahrender *und* zu verwirklichender Raum. Sie ist somit nicht bloß Lebens-Raum, sondern auch Aufgabe, Herausforderung und Arbeit an sich und der Gemeinschaft.

Möglichkeitsraum ist Stadt insofern, als die in sie *Eingeschlossenen* ihre jeweils historischen Möglichkeiten verwirklichen.

Mitscherlich schreibt weiter:

> „Denn wir alle sind selbstsüchtig. Was anderes als der Gruppenkanon könnte uns dazu zwingen, unsere Interessen eine Strecke weit denen der Gemeinde unterzuordnen? Dabei wäre dieses von Bewusstsein getragene Unterordnen nur Voraussetzung für besseres Aufgehobensein, für eine dem technischen Zeitalter adäquatere Form, dem Individuum Spielraum zu geben. Aber dieser Kanon fehlt. Und deshalb verprovinzialisieren unsere Städte in Unwirtlichkeit, verfällt die städtische Hochkultur, die einmal die Trägerin der Aufklärung war."[16]

Mitscherlich geht vom Menschen aus, der sich aus Eigeninteresse zwingen muss, uneigennützig zu sein. Die Aufklärung könnte allerdings auch darin bestehen, dass der Mensch möglicherweise ein anderer ist als der, den der Psychologe Mitscherlich als selbstsüchtig beschreibt. Dann wäre Unterordnung unter einen Gruppenkanon nicht Zwang, sondern Bestimmung und Akt freiwilliger Bejahung. Dann wäre Selbstsucht eine Übertretung und der sich öffnende Spiel-Raum, der an die Stelle eines leeren Freiheitsbegriffs tritt, eine vergessene Utopie. Diese Utopie firmiert bei Matthias Burchardt unter dem emphatischen Begriff des anthropologischen Aufbruchs. Mit Verweis auf Eugen Fink erinnert er an die „relationale Existenz" des Menschen, dass „der Mensch existiert als unaufkündbares Selbst-Verhältnis" und als „Mit-Verhältnis" und als „Welt-Verhältnis."[17] Angesichts dessen, dass wir in jeder Hinsicht unsere Existenz in *dieser* Welt Beziehungen und *Bestimmungen* verdanken, dass wir gezeugt, veranlagt, erzogen sind und erst durch diese und weitere Prägungen als *konturierte* Persönlichkeiten mit uns selbst, unseren Mitmenschen und der Welt in Beziehung geraten/treten, erscheint eine Besinnung und Reduktion auf ein selbstsüchtiges Subjekt geradezu atavistisch.

An die Stelle eines hohlen Freiheitsbegriffs treten Freiwilligkeit und Bejahung. Das lässt den Anderen auf eine Art wichtig werden, die jenseits des traditionellen Verständnisses von *Ego* und

Alter seine Begründung findet. Aufklärung beschränkt sich dann nicht mehr darauf, Freiheit zu garantieren, sondern hat auch noch Gleichheit und Brüderlichkeit im Angebot. Es gilt, das Verständnis von Demokratie und die Erwartungen an sie neu zu definieren.

Doch worin besteht das Beharrungsvermögen eines verhängnisvollen Menschen- und Weltbildes angesichts der sich zuspitzenden ökonomischen, ökologischen und sozialen Krisen? Den demokratischen, modernen, sogenannten aufgeklärten Gesellschaften muss zugemutet werden können, dass sie nicht nur in der Lage, sondern auch in der Pflicht sind, den Widerspruch zwischen Anspruch und Wirklichkeit, den Widerspruch, eine Geschichte der Verwirklichung von Menschenrechten zu behaupten und gleichzeitig Verursacher der globalen Krise zu sein, aufzulösen. Aber vielleicht ist die Berufung auf die *demokratischen Gesellschaften* schon zu abstrakt angesichts der sozialen Gefälle und der ungleichen Verteilunge von Einkommen, Gesundheitsfürsorge, Bildung und politischer Partizipation. Die Bürger selbst bezweifeln das Primat des Politischen vor der Ökonomie und die Steuerungskompetenz des demokratischen Systems. Partizipation und Engagementpolitik, bürgerlicher Ungehorsam und Bürgerprotest treten zunehmend an die Stelle traditioneller, demokratischer Praxis. Die Frage unter diesen Prämissen ist nicht, ob wir vom aufgeklärten Bürger oder vom *weak actor* auszugehen haben, sondern ob wir der eine oder der andere *sein wollen*. Es ist die Entscheidung vor dem Gestalten. Es ist die Entscheidung von Menschen, die verantwortlich gestaltend tätig sind, und an der sich Qualität und Form messen lassen müssen.

Weiter oben hieß es, dass Gestaltung die primordiale Bestimmung menschlichen Lebens sei. Der Impuls dieses Tuns ist Erhalt und Verbesserung der Lebensbedingungen. Verbesserung im Sinne einer dem Fortschritt verpflichteten Optimierung ist unter den genannten Gründen als Kriterium unpräzise und problematisch. Adäquater erscheint es, den Begriff der Angemessenheit an die Stelle der Verbesserung zu setzen: Verwirklichung des Lebens als Anmessung und nicht Anmaßung. Die Relationalität menschlichen Lebens definiert die Parameter verantwortlichen Gestaltens und der Qualität der ihr entspringenden Gestaltungen.

[1] Robert Menasse: Die Zerstörung der Welt als Wille und Vorstellung, Frankfurt am Main 2006, S. 42.

[2] Frederic Schwartz: Neue Formen der Kultur im Industriezeitalter; in: 100 Jahre Deutscher Werkbund 1907/2007, Winfried Nerdinger (Hg.): Pinakothek der Moderne, München 2007, S. 12.

[3] Satzung des Deutschen Werkbunds e. V.

[4] „Edel sei der Mensch, hilfreich und gut!" Johann Wolfgang von Goethe: Das Göttliche, Goethe, Gedenkausgabe in 17 Bänden, Band 1, Zürich 1961–1966, S. 324.

[5] Theodor W. Adorno: Funktionalismus heute (Vortrag auf einer Tagung des Deutschen Werkbunds gehalten in Berlin am 23.10.1965); in: Ohne Leitbild. Parva Aesthetica, Frankfurt am Main 1967, S. 121.

[6] Robert Menasse: Die Zerstörung der Welt als Wille und Vorstellung, Frankfurt am Main 2006, S. 42.

[7] Francis Fukuyama: The End of History and the Last Man, 1992.

[8] Jean-Francois Lyotard: La Condition postmoderne: Rapport sur le savoir, Paris 1979.

[9] René Descartes: Discours de la méthode, Hamburg 1997, S. 101 (VI,2).

[10] Martin Seel: Sich bestimmen lassen, Frankfurt am Main 2002, S. 258.

[11] Martin Seel: Sich bestimmen lassen, Frankfurt am Main 2002, S. 261.

[12] Thomas Hobbes: Vom Menschen, vom Bürger, in: Philosophische Bibliothek Band 158, Hamburg 1994, S. 69.

[13] Ludwig Feuerbach: Das Wesen des Christentums, Stuttgart 2002, S.146.

[14] Ludwig Feuerbach: Das Wesen des Christentums, Stuttgart 2002, S. 146.

[15] Alexander Mitscherlich: Die Unwirtlichkeit unserer Städte – Anstiftung zum Unfrieden, Frankfurt am Main 1965, S. 69.

[16] Alexander Mitscherlich: Die Unwirtlichkeit unserer Städte – Anstiftung zum Unfrieden, Frankfurt am Main 1965, S. 20.

[17] Matthias Burchardt: Krise und Verantwortung – Prolog des Dritten Humanismus, in: leben//gestalten, Berlin 2012, S. 133.

THORSTEN BÜRKLIN

LEBEN MIT DER KATASTROPHE. PLÄDOYER FÜR EINE ANDERE THEORIE DER ARCHITEKTUR

„(...) C'est une idée qui peut faire rire, mais la seule façon de lutter contre la peste, c'est l'honnêteté.

– Qu'est-ce que l'honnêteté? dit Rambert, d'un air soudain sérieux.

– Je ne sais pas ce qu'elle est en général. Mais dans mon cas, je sais qu'elle consiste à faire mon metier."

(Albert Camus, La peste. 1947)

Von innen und von außen – die endlose Bedrohung

Katastrophen spielen eine große Rolle im kollektiven Bewusstsein von Kulturen. Keine Zivilisation ist vorstellbar ohne deren Gegenteil, die Nicht-Zivilisation, deren Untergang oder Auslöschung. In der christlichen Erzählung spült die Sintflut alles Dagewesene hinweg, um schließlich nach 40 Tagen einem Neuanfang zu weichen.[2] Oder aber die Katastrophe geschieht mitten in der Stadt selbst – und zwar in jener Stadt, die bereits im ersten vorchristlichen Jahrtausend zu einer multikulturellen „Weltstadt" herangewachsen war.[3] Das Babylon des 7. und 6. Jahrhunderts v. Chr. war als Hauptstadt Mesopotamiens ein überaus bedeutendes Zentrum des Handels, der Verwaltung und der Künste[4], wo Menschen aus aller Herren Länder zusammenkamen. Die Sprachverwirrung, die Vielfalt und auch die kulturellen Unterschiede waren Alltagserfahrungen. Das Inhomogene, das Unüberschaubare, das Unkontrollierbare erzeugt Angst vor dem Ungewissen, dem Anderen und dem Nicht-Sein, das jede Zivilisation bis ins Mark und bis in die Gegenwart durchfährt.[5]

Der Argentinier Juan José Saer erzählt in dem Roman *„El Entenado"* (*„Der Vorfahre"*) eindringlich von den internen sowie externen Gewalten, die das (Zusammen-) Leben der Menschen bedrohen. Jenseits des Horizontes der Urwaldbewohner lauert das Unbekannte, das man in regelmäßigen Abständen (durch die Verschleppung von Menschen anderer Stämme) hereinholt, um es in einem kannibalischen Akt der Zerstörung und Aneignung zu sublimieren. Die innerhalb des eigenen Lebenskreises lauernde Gefahr wird in kulturell eingeübten Riten der Völlerei und sexuellen Enthemmung dargestellt. Indem man die Gefahr orgiastisch durchlebt, ergibt man sich ihr, um sie für den Rest des Jahres zu bannen.[6]

In den europäischen Traditionen trifft diese Beschreibung auf die Wiederkehr der Fastnacht zu.[7] Um die existenziell und ontologisch bedeutsame Unterscheidung von ‚Drinnen' und ‚Draußen' weiß – nach dem Niedergang des weströmischen Reiches und dem Wegfall der *pax romana* – schon das frühe Mittelalter. Die Stadt ist Zufluchtsort. Burgenartig bewehrt schützt sie vor den von draußen kommenden Gefahren.[8] Die gebaute physische Grenze wird von dem kollektiven Bewusstsein unterstützt, dass die Stadt der Ort der gemeinsam erzeugten und getragenen Kultur ist, während jenseits der Mauern die wilde Natur, die Nicht-Kultur liegt. Bis weit über das Mittelalter hinaus prägt dieser Gegensatz die Erfahrung der Menschen. Zwar sicherten sich die Städte seit dem 13. Jahrhundert allmählich das agrarische Umland, um es in ihrem Sinne urbar zu machen.[9] Danach dauerte es nicht mehr lange, bis das Naturschöne als solches während des Trecento durch Francesco Petrarca literarische Wertschätzung erhielt.[10] Dennoch bleibt die in weiten Teilen noch unbeherrschte Natur bis an die Schwelle der industriellen Revolution und der flächenhaften Explosion der involvierten Städte das unerschlossene und geheimnisvolle Andere. Wer sich gegen diese Gesetzmäßigkeit, gegen das kulturell Geordnete und Gewohnte wendet, muss, wie Christian, der Held in Ludwig Tiecks Märchen *„Der Runenberg"*, an Körper und Geist verwildern und – als maximale Katastrophe – der Zivilisation letztendlich verloren gehen.[11]

In den hoch technisierten und telematisierten „Informationsgesellschaften" der Gegenwart erneuern sich diese (Ur-)Ängste und Erfahrungen in den unzähligen Katastrophenfilmen Hollywoods. Ungebändigte, bisweilen vom Menschen entfesselte Naturgewalten werden auf

Metropolen und zersiedelte Regionen losgelassen. Es ist der Kitzel des Grauens, der die Menschen vor die Projektionswände und Bildschirme führt, aber auch der Schrecken vor dem „eigenen" Handeln, das angesichts mittlerweile sieben Milliarden Menschen Weltbevölkerung[12] als unkontrollierbare Riesengewalt erscheint und eine nahende ökologische Katastrophe plausibel macht. Man muss nur in dem von *Le Monde diplomatique* herausgegebenen „*Atlas der Globalisierung*"[13] blättern, um die vielfältigen Gefahren vor Augen zu haben, die in einer globalen Welt entstehen.

Aufgrund der ungeheuren Bevölkerungszahl und der gewaltigen Ausdehnung der menschlichen Siedlungsgebiete hat sich während der letzten eineinhalb Jahrhunderte das Verhältnis von Innen und Außen drastisch verändert. An immer mehr Orten gibt es kein Draußen mehr, da mittlerweile mehr Menschen in den Riesenstädten des Planeten als auf dem Land leben.[14] „Der Stadt ist das gesellschaftlich Andere, das Land, abhanden gekommen"[15], schreibt Walter Siebel mit Blick auf die veränderte Situation der europäischen Stadt. Die städtischen Wirtschaftsweisen, die urbane Kultur und ihre Moden prägen auch die Orte, welche noch nicht so dicht bebaut sind und die man ehemals „Land" oder „Dorf" genannt hätte. Wo alles Stadt ist, da gibt es kein Jenseits des Städters mit seinen Bedürfnissen und Neurosen mehr. In den während dieses Jahrhunderts zu erwartenden *endless cities* Amerikas und Asiens werden die Katastrophen daher in einer noch viel radikaleren Weise als „innere" Probleme verstanden werden – und zwar der Segregation und der damit verbundenen sozialen Auswirkungen sowie der Gesundheit, die aufgrund von Wassermangel und schlechter Hygiene bei einem großen Anteil der Bevölkerung gefährdet sein wird.[16]

Die Katastrophen der globalisierten Welt werden jedoch zusätzlich auf einer weiteren Ebene produziert und am „Leben erhalten". „Im Weltinnenraum des Kapitals"[17] wird man an nahezu jeder Stelle des Globus von den im Grunde virtuellen Transaktionen der Finanzmärkte betroffen sein. Die Finanzkrise der letzten Jahre hat gezeigt, dass auch die „Unbeteiligten" in ihren Strudel geraten. So wie sich die städtische Kultur nahezu lückenlos über die noch verbliebenen unbesiedelten Freiräume ergießt, um sich die Natur als Ressource verfügbar zu machen und mit ihren Produkten sowie Abfällen alle verfügbaren Territorien zu okkupieren, geradeso zieht sich ein an seinen Rändern weitmaschigeres kapitalistisches Netz von Abhängigkeiten über den gesamten Erdball.[18] An dessen Fäden kann nur ein sehr begrenzter Teil der Weltbevölkerung ziehen.[19] Umso mehr sind die systemischen Erschütterungen zu spüren, die Veränderungen im Netz und an den Interrelationen der beteiligten Kräfte anzeigen. Wo alles mit allem verwoben ist, da wird nicht nur bei größeren Katastrophen (bei Kernkraftwerksunfällen, Kriegen, Überschwemmungen) jeder durchgerüttelt. „Crisis is coextensive with the postmodern totality of capitalist production; it is proper to imperial control. (...) Crisis runs through every moment of the development and recomposition of the totality." (Michael Hardt, Antonio Negri, *Empire*)[20].

Die nach wie vor für das breite Publikum schwer zu beantwortende Frage ist nur, wer daraus jeweils einen Vorteil erzielen kann. Darüber hinaus vereiteln die Medien in ihrer Gesamtheit jeden Versuch, sich eine einigermaßen klare Sicht auf die Geschehnisse zu verschaffen, da medial inszenierte Katastrophen als Vorausschau, in Echtzeit und in repetierter Rückschau das Urteilsvermögen trüben müssen: Nicht jeder Zuschauer, Zuhörer oder Leser ist Experte, der einen Blick hinter die (widersprüchlich gestreuten) Informationen nehmen kann.[21]

Das Ereignis und die Katastrophe

Architektur ist unmittelbar vom Kapital abhängig. Daher überrascht es nicht, dass sich ihre Theoretiker während der letzten Jahrzehnte kapitalistischer Theorien bedienten, um damit das Architekturgeschehen, den Entwurf und das Bauen zu erklären. Vielmehr ist es unter dieser Prämisse bezeichnend, dass die architektonische Moderne des 20. Jahrhunderts, wie Habermas feststellt, von der „Herausforderung des Industriekapitalismus überwältigt worden ist."[22] Dafür mag es Gründe geben: etwa die Unerfahrenheit mit dem damals immer noch relativ neuen Phänomen dieser Art von Kapitalismus, aber auch das Selbstverständnis der Architekten, die sich als „Künstler"-Architekten zwar der Normierung von Bauteilen und deren serieller Produktion zuwandten, jedoch die Einflussnahme kapitalistischen Wirtschaftens auf den Entwurf von Gebäuden sowie auf die Organisation des städtebaulichen Planungsraumes grob unterschätzten.

Als sich die Theoretiker der Postmoderne (und dazu wären die im architektonischen Diskurs sogenannten Dekonstruktivisten ebenfalls zu zählen) in der Kritik am modernen Bauen der Nachkriegszeit schließlich der Systematik kapitalistischer Strukturen widmeten, geschah das weniger durch das genaue Studium derselben. Vielmehr näherte man sich dem nicht mehr zu umgehenden, nunmehr alle Lebensbereiche beherrschenden Ökonomismus vornehmlich durch die Brille zweier herausragender Denker des ausgehenden 20. Jahrhunderts – des Philosophen Gilles Deleuze und des Psychoanalytikers Félix Guattari. Deren für die Architektur (sowie die Kunst und das Design) bedeutendste Schrift *Mille Plateaux (Tausend Plateaus)* erschien als zweiter Teil eines unter dem Gesamttitel *Capitalisme et Schizophrénie* herausgegebenen Werkes.[23] Nach dem Wegfall jeder metaphysisch legitimierten Norm wird die Welt unter epistemologischen sowie praktischen Gesichtspunkten radikal neu erklärt. Im (kapitalistisch durchwirkten und daher schizophrenen) Weltinnenraum lassen sich Bedeutungen als herausragende Geschehnisse *(événements)* auf einem für sich betrachtet mehr oder weniger homogenen Hintergrund, dem Glatten *(le lisse)*, erzeugen und erkennen. Der glatte Raum ist offen für das Erleben phänomenologisch sich manifestierender Kräfte, wie – so die Autoren – die Winde und die Geräusche, die Tast- und Klangqualitäten.[24] Auf eine nicht dauerhaft determinierende Weise strukturierten diese Geschehnisse ehemals den abendländischen Raum, indem sie ihm mehr oder weniger ephemere Kerben *(striages)* zufügten.[25] Ansonsten aber zeigt der gekerbte Raum *(l'espace strié)* vielmehr die funktionalen, ökonomischen oder wissenschaftlichen Bedingungen an, unter denen die Welt seit dem späten Mittelalter instrumental „festgestellt", das heißt betrachtet, mit optischen Mitteln kontrolliert und (darauf kommt es im Grunde an) ge- bzw. benutzt wird.[26] Unter den verkürzenden Reflexionsbedingungen des ästhetischen Tuns (also der Architekturtheoretiker) führt die Dynamik des Wechselspiels von glattem und gekerbtem Raum zur Betonung von Ereignismomenten in der Architektur. „Die traditionelle Architekturtheorie hat den Begriff des Ereignisses bisher weitgehend ignoriert. Sie geht stattdessen weiterhin davon aus, dass es zwei statische Zustände des Objekts gibt: Figur und Grund", erklärt Peter Eisenman in einem im Jahre 1991 unter dem Titel *Unfolding Frankfurt* erschienenen Beitrag zu seinem Entwurf für die Bebauung des Rebstockparks in Frankfurt am Main.[27] Endlich könne auch in der Architektur nicht mehr davon ausgegangen werden, dass es über längere Zeit hin feststehende Rahmenbedingungen der Reflexion und Produktion gäbe, auf deren Basis (vor deren Hintergrund) die Architekten entwerfen und eine mehr oder weniger statische Wirklichkeit „optimieren" würden. Eine solche Herangehensweise gehöre der Vergangenheit an, seit die Setzung eines Ideals oder eines Kanons nicht mehr möglich ist: „Diese Art von allumfassender Totalität ist jedoch heute – wie in den meisten anderen Disziplinen – fragwürdig geworden und reicht nicht mehr aus, um die wahre Komplexität der Erscheinungen zu erklären – nicht zuletzt auch im Städtebau (...)."[28] Auf der Suche nach einer, wie er es nennt, „posthegelianischen" Architektur müssten starre – also „kerbende" – Begriffe wie das Authentische, das Originale und Wahre, die längst schon aus den meisten Wissensbereichen verschwunden sind, ersetzt werden.[29] Es solle sich stattdessen eine Architektur entfalten, die das Fragmentarische und den Wandel, also das Geschehen der *événements* des glatten Raumes erlaube. Natürlich ist Architektur immer mit einer Setzung beispielsweise des Materials und der bereitgestellten Funktionalitäten verbunden. Durch entwerferische Manöver, die „Dislokationen", „Instabilitäten" und das „Groteske" in das Gebaute einführen, würden allerdings intellektuelle, funktionale und phänomenologische Zwischenbereiche geschaffen, die der eindeutigen Festlegung durch den Architekten, die Nutzer und Kritiker entgingen.[30] In dieser strukturellen Offenheit – so jedenfalls die Hoffnung – könne die Architektur all diejenigen Potenziale reaktivieren, welche durch die funktionale Moderne mindestens eingeengt, meistens aber verschüttet worden waren.[31] Peter Eisenman stützt sich bei dieser Argumentation wiederum auf die Philosophie von Gilles Deleuze, der in dem Buch *Le pli. Leibniz et le Baroque*[32] die theoretischen Grundlagen für das Unfertige, sich Entwickelnde und das Ereignishafte unter anderem aus der relationalen Konstitution der Welt in der Leibniz'schen Monadentheorie[33] ableitete.

Das Ereignis sollte die Moderne überwinden helfen. In Deutschland wurde die Ankunft der *deconstruction* der modernen Verbindlichkeiten daher mit einem Jahrmarktskarussell – Inbild für die Bewegung, das Veränderliche, die Schnelligkeit – auf der Titelseite von arch+ gefeiert.[34] Ironisierend und „intellektuell spielerisch" über den Haufen geworfen wurden dabei aber auch die moralischen Grundsätze der architektonischen Moderne.[35] An deren Stelle setzte sich eine ästhetisierende Weltbetrachtung, die sich dem Instabilen und Labilen widmete und dabei auf physikalische Chaostheorien zurückgriff, welche auf prägnante Weise die Unvorhersehbarkeit politischer und ökonomischer Entscheidungen in einer sich globalisierenden Welt der Gegensätze und Fragmente widerspiegelten. Jede Illusion, in dieses weitgehend unkontrollierbare Kräftespiel regulierend einzugreifen, sollte damit ad acta gelegt werden. Der „metaphysische"[36] Architekt und Planer wich einem Moderator (und Showmaster), der, wie Rem Koolhaas in einem seiner bekannten Diktionen feststellte, einem Wellenreiter gleicht: „Wir sind wie der Surfer auf den Wellen. Er kontrolliert sie nicht, aber er kennt sie." (Titelseite von arch+ 119/120, Dezember 1993, *Die Architektur des Ereignisses*)

In der Erlebnisgesellschaft ist der Rausch des Ritts bedeutender als die unmöglich gewordene Kenntnis seiner Bedingungen. Der Architekt beherrscht dafür umso besser die Techniken der Moderation und (Selbst-)Präsentation. Manchmal geht er dabei wie Bernard Tschumi im *Parc de la Villette* in Paris strategisch vor, um durch wenige, aber signifikante Vorgaben – den in einem regelmäßigen Raster aufgestellten roten *folies* – die eigene Position zu stärken und, um beim eingeführten Bild zu bleiben, nicht vom Brett zu fallen und in den sich überschlagenden Wellen unterzugehen.[37] Es hängt dann von der Kraft der planerisch sowie kommunikativ geschlagenen „Kerben" ab, ob der Moderator die Fäden der Entwicklung (wenigstens vordergründig) in den Händen behält.

Zunächst lag in diesen Äußerungen tatsächlich eine Befreiung von den selbst angelegten Fesseln der Moderne, zudem ein Versprechen radikaldemokratischer Praktiken in der Architekturproduktion.[38] Die rhetorische Gewalt der Philosophen und Architekten (wie etwa Jacques Derrida, Peter Eisenman, Coop Himmelb(l)au, Rem Koolhaas) verdeckte jedoch die weggeredeten Kehrseiten des antimodernen Zynismus, indem sie den Kontrollverlust der Planung als Tugend erscheinen ließ.[39] Die Frage nach etwaigen Risiken des eigenen Handelns, eine Unfallkunde, wie Paul Virilio sie als archäotechnologische Gefahrenabschätzung mittlerweile fordert[40], musste unter diesen Bedingungen unter den Tisch fallen. Im Rückblick erscheinen die Elogen auf das Unvorhersehbare und die – im Wortsinne – unbegründete Hoffnung auf die (in Wellenbergen, Sand- und Schneelawinen beispielhaft vorgestellte) Katastrophe als dekadente Spielereien einer Zeit, die ahnte, dass es mit der zur Schau gestellten Leichtigkeit (des Denkens und des Entwerfens) nicht allzu weit her war. Die in den 1990er Jahren besprochene Überflussgesellschaft[41] war damals bereits – mit Ausnahme einiger Erdöl produzierender Staaten – ein eingeschränktes

Phänomen derjenigen Länder, die man zur sogenannten „Ersten Welt" zählte. Aber auch innerhalb dieser Exklusivbereiche verblieben für Architekten und Planer relevante Fragen beispielsweise nach der Armut und Segregation, die von den herrschenden („schicken") Theorien nicht beantwortet werden sollten.[42] Die Finanzkrise der letzten Jahre hat diese Situation noch verschärft.

Es wäre daher einerseits festzustellen, dass die angesprochenen Theorien – die in ihrem Kern von ökonomischer und ästhetischer Herkunft sind – an weiten Teilen der zu beplanenden und bebauenden Lebensrealität vorbeigingen. Vielmehr scheinen sie nachgerade zur Täuschung des Publikums verfasst worden zu sein. Oder wer mag noch den „revolutionären" Worten Coop Himmelb(l)aus („So müssen Gebäude dastehen – unangepasst, rauh, durchstoßen."[43]) – Kredit geben, seit man sich mit den *Tanzenden Türmen der Macht*[44] auf der Schweizer Expo.02 mit dem breiten Publikum und schließlich bei dem Neubau für die Europäische Zentralbank in Frankfurt am Main mit dem Kapital arrangierte. Die Macht der Banken und deren ökonomische Gewalt zeigen sich dort in Form gebrochener Flächen und Körper sowie witziger, sich in die Höhe faltender Türme, die Spaß machen sollen – ungeachtet des Inhalts.[45]

Zum anderen scheinen sich all diese Theorien wie in einer selbsterfüllenden Prophezeiung in der Katastrophe des 11. September 2001 bereits verwirklicht zu haben. Durchstoßene Gebäude, die Multiperspektivität und die Verzerrung der Gebäudekörper während des Einsturzes – die nahezu in Echtzeit über den Globus verteilten Bilder dieser Tragödie waren auf spielerische und ästhetische Art längst antizipiert in den Texten und Zeichnungen Coop Himmelb(l)aus oder aber in dem von Bernard Tschumi dekonstruierten Manhattan, das er in seinen *Transcripts* als eine labile, in bewegliche Facetten zerfallene Umschrift der baulichen Realität dem Publikum vorstellte. Der vereinende rote Faden ist die Katastrophe (als Leidenschaft des Todes), die an typologisch prägnanten Orten (im Park, auf der Straße, im Turm und im Block[46]) über den implodierenden und korrupten Körper der Stadt hereinbricht.

Das morbide Interesse an Chaos- und Katastrophentheorien erfreute sich in einem im Grunde ethik- und realitätsfreien Raum am verführerischen Kitzel, der einen bei der Vorstellung befällt, dass es vielleicht das nächste Sandkörnchen sein könnte, das alles ins Rutschen und in die Schieflage bringen würde.[47] Da ausschließlich ästhetisch und ökonomisch gedacht wurde, schien das niemanden zu beunruhigen. Zu einer Zeit, in der die (idealistischen und romantischen) Erhabenheitsvisionen des 18. und 19. Jahrhunderts aus politischen und weltanschaulichen Gründen nicht mehr trugen, lieferten die Chaostheorien – die überdies in schönen, faszinierenden Mandelbrotbaum-Bildern um die Welt gingen – den entscheidenden, berauschenden intellektuellen und kreativen *Kick*.[48] In all diesem inszenierten Theoriepomp lag Leidenschaft und nüchternes Kalkül zugleich: Leidenschaft, die sich nicht einmal bis zur Frage nach der Lebenssituation der Menschen erstreckte, deren Wohn- und Arbeitsbereiche beplant wurden; Leidenschaft, die als Ereignis vor allem die Erlebnisbefriedigung der postmodernen Gesellschaften im Auge hatte[49]; und ein Kalkül, welches das Anbiedern an kapitalistische Theorien (des freien und unkontrollierbaren *cash*- und *data-flows*) betrieb, um sich damit die Gunst der Investoren zu sichern. Von philosophischer Seite kam schließlich die Sanktionierung dieser ästhetisch-ökonomischen Durchwirkung der uns umgebenden architektonischen Wirklichkeit, indem man sie als ästhetische Arbeit theoretisch und damit auch praktisch „hoffähig" machte. Zwar wurden die Architekten und Stadtplaner nicht explizit genannt. Man kann die Aussagen Gernot Böhmes über die „ästhetischen Arbeiter", die vor allem (oder sogar ausschließlich) für die Erstellung (verkaufs-) animierender Erlebniswelten tätig sind[50], jedoch auf sie übertragen. In den architektur- und stadttheoretischen Diskursen wurde das durchaus gemacht.

Architekturtheorie als Waffe

Architekturtheorie entblößt sich in diesem Kontext als Waffe zur Durchsetzung der eigenen (planerischen) Ziele. Die entworfenen postmodernen Realitäten mag es durchaus geben. Vor allem aber legitimieren sich die darin präsentierten Partikularperspektiven und -interessen der Autoren dadurch, dass alles Wissen und Reflektieren, Tun und Handeln auf einer in Erkenntnis- und Praxisfragmente zerfallenen Welt basiert. In dem dadurch entstandenen Vakuum (an Autoritäten und allgemein akzeptierten Bedeutungen) kann sich eine starke Rhetorik umso besser eines verunsicherten (Erlebnis-)Publikums bemächtigen. Aus diesem Grunde schreibt Rem Koolhaas keine wissenschaftlichen Traktate, sondern verfasst – wie Hofmann-Axthelm feststellt[51] – im Grunde immer wieder Filmplots, um die Welt aus *seiner* Sicht zu deuten. Die Welt der Geschichten ist allerdings von der Dominanz der Rede abhängig, die allzu oft auch täuschen und verführen kann. Als Verzauberer benutzt Koolhaas eine Erzähltechnik, die es ihm gestattet, Wahres mit Erdichtetem, Gegenwärtiges mit Zukünftigem so zu vermischen, dass dabei eine kohärente Weltsicht entsteht. Wenn dann zugleich wichtige Botschaften, wie jene über die ausufernden, im Grunde unregierbar gewordenen Megacities spekulativ mit Erwartungen des Autors vermischt werden, dient das der Bestätigung seiner Thesen und – letzten Endes schreibt Koolhaas über die Welt, in der er bauen möchte – der Promotion sowie Legitimation der eigenen Projekte wie beispielsweise *Hanoi New Town*[52] in Vietnam, *Penang Tropical City*[53] in Malaysia oder der *City in the Desert* in den Vereinigten Arabischen Emiraten[54].

Dass Koolhaas in diesem Zusammenhang den Tod der Planung ausrief[55], ist in vielerlei Hinsicht bemerkenswert. Zunächst haut er damit lediglich in die Kerbe der durch die weltweiten Urbanisierungstrends entstandenen Planungsdefizite. (Die Aussage ist also eher banal.) Zwar ließe sich sagen, er sei lediglich der Überbringer einer schlechten Nachricht, für die er keine Verantwortung trägt[56] – so, als habe er uns verschlafene „Hobbits" aus einem trügerischen Traum geweckt, er, der Seher und geistige Führer, ein „Gandalf" in der Finsternis, ohne sich allerdings wie dieser für eine Sache einzusetzen, die nicht von vornherein zu seinen Gunsten entschieden wäre. Der Duktus seiner Schriften, die Nicht-Analyse des Geschehens führt im Gegenteil dazu, dass er „erbauliche" Literatur für neoliberale Ohren erzeugt: „Architecture is a hazardous mixture of omnipotence and impotence."[57](!) Er rennt die offenen Türen all derjenigen ein, die er mit seinem flotten Schreibstil mitreißt. Dabei steht er unweigerlich auf der Seite der Gewinner, weil er sich nicht gegen einen übermächtigen, demografischen Trend stellt. Ganz im Gegenteil lässt er sich davontragen (wie sein Surfer von den Wellen). Koolhaas ist der Gewinner, weil er keine „negativen" Theorien, gar Planungshindernisse für eine ungehemmte kapitalistische Entwicklung entwirft. Insofern ist er ein durch und durch (neo-)liberaler Denker, dessen Haltung an die Argumente seiner Vorgänger im England des 19. Jahrhunderts erinnert, welche die Meinung vertraten, dass man die Slums der entstandenen Industriestädte nicht mit staatlichen oder kommunalen Mitteln aufwerten müsse, da der Markt es schon richten würde. Das Ergebnis dieser Politik kennen wir aus den Beschreibungen Manchesters oder auch Berlins zu Genüge.[58] Die architektonische Moderne war von dem Gedanken beseelt, dem dort vorgefundenen Leiden auf Dauer Linderung zu verschaffen. Angesichts der bevorstehenden demografischen und ökologischen Katastrophen sind die Aussagen von Rem Koolhaas dagegen zynisch, weil es ihm eben nicht nur darum geht, das Dilemma festzustellen, sondern auch darum, es begrifflich zu ästhetisieren und aus der Situation argumentativ Vorteile zu schlagen.

Beispielsweise wird man in *The Generic City* dahingehend belehrt, dass in den Megastädten des 21. Jahrhunderts lediglich das „Primordiale und das Futuristische"[59] überleben werden, ohne allerdings gleichzeitig darüber aufgeklärt zu werden, was diese Begriffe in dem von Koolhaas entworfenen Kontext eigentlich bedeuten sollen. Man muss also selbst spekulieren. Angesichts der Kombination der beiden Begriffe landet man bei Marinettis *Futuristischem Manifest* aus dem Jahr 1909, in dem die Geschwindigkeit und die Maschine, der Maschinenmensch und der Krieg gefeiert werden.[60] Marinetti kannte die Schriften Nietzsches. Ohne dessen Konzept eines Übermenschen (und dessen ursprünglicher, primordialer Kraft und Macht)[61] sind weder die Rhetorik noch das präfaschistische Menschenbild des *Futuristischem Manifest* denkbar. Es ist mindestens menschenverachtend, wenn man das Ende der Planung zugunsten eines darwinistischen Rechts des Stärkeren bekannt gibt, während man selbst deswegen schon zu den Gewinnern gehört, weil man es sich leisten kann, als *global player* an zahlreichen Orten dieser Erde mitzuzocken. Die allermeisten Menschen, über die – katastrophengleich – Koolhaasens „Presslufthämmer des Realismus"[62] niedergehen, werden jedenfalls niemals in ihrem Leben die finanziellen Mittel aufbringen können, um sich aus den Slums der Megastädte, in denen sie leben, befreien zu können.

Als „Kompensation" und zur Bändigung des freigelassenen und verunsicherten Geistes publiziert Rem Koolhaas (auch als Co-Herausgeber) „Bibeln" *(S, M, L, XL / Project on the City 2. Harvard Design School Guide to Shopping[63])*, Bücher, die in Aussehen, Dicke und Gewicht dem antiken Vorbild ähneln und dadurch – aber auch durch die Institution *Harvard* (während es ansonsten den Anschein hat, dass Koolhaas nicht so sehr auf Institutionen steht) – Vertrauen in die darin gesammelten Wahrheiten stiften sollen. Insofern ist er ein Verführer, der mit optischen und haptischen Mitteln sowie mithilfe von flotten und anmachenden Texten Meinungen – nicht Wissen, zu dessen Stiftung fundierte Analysen gehörten[64] – manipuliert.[65]

Sein erfolgreichster Schüler, Bjarke Ingels, ist derweil noch einen entscheidenden Schritt weitergegangen. Indem sich der stets lächelnde Yes-Boy als Hauptfigur eines sogenannten Archi-Comics[66] präsentiert, kann er endgültig auf den letzten Anschein von Analyse (beispielsweise der sozialen und ökologischen Aspekte des Bauens) sowie auf Theoriebildung verzichten. Architekturentwurf und -präsentation sind nichts anderes als Marketing[67], das über leicht verständliche Icons und Slogans der Legitimation des (vor allem unternehmerischen) Handelns dient. (Auf diese Weise bekommt ein „Haus des Volkes" für die *Shanghai Creative Industry Week* in etwa die Form eines griechischen *lambda,* was auf chinesisch *rén*, Volk, bedeutet.[68]) Das Publikum erfährt unter dem Dauerbeschuss einer redseligen Kommentierung der eigenen Heldentaten nur das, was zur Produktion von Images notwendig ist. „Architekturtheorie" als Waffe der Cow- – Verzeihung! – Yes-Boys: Im Vergleich mit diesem Showmaster erscheint selbst der Meister (der Wellensurfer) alt und konservativ.

Plädoyer für eine andere Theorie der Architektur

Im Kontext dieses Weltentwurfs kommt es auch nicht darauf an, wo man plant und baut – Hauptsache – ¥E$[69] – der Yuan fließt. Zur Verschleierung verbaut die Redseligkeit einer solchen Architekturtheorie (wissentlich) den Blick auf existenziell notwendige Fragen. Im Bann der problemfreien und/oder ästhetisierenden Diskurse der Yes-Boys dient die Dominanz der Oberflächlichkeit der Maskierung der vielen unreflektierten Lebenswirklichkeiten und Schicksale, die von Planung betroffen sind. Davon profitiert eine ganze Reihe rührseliger Akteure, die sich beispielsweise in China engagieren, obwohl man dort mit einem nichtdemokratischen Regime konfrontiert wird, das die – dem Westen so wichtigen – Menschenrechte nicht achtet[70], und obwohl dort unter Sicherheitsbedingungen gebaut wird, die weder dem europäischen noch dem nordamerikanischen Standard entsprechen. Unter der allgemeinen Anästhetisierung der Gewissen ist es dann einerseits möglich, dass politische Bedenken auch von denjenigen, die sensibilisiert sein sollten, öffentlich (in Tageszeitungen) vom Tisch gewischt werden.[71] Andererseits werden die zahlreichen Verletzten und Toten der chinesischen Megabaustellen als maximale Katastrophe (der anderen) in Kauf genommen.[72] Zynisch daran ist, dass sich das kapitalistische Credo, dass man für eine Masse (an Menschen) aufgrund hoher Stückzahlen billig produzieren kann, spätestens im chinesischen (spätkommunistischen) Kontext in die inhumane Absurdität wendet: Die Masse an Menschen ist billig; sie ist aufgrund des nahezu unbegrenzten Nachschubs im Grunde beliebig verbrauchbar.

Stellt man diesen Tatsachen den (gescheiterten) politischen und gesellschaftlichen Anspruch der Klassischen Moderne gegenüber, dann staunt man, wie sich der ethische Impetus (und auch sein Pathos) innerhalb einiger Jahrzehnte in sein Gegenteil verkehren bzw. wie er einfach aus der offiziellen Diskussion mehr oder weniger verschwinden konnte. Dabei kokettieren einige der virulenten Theorien bisweilen noch mit Überresten ethischen Denkens der Vergangenheit. Man beachte beispielsweise Peter Eisenmans Forderung nach einer Demokratisierung der Planung oder aber die wenigstens indirekte Hoffnung einer Sinnstiftung durch chaos- bzw. katastrophentheoretische Umcodierungen. Die absolute Dominanz (spät-)kapitalistischer Welt- bzw. Marktdeutung hat jedoch vergessen lassen, dass der *homo oeconomicus* erst als *homo ethicus* zu dem wird, was sein *ganzes* In-der-Welt-Sein ausmacht – und zwar als persönliche und sympathetische Relation zu anderen Individuen und Gemeinschaften. Dieses innige Verhältnis – aus dem wir lediglich in Extremsituationen (Einsiedelei[73]) auszuscheiden vermögen – sowie die *allen* gemeinsame physische Welt zeigt in immer größerem Maße, dass nicht nur von einem kapitalistischen sondern auch von einem klimatischen, ökologischen und humanen Weltinnenraum auszugehen ist. Die Katastrophe der anderen wird – unter den gegenwärtigen Bedingungen der Beschleunigung der Verkehrsmittel sowie durch globale Vernutzungsaspekte wie Erderwärmung, Luft-, Wasserverschmutzung und nukleare Kontamination – immer mehr zu der eigenen.

Um sich an dieser Stelle nicht dem Vorwurf der Naivität auszusetzen – und da platonische Argumente in den spätkapitalistischen Gesellschaften jeden öffentlichen Wert verloren haben (während man für den Rest an bewahrter Privatheit noch Begriffe wie Liebe, Achtung und Verantwortung geltend macht) –, muss utilitaristisch argumentiert werden: Im Weltinnenraum der Geschehnisse ist es nur eine Frage der Zeit, bis die Katastrophe den/die anderen transzendiert und die noch nicht Betroffenen (physisch und ökonomisch) erreicht. Sowohl das Ausblenden dieser Realitäten als auch deren Überblendung (bzw. Überbelichtung[74]) durch eine Steigerung der Dimensionen und Geschwindigkeit von Planung und Bauen[75] verlegt diese Tatsache lediglich auf ein nicht zu umgehendes Nachher.

So sehr diese Argumente von allgemeiner politischer und ökonomischer Relevanz sind, so unmittelbar betreffen sie den Arbeitsalltag der Architekten und Planer, die durch entwerferische und organisatorische (Vor-)Entscheidungen für die physische Lebensumwelt von Bewohnern und Nutzern sorgen. Eine diesen Tatsachen angemessene Architekturtheorie (gerade, wenn sie durch die Marktmacht ihrer Sprecher zum dominierenden Instrument des fachlichen Diskurses avanciert) muss die potenziellen (unter anderem von der Planung hervorgerufenen) Katastrophen daher als die eigenen verstehen und vorausschauend reflektieren. Dazu allerdings hätte der Ästhetizismus der Argumente einer erneuten kritischen Analyse der Planungsbedingungen zu weichen, so wie das beispielsweise zu Beginn der Klassischen Moderne der Fall war. Bemerkenswerterweise kamen die (ökonomischen) Zeiten dem damaligen Vorhaben keinesfalls entgegen. Die ausgesprochen schlechten wirtschaftlichen Rahmenbedingungen während der Weimarer Republik hätten aus heutiger Sicht alle ethischen Impulse verunmöglichen müssen. Die katastrophalen Erfahrungen der Industriestadt des 19. Jahrhunderts und die tragende Hoffnung auf eine allgemeine Verbesserung der Lebensbedingungen unter anderem durch die Einführung neuer Techniken sowie die Standardisierung aber ließen sich (wenn auch mit etwas Verzug) in der Nachkriegszeit realisieren.

(Dann allerdings mit all den Problemen einer monofunktionalen und vor allem maßstabssprengenden Planung, die – als selbstreferentielle Planerattitüde – bis in die Gegenwart reicht.)

Wie erwähnt, ist das hier angeführte Argument – zum großen Bedauern des Autors – utilitaristisch. Jedoch zeigt sich unter der (durchaus egoistischen) Perspektive abzuwendender (humaner, sozialer, ökologischer, technischer) Katastrophen des globalen Weltinnenraums mit großer Klarheit die Verantwortung der Planer, da Gefahren nicht mehr – wie vielleicht ehedem – durch kulturelle Techniken sublimiert werden können. Weniger klar ist allerdings die Art und Weise, wie eine solche Verantwortung übernommen werden kann. In einem ersten Schritt sollte Theorie jedenfalls dazu genutzt werden, die Menschen, die mit ihrem leiblichen Dasein für die Konsequenzen und damit auch Katastrophen des planerischen Handelns einstehen müssen[76], in das Denken (sowie die Entscheidungsfindung im Sinne einer Eisenmanschen Demokratisierung) miteinzubeziehen. Architektur- und Planungstheorie würde sich auf diese Weise auch um die Unterprivilegierten kümmern, um den Raum für alle offenzuhalten.[77] In diesem Sinne hält Gernot Böhme die Konzeption eines neuen Humanismus durch das Ernstnehmen der Nutzer[78] – und also deren geistig und physisch gefährdeten Menschseins – für möglich. Dazu würde jedoch gehören, die „Zielgruppen" nicht auf einen Konsumentenstatus zu reduzieren, wie das im Umfeld der Erlebnisgesellschaften und der gesteigerten Atmosphärenproduktion bislang geschieht. Demokratische Teilhabe – von der doch allenthalben gesprochen wird – beruht auf kritischer Analyse und Information, während die Produktion und Befriedigung der „Gier nach mehr" lediglich als Anästhetikum der Nutzer *und* der Planer dient[79], die sich das Wegschauen angesichts eines Lebens mit der Katastrophe (noch) glauben, leisten zu können.

Aufrichtigkeit (ein sehr kurzes Schlusswort)

Im „Weltinnenraum" der nordafrikanischen Stadt Oran, die unter Extrembedingungen der Katastrophe von der Außenwelt abgeschottet wurde, lässt Albert Camus in dem Roman *La peste* ein paar Männer des Nachts zusammenkommen. An ihrem Gespräch sind unter anderem ein Journalist und ein Arzt beteiligt. Der Journalist befand sich zufällig in der Stadt, als die Kommunikations- und Reisewege nach außen gekappt wurden. Er denkt an Flucht, während jenseits der Absperrungen seine Liebe und das Leben warten. Da er von anderswoher kommt, fühlt er sich ohnehin nicht zuständig für den Ort und seine Schicksale. Der Arzt erwidert, dass er Verständnis für den Journalisten habe. Dennoch müsse er ihm sagen, dass es sich nicht um (blinden, unreflektierten) Heroismus handle, wenn man gegen die Pest kämpfe, sondern um die Aufrichtigkeit (*l'honnêteté*)[80]. Auf die Gegenfrage, was das sei, die Aufrichtigkeit, erwidert der Arzt, dass er nicht wisse, was sie im Allgemeinen sei. In seinem Fall jedoch wisse er, dass sie darin bestünde, seine Pflicht zu erfüllen (...) seine Arbeit zu bestellen (...) sein Handwerk zu beherrschen[81].

[1] Albert Camus: La peste, Paris 1947, S. 151. – Dtsch.: „Das ist eine Vorstellung, über die man lachen mag, aber die einzige Weise gegen die Pest zu kämpfen, das ist die Aufrichtigkeit. – Was ist das, die Aufrichtigkeit? sagte Rambert mit einer unvermittelt ernsten Miene. – Ich weiß nicht, was das im Allgemeinen ist. Aber in meinem Fall weiß ich, dass sie darin besteht, meine Pflicht zu erfüllen."

[2] Genesis 7,17–8,19.

[3] Genesis 11,1–9.

[4] Vgl. Jean-Claude Golvin: Metropolen der Antike, Stuttgart 2005, S. 9–14; John Haywood: Atlas der alten Kulturen. Vorderer Orient und Mittelmeer, Darmstadt 2005, S. 94/95.

[5] Vgl. Emmanuel Levinas: Die Zeit und der Andere, Hamburg 2/1989, S. 48: „Die Beziehung mit dem anderen ist weder eine idyllische und harmonische Beziehung der Gemeinschaft, noch eine Sympathie, durch die wir uns als ihm ähnlich erkennen, indem wir uns an die Stelle des anderen setzen, sondern sie ist uns gegen-über außerhalb; das Verhältnis zum anderen ist ein Verhältnis zu einem Geheimnis." – Emmanuel Levinas: Le temps et l'autre, Paris 5/1994, S. 63: „La relation avec l'autre n'est pas une idyllique et harmonieuse relation de communion, ni une sympathie par laquelle nous mettant à sa place, nous le reconnaissons comme semblable à nous, mais extérieur à nous; la relation avec l'autre est une relation avec un Mystère."

[6] Juan José Saer: Der Vorfahre, München 1993, insbesondere S. 51–60, 83. Die Originalausgabe erschien 1988 in Barcelona unter dem Titel El Entenado.

[7] Vgl. Ernst Schubert: Alltag im Mittelalter. Natürliches Lebensumfeld und menschliches Miteinander, Darmstadt 2002, S. 277: „In den Fastnachtstagen spielten die Menschen aus, was sie im doppelten Sinne befremdete. (...) Die Welt in den Faschingstagen ist eben nicht nur eine ‚verkehrte Welt', wie der heutige gelehrte Konsens behauptet, sondern auch eine verfremdete Welt, ist ausgespielte Frage des Alltags: Wie ‚ordentlich' ist eigentlich die Welt geordnet?"

[8] Vgl. Vito Fumagalli: La pietra viva. Città e natura nel Medioevo, Bologna 1988, S. 19.

[9] Ebd.

[10] Francesco Petrarca: Die Besteigung des Mont Ventoux, lat./dtsch., übers. u. hg. v. Kurt Steinmann, Stuttgart 1995 (aus: Familiarum rerum libri IV 1).

[11] Ludwig Tieck: Der blonde Eckbert. Der Runenberg, Stuttgart 2004, S. 27–53 u. 56/57, in: Phantasus. Eine Sammlung von Mährchen, Schauspielen und Novellen, hg. v. Ludwig Tieck. Bd. 1. Berlin: Realschulbuch-handlung, 1812.

[12] Vgl. Peter-Philipp Schmitt, 7.000.000.000, aus: http://www.faz.net/ [Abruf: 31.10.2011].

[13] Alain Gresh, Jean Radvanyi, Philippe Rekacewicz, Catherine Samary u. Dominique Vidal (Hg.): Atlas der Globalisierung, Berlin 2007 („Le Monde diplomatique"/taz Verlags- und Vertriebs GmbH/Originalausgabe: Paris 2006).

[14] Vgl. John Vidal: UN report: World's biggest cities merging into 'mega-regions', in: guardian.co.uk, Monday 22 March 2010: „The UN said that urbanisation is now ,unstoppable'. Anna Tibaijuka, outgoing director of UN-Habitat, said: ,Just over half the world now lives in cities but by 2050, over 70 Prozent of the world will be urban dwellers. By then, only 14 % of people in rich countries will live outside cities, and 33 % in poor coun-tries.'" Aus: http://www.guardian.co.uk/world/2010/mar/22/un-cities-mega-regions (Abruf: 01.11.11).

[15] Walter Siebel: Einleitung: Die europäische Stadt, in: Walter Siebel (Hg.), Die europäische Stadt, Frankfurt am Main 2004, S. 25.

[16] Urban Age Project by the London School of Economics and Deutsche Bank's Alfred Herrhausen Society (Hg.): The Endless City, Nachdruck, London 2010. – Neal R. Peirce, Curtis W. Johnson mit Farley M. Peters: Century of the City. No Time to Loose, New York 2008. – Vgl. John Vidal: UN report: World's biggest cities merging into ‚mega-regions'. (guardian.co.uk, Monday 22 March 2010).

[17] Peter Sloterdijk: Im Weltinnenraum des Kapitals. Für eine philosophische Theorie der Globalisierung, Frankfurt am Main 2005.

[18] Michael Hardt, Antonio Negri: Empire, Cambridge, Massachusetts and London, England 2001, S. 385:

„Social subjects are at the same time producers and products of this unitary machine. In this new historical formation it is thus no longer possible to identify a sign, a subject, a value, or a practice that is ‚outside'."

[19] Vgl. Peter Sloterdijk: a.a.O., S. 305/306: „Der kapitalistische Weltinnenraum umfaßt, wie gesagt, demographisch kaum ein Drittel der aktuellen Demnächst-Sieben-Milliarden-Menschheit und geographisch kaum ein Zehntel der Festlandflächen. (...) Wer Globalisierung sagt, redet also von einem dynamisierten und komfort-animierten artifiziellen Kontinent im Weltmeer der Armut, wenngleich die dominierende affirmative Rhetorik gern den Anschein erweckt, das Weltsystem sei seinem Wesen nach all-inklusiv verfaßt. Das Gegenteil ist der Fall, aus ökologisch wie systemisch zwingenden Gründen. Die Exklusivität ist dem Projekt Kristallpalast als solchem inhärent." – Das verarmte Außen besitzt zwar keine Mitspracherechte, wird aber in Mitleidenschaft gezogen durch beispielsweise die Ausbeutung der Arbeitskraft und die Vernutzung der natürlichen Ressourcen. Auf diese Weise entsteht dann doch eine systemische Inklusivität.

[20] Michael Hardt, Antonio Negri: a.a.O., S. 385.

[21] Zur sogenannten „Euro-Rettung" sollen hier zwei Artikelüberschriften desselben Tages zitiert werden. – Zum einen: scb/Reuters/dpa, Montag, 31.10.2011: Juncker will gegenüber China Härte zeigen. Chinesische Milliarden könnten den Europäern in der Schuldenkrise helfen. Euro-Gruppenchef Juncker stellt nun klar: Eine politische Gegenleistung kann China für sein Geld nicht erwarten – Europa sei auch so stark genug. Aus: http://www.focus.de/finanzen/news/staatsverschuldung/euro-rettung-juncker-will-gegenueber-china-haerte-zeigen_aid_679806.html (Abruf: 01.11.2011). – Zum anderen: Chinas Banken wanken bedrohlich. Aus: http://www.t-online.de / (Abruf: 31.10.2011).

[22] Jürgen Habermas: Moderne und postmoderne Architektur, in: Wolfgang Welsch: Wege aus der Moderne. Schlüsseltexte der Postmoderne-Diskussion, Weinheim 1988, S. 110–120, hier: S. 114.

[23] Gilles Deleuze, Félix Guattari: Capitalisme et Schizophrénie. L'Anti-Œdipe, Paris 1972/1973. – Gilles Deleuze, Félix Guattari: Capitalisme et Schizophrénie. 2. Mille Plateaux, Paris 1980.

[24] Gilles Deleuze, Félix Guattari: Capitalisme et Schizophrénie. 2. Mille Plateaux, S. 598: „L'espace lisse est occupé par des événements ou heccéités, beaucoup plus que par des choses formées et perçues. (...) La perception y est faite de symptômes et d'évaluations, plutôt que de mesures et de propriétés. C'est pourquoi ce qui occupe l'espace lisse, ce sont les intensités, les vents et les bruits, les forces et les qualités tactiles et sonores, comme dans le désert, la steppe ou les glaces." – Man beachte den gesamten Abschnitt 1440 – *Le lisse et le strié* (S. 592–625).

[25] Ebd., S. 618: „Mais ainsi, dès le départ, ils rencontrent l'haptique en un point de mutation, dans des conditions où il sert déjà à strier l'espace."

[26] Ebd., S. 598: „Ce qui couvre au contraire l'espace strié, c'est le ciel comme mesure et les qualités visuelles mesurables qui en découlent."

[27] Auf Deutsch abgedruckt in: Peter Eisenman: Aura und Exzeß. Zur Überwindung der Metaphysik der Architektur, Wien 1995, S. 193–201, hier: S. 194/196.

[28] Ebd.

[29] Peter Eisenman: Die blaue Linie (ursprünglich erschienen in: Architectural Design. Jan./Feb. 1989, S. 6–9), in: Peter Eisenman: Aura und Exzeß, S. 145–150, hier: S. 146.

[30] Ebd., S. 146–150, wo Peter Eisenman vom Zwischen-den-Zeilen-lesen spricht. – Vgl. ebenso: Peter Eisenman: En Terror Firma: Auf den Spuren des Grotextes (Grotesken) (ursprünglich erschienen in: Architectural Design. Vol. 59, 1989, S. 40–43), in: Peter Eisenman: Aura und Exzeß, S. 137–143.

[31] Erinnert sei an den bereits im Titel programmatischen und euphorischen Text, den Jacques Derrida als Reaktion auf Bernard Tschumis Folies im Pariser Parc de la Villette im Jahre 1986 verfasste; vgl. Jacques Derrida: Point de folie – maintenant l'architecture. Dieser Text wurde zuerst veröffentlicht in: Bernard Tschumi, La case vide, London 1986, Architectural Association, Folio VIII. – Dtsch.: Jacques Derrida: Am Nullpunkt der Verrücktheit – Jetzt die Architektur, in: Wolfgang Welsch: Wege aus der Moderne, S. 215–232.

[32] Gilles Deleuze: Le pli. Leibniz et le Baroque, Paris 1988. – Dtsch.: Gilles Deleuze: Die Falte. Leibniz und der

Barock, Frankfurt am Main 1995.

[33] Gottfried Wilhelm Leibniz: Monadologie, durchgesehene u. erw. Aufl., Stuttgart 1979.

[34] Arch+ 96/97, de-construction, Nov./Dez. 1988.

[35] Vgl. Jürgen Habermas: Moderne und postmoderne Architektur, a.a.O., S. 110: „Nun erst geraten Bewegungen, die durchaus noch die Bewusstseinsstellung der modernen Architektur geteilt hatten – und mit Recht von Charles Jencks als repräsentativ für die ‚Spätmoderne' beschrieben worden sind –, in den Sog der konservativen Stimmungslagen der 70er Jahre und bereiten den Weg für eine intellektuell spielerische, aber provokative Absage an die moralischen Grundsätze der modernen Architektur."

[36] Peter Eisenman: Die blaue Linie (a.a.O.), spricht von „posthegelianischen" begrifflichen Systemen, welche die Architektur und die Planung veränderten.

[37] Vgl. Hans van Dijk: „With a little help of my friends." Tschumis Feuerprobe in la Villette, in: Arch+ 96/97, S. 36/37, hier: S. 36: „In diesem Spiel von Machtausübung und Verhandlung ist Tschumi also leidlich verwundbar. Aber noch bevor er dieses Spiel zu spielen begann, wollte er die Realisierungschance seiner Pläne vergrößern, indem er pragmatisch-strategische Komponenten darin aufnahm."

[38] Vgl. Thorsten Bürklin: Lifestyle-Wohnen. Oder: Warum will keiner mehr Verantwortung übernehmen? In: Helen Barr (Hg.): Neues Wohnen 1929/2009. Frankfurt und der 2. Congrès International d'Architecture Moderne, Berlin 2011, S. 157–169, hier: S. 165.

[39] Explizit bei: Rem Koolhaas, Bigness or the problem of Large, in: O.M.A./Rem Koolhaas, Bruce Mau: S, M, L, XL, New York 21998, S. 495–516, hier: 512/513. – Vgl. Rem Koolhaas: What Ever Happened to Urbanism, in: O.M.A./Rem Koolhaas, Bruce Mau: S, M, L, XL, S. 958-971, hier: S. 967–971.

[40] Paul Virilio: Der eigentliche Unfall, Wien 2009 (aus dem Franz. v. Paul Maercker, franz. Originalausg.: L'accident originel, Paris 2005).

[41] Vgl. Gerhard Schulze: Die Erlebnisgesellschaft. Kultursoziologie der Gegenwart, Frankfurt am Main, New York 8/2000.

[42] Vgl. beispielsweise: Monika Alisch, Jens S. Dangschat: Armut und soziale Integration. Strategien sozialer Stadtentwicklung und lokaler Nachhaltigkeit, Opladen 1998. – Hartmut Häußermann, Martin Kronauer, Walter Siebel: An den Rändern der Städte. Armut und Ausgrenzung, Frankfurt am Main 2004.

[43] „Wir wollen Architektur, die blutet, die erschöpft, die dreht und bricht. Architektur, die leuchtet, die sticht, die fetzt und in der Drehung reißt / Wenn sie kalt ist, dann wie ein Eisblock. Wenn sie heiß ist, dann so heiß wie ein Flammenflügel. Architektur muss brennen / Eine Architektur des von der Lenksäule durchbrochenen Brustkorbs / So müssen Gebäude dastehen – unangepasst, rauh, durchstoßen." (In: Arch+ 96/97, 49).

[44] Vgl. Thorsten Bürklin: Tanzende Türme der Macht. Arteplage Biel, in: Badische Zeitung, Kultur, 24.05.2002.

[45] Vgl. das mit dem Autor im Handelsblatt geführte Interview zu den im Bau befindlichen Hochhäusern in Frankfurt am Main: R. Drescher: Fassaden der Macht, 11.08.2008.

[46] Bernard Tschumi: The Manhattan Transcripts. London 1994 (first published in Great Britain in 1981 by Architectural Design). Die genannten Typologien werden – je eine – in den Einführungen zu den vier Kapiteln des Buches vorgestellt. Als Beispiel soll an dieser Stelle der Turm dienen, MT 3, S. 32: „The Fall (…) First it was just a battered child, then a row of cells, then a whole tower. The wave of movement spread, selective and sudden, threatening to engulf the whole city in a wave of chaos and horror, unless (…) But what could she do (…) now that the elevator ride had turned into a chilling contest with violent death? THE TOWER."

[47] Vgl. Rem Koolhaas: What Ever Happened to Urbanism, S. 969.

[48] Der Bezug der Chaostheorie zu denjenigen Theorien der Erhabenheit bzw. des Sublimen ist in einem phänomenologischen Sinne durchaus gerechtfertigt. Sowohl bei Edmund Burke und Immanuel Kant als auch bei den Chaostheorien der 1980er und 90er Jahre sollen der Horror und das Unaussprechbare, Gewaltige ästhetisiert und damit kulturell kontrolliert werden. Vgl. Edmund Burke: A Philosophical Enquiry into the Origin of our Ideas of the Sublime and Beautiful. Oxford 1958/1987 (revised edition, Originalausgabe: 1757), PART TWO. SECTION I: „Of the passion caused by the SUBLIME. / The passion caused by the great and sublime in

nature, when those causes operate most powerfully, is Astonishment; and astonishment is that state of the soul, in which all its motions are suspended, with some degree of horror. In this case the mind is so entirely filled with its object, that it cannot entertain any other, nor by consequence reason on that object which employs it. Hence arises the great power of the sublime, that far from being produced by them, it anticipates our reasonings, and hurries us on by an irresistible force. (...)". – Vgl. Immanuel Kant: Kritik der Urteilskraft, 1790. Erneut hg. bei Walter de Gruyter & Co., Berlin 1968, § 26. Von der Größenschätzung der Naturdinge, die zur Idee des Erhabenen erforderlich ist: „(...) – Eben dasselbe kann auch hinreichen, die Bestürzung oder Art von Verlegenheit, die, wie man erzählt, den Zuschauer in der St. Peterskirche in Rom beim ersten Eintritt anwandelt, zu erklären. Denn es ist hier ein Gefühl der Unangemessenheit seiner Einbildungskraft für die Idee eines Ganzen, um sie darzustellen, worin die Einbildungskraft ihr Maximum erreicht und bei der Bestrebung es zu erweitern, in sich selbst zurück sinkt, dadurch aber in ein rührendes Wohlgefallen versetzt wird. (...)".

[49] Vgl. Gerhard Schulze: Die Erlebnisgesellschaft.

[50] Gernot Böhme: Atmosphäre. Frankfurt am Main 1995, S. 25: „Vielmehr ist das Thema der Ästhetik nun die ästhetische Arbeit in ihrer vollen Breite. Sie wird allgemein bestimmt als Produktion von Atmosphären und reicht insofern von der Kosmetik über Werbung, Innenarchitektur, Bühnenbildnerei bis zur Kunst im engeren Sinne. Die autonome Kunst wird in diesem Rahmen nur als eine spezielle Form ästhetischer Arbeit verstanden, die auch als autonome ihre gesellschaftliche Funktion hat." – Vgl. Thorsten Bürklin: Lifestyle-Wohnen, a.a.O., S. 165/166.

[51] Dieter Hoffmann-Axthelm: Zur ‚Stadt ohne Eigenschaften', in: Arch+ 132, Rem Koolhaas, Juni 1996, S. 76/77, vgl. S. 77.

[52] http://oma.eu/projects/1997/hanoi-new-town-masterplan. Vgl. dazu: Kelly Shannon, Tabula Rasa Urbanism. City Extensions in Vietnam, in: TRIALOG 75, 4-8. – Vgl. weiter: Thorsten Bürklin: Sitte „reloaded". Wohnen in der Stadt, die es nicht mehr gibt, in: Jürgen Hasse (Hg.): Die Stadt als Wohnraum, Freiburg/München 2008, S. 149–167, hier: S. 165/166.

[53] http://oma.eu/projects/2004/penang-tropical-city.

[54] http://oma.eu/projects/2006/city-in-the-desert.

[55] Rem Koolhaas: The Generic City, in: O.M.A./Rem Koolhaas, Bruce Mau: S, M, L, XL. New York 1998, S. 1238–1267, hier: S. 1255: „The Generic City presents the final death of planning."

[56] BIG (Bjarke Ingels Group), Yes is more. An Archicomic on Architectural Evolution. Köln 2010 (Original publiziert im Jahr 2009), S. 8: „Rem Koolhaas, nicknamed the Le Corbusier of our times, is often misunderstood as being a protagonist of the conditions he investigates. In essays (not manifestoes) he has explored phenomena such as the Berlin Wall, the Generic City, Size, China, Globalization, Shopping, etc., attempting to suspend judgement and prejudice in order to fully appreciate and comprehend the world as it actually is."

[57] Rem Koolhaas, Bruce Mau: S, M, L, XL, a.a.O., S. xix.

[58] Vgl. Friedrich Engels: Die Lage der arbeitenden Klassen in England, München 1980 (ursprünglich erschienen 1845). – Vgl. Leonardo Benevolo: Le origini dell'urbanistica moderna, Roma-Bari 20/2006 (ehemals erschienen 1963). – Vgl. Julius Posener: Friedrich Engels' Kritik, in: arch+ 63/64, S. 22-27. – Vgl. Julius Posener: Arbeiterviertel und Anfänge der Mietskaserne in Berlin, in: arch+ 63/64, S. 36–43.

[59] Rem Koolhaas: The Generic City, a.a.O., S. 1252.

[60] Tommaso Filippo Marinetti: Das Futuristische Manifest, in: Hansgeorg Schmidt-Bergmann: Futurismus. Geschichte, Ästhetik, Dokumente, Reinbek bei Hamburg 1993, S. 75–80 (ursprünglich erschienen am 20. Februar 1909 im Figaro).

[61] Friedrich Nietzsche: Also sprach Zarathustra, Kritische Studienausgabe, hg. v. Giorgio Colli u. Mazzino Montinari, München, Berlin/New York 3/1993.

[62] Rem Koolhaas: The Generic City, a.a.O., S. 1252.

[63] Chuihua Judy Chung, Jeffrey Inaba, Rem Koolhaas, Sze Tsung Leong (ed.): Project on the City 2. Harvard

Design School Guide to Shopping, Köln 2001.

[64] Vgl. dagegen Rem Koolhaas: What Ever Happened to Urbanism, S. 971: „...; we have to take insane risks; we have to dare to be utterly uncritical; (...) Since we are not responsible, we have to become irresponsible."

[65] Auf der Architektur-Biennale 2010 in Venedig hat sich Koolhaas auf diese Weise zum „Erfinder" des Denkmalschutzes stilisiert. Auf einem Schild im italienischen Pavillon war zu lesen: „Architects – we who change the world – have been oblivious or hostile to the manifestations of preservation. Since 1981, in Portoghesi's ‚Presence of the Past', there has been almost no attention paid to preservation in successive architecture Biennales. OMA and AMO has been obsessed, from the beginning, with the past. Our initial idea for this exhibition was to focus on 26 projects that have not been presented before as a body of work concerned with time and history. In this room, we show the documentary debris of these efforts. But 2010 is the perfect intersection of two tendencies that will have so-far untheorised implications for architecture: the ambition of the global taskforce of ‚preservation' to rescue larger and larger territories of the planet, and the – corresponding? – global rage to eliminate the evidence of the postwar period of architecture as a social project. In the second room, we show the wrenching simultaneity of preservation and destruction that is destroying any sense of a linear evolution of time. The two rooms together document our period of acute CRONOCAOS." Indem man verkündet, aus der modernen Zeitrechnung ausgestiegen zu sein, sind Chronologien nicht mehr so wichtig.

[66] BIG, Yes is more.

[67] Wie ein Popstar macht Bjarke Ingels daher auch Werbung für Audi (AudiQ3. Progettata su nuove aspettative), wo er sich als „Mobility Visionary" präsentiert; vgl. http://www.youtube.com/watch?v=PXnj9gWPyMg (Abruf: 26.01.2012).

[68] BIG, Yes is more, S. 24-31.

[69] Zu ¥€$ vgl.: Rem Koolhaas: Content, Köln 2004, S. 240/241. – Vgl. zudem: http://m.bdonline.co.uk/culture/dilemmas-in-the-evolution-of-the-city-by-rem-koolhaas/3089735.article (Abruf: 19.12.2011). (http://www.bpb.de/popup/popup_druckversion.html?guid=GXXX7B).

[70] Vgl. Aram Mattioli: Architektur und Städtebau in einem totalitären Gesellschaftsprojekt, in: Aram Mattioli, Gerald Steinacher (Hg.): Für den Faschismus bauen. Architektur und Städtebau im Italien Mussolinis, Zürich 2009, S. 13–43, hier: S. 13: „Ob es allerdings legitim ist, für Autokraten und Diktatoren Prestigebauten zu entwerfen, ist nach den Olympischen Spielen von Peking strittiger denn je, nicht nur in den Feuilletons, sondern auch in der Szene der Architekten selber." In Anm. 3, auf S. 36, werden einige der ausgeführten Prestigeobjekte aufgeführt, um dann diejenigen Büros zu erwähnen, die sich entschlossen hatten, nicht in China zu bauen: „Andere Büros wie die von Daniel Libeskind, Christoph Ingenhoven, Renzo Piano und Wolf Prix lehnten dagegen wegen der Menschenrechtssituation jede Form der Zusammenarbeit mit den chinesischen Machthabern ab." – Vgl. ebenso: Thomas Schmid, Das Land, das seine Tradition verzehrt. China verändert sich in rasendem Tempo. Die Bürger werden selbstbewusster, die Macht muss sich rechtfertigen. Bericht von einer Riesen-Baustelle, in: Welt am Sonntag, 30.05.2010, S. 12)dauerhafte Adresse des Dokuments: www.hb.fh-muenster.de:2052/webcgi?START=A60&DOKV_DB=WAMS&DOKV_NO=70709751&DOKV_HS=0&PP=1).

[71] Ausgerechnet das Interview mit Albert Speer in der Frankfurter Rundschau vom 29.07.08 erhielt den Titel: Wir stützen nicht das Regime, wir helfen Menschen. – Man beachte ebenso: Frankfurter Rundschau, 16.12.11: Von Moral und Wandel. „Von Politik verstehe ich nichts – aber als Geschäftsleute sind die Chinesen angenehm": Wie Frankfurter Planer und Architekten über ihr Engagement in China denken, aus: www.fr-online.de/frankfurt/china-von-moral-und-wandel,1472798,8610304.html (Abruf: 16.12.2011).

[72] Vgl. Henrik Bork: „Denen ist doch völlig egal, wenn einer von uns stirbt." Wanderarbeiter, die schlecht bezahlt werden, riskieren für den Bau des Olympiastadions in Peking Kopf und Kragen, in: Tagesanzeiger, 03.04.2008, S. 11 (dauerhafte Adresse des Dokuments: www.hb.fh-muenster.de:2052/webcgi?START=A60&DOKV_DB=TAG&DOKV_NO=J20080403057054&DOKV_HS=0&PP=1).

[73] Immer wieder hat es Menschen in die Einsamkeit gezogen. Auch der neuzeitliche und moderne Stadt- und Weltbürger kennt diese Sehnsucht, die der Überdruss an der Enge und den Antagonismen der urbanen Gesellschaften hervorbringt. Bereits im späten Mittelalter wurden die „Stadtflucht" und das Eremitentum beispielsweise von Francesco Petrarca in *De vita solitaria* (Milano 1992) thematisiert.

[74] Zum Begriff der Überbelichtung vgl. Paul Virilio: Der eigentliche Unfall, S. 41/42, 63.

[75] Wie das beispielsweise der Fall ist bei Rem Koolhaas: What Ever Happened to Urbanism, S. 963: „Each desaster foretold is somehow absorbed under the infinite blanketing of the urban."

[76] Vgl. Gernot Böhme: Atmosphäre, S. 14: „Was wir das Umweltproblem nennen, ist primär ein Problem der menschlichen Leiblichkeit. Es wird überhaupt nur drängend, weil wir letztlich die Veränderungen, die wir in der äußeren Natur anrichten, am eigenen Leib spüren."

[77] Vgl. Thorsten Bürklin, Michael Peterek: Lokale Identitäten in der globalen Stadtregion. „Alltagsrelevante Orte" im Ballungsraum Rhein-Main, Frankfurt am Main 2006, S. 30–33.

[78] Gernot Böhme: Architektur und Atmosphäre, München 2006, S. 11: Ein neuer Humanismus.

[79] Ein Beispiel: Dass man am Frankfurter Flughafen und in der Region Rhein-Main mobilitätsvernarrt ist, verwundert nicht. Ebenso wenig kann man das mit Blick auf das HOLM (House of Logistics and Mobilty) behaupten, das im Bereich der Flughafen-City entstehen soll, um die internationale Wettbewerbsfähigkeit zu sichern. Allerdings überrascht dann doch, wie unkritisch die Globalisierung angesichts der (u.a. durch die Hypermobilität ausgelösten) Gefährdung lokaler Kulturen sowie der Fauna und Flora des Planeten „gefeiert" wird. Kommt man vor dem Forum am Frankfurter Flughafen an, fällt jedenfalls zuallererst der folgende, zweisprachig dargebotene Slogan ins Auge: „Globale Vernetzung und grenzenlose Vielfalt. Global Networks and Limitless Variety" – also eine unkritische Werbung statt fundierter Analyse als Vorabstellungnahme einer zu etablierenden wissenschaftlichen Institution.

[80] Die humanistischen Erwartungen an den Begriff *honesty* hat Rem Koolhaas allerdings ebenfalls *ad acta* gelegt. Vgl. Rem Koolhaas: Bigness or the problem of Large, a.a.O., S. 501.

[81] Vgl. Anm. 1.

MARTIN SEEL

DER EINE IM RAUM DER VIELEN –
VERSUCH ÜBER DIE LANDSCHAFT DER STADT

Die Landschaft der Stadt ist nur eine, aber gewiss nicht irgendeine Form dessen, was in unserer Kultur als Landschaft erfahren und manchmal gepriesen wird. Wenn eine bewohnte oder unbewohnte Zone der Erdoberfläche als Landschaft gepriesen wird, ist meist ein ästhetisches Verhältnis zu Landschaften gegeben. Es ist dieses Verhältnis, dem meine Überlegungen gewidmet sein werden. Auf andere Begriffe des Landschaftlichen, etwa geographische und geologische oder auch strategische, wie sie in der Verkehrsplanung oder bei militärischen Operationen leitend sein können, werde ich in diesem Beitrag nicht eingehen (obwohl ihre Beziehung zu einem ästhetischen Verständnis ein durchaus lohnender Gegenstand der Untersuchung wäre). Das Kennzeichen ästhetischer Landschaft (der Natur, der Stadt sowie ihrer vielen Zwischenbereiche), so werde ich sagen, ist *das Erscheinen eines unüberschaubaren Raums*. Da freilich ästhetische Objekte nahezu aller Art in ihrem Wesen Erscheinungen und somit Ereignisse ihres Erscheinens sind, ist damit noch ziemlich wenig gesagt.[1] Die Eigenart ästhetischer Landschaft muss folglich – wenig überraschend – in dem besonderen *Raumcharakter* ihres Erscheinens gesucht werden, dem – ebenfalls kaum überraschend – ein besonderer *Zeitcharakter* zukommt. Hierüber möchte ich im Folgenden einige Betrachtungen anstellen, die ein allgemeines Verständnis von Landschaft so zu entwerfen versuchen, dass zugleich der Unterschied zwischen Natur- und Stadtlandschaft deutlich wird – und die Stellung des oder der Einzelnen im großen Raum einer von vielen bevölkerten Stadt.

Grundzüge ästhetischer Landschaft

Der Raum einer Landschaft ist wie fast jeder Raum zusammen mit einer Mannigfaltigkeit von Gegenständen *in* diesem Raum gegeben. Für die Erfahrung eines Raums als Landschaft ist jedoch nicht das phänomenale Gegenüber einzelner oder mehrerer Gegenstände zentral, sondern vielmehr die Erfahrung, was es heißt, mitten unter diesen Gegenständen zu sein: in ihrer Nähe und Ferne, in ihrer beengenden oder befreienden, beredten oder stummen Gegenwärtigkeit.

Wer sich dermaßen „mitten unter" einer Fülle von Erscheinungen befindet, für den gibt es keine Mitte, von der aus sich eine feste Ordnung dieser Erscheinungen ausmachen ließe. Der landschaftliche Raum *umgibt* die Wahrnehmenden, er überformt ihren Standort. Auch sind diese keineswegs bloße Betrachter, die auf einen distanzierenden Über- oder Rundblick aus sind (eine verbreitete Form von Landschaftsblindheit), sondern leibliche Subjekte, die sich als empfängliche und verletzliche Wesen als Teil eines räumlichen Geschehens erfahren.

Landschaften, mit anderen Worten, sind durchaus nichts Statisches. Sie sind es zum einen nicht, weil sich die Betrachter in ihnen bewegen können, wodurch sich die Perspektiven und Ansichten jederzeit ändern. Sie sind es aber zum andern auch nicht, weil *in* ihnen immer Bewegung ist: mindestens des Lichts, meist auch der Luft und der Pflanzen, der Tiere und Menschen sowie der von diesen betriebenen Geräte. Dies ist keineswegs nur ein visuelles, sondern ebenso ein akustisches und olfaktorisches Geschehen, das einer synästhetischen Wahrnehmung zugänglich wird. Die Wahrnehmung von Landschaft ist nicht allein die Erfahrung des Daseins und Sichveränderns vieler Dinge im Raum, sie ist Erfahrung eines *geschehenden Raums*: die Erfahrung, wie es ist, unter und inmitten eines vielgestaltigen Erscheinens räumlicher Gestalten zu sein.

Dieses Geschehen kann sich nur in einem größeren Raum entfalten. Selbst wenn wir in abgeleiteter Bedeutung von einer „Zimmerlandschaft" sprechen, sprechen wir von Räumen, die etwas größer und weitläufiger als die üblichen sind – und weniger überschaubar als sie. Landschaft ist immer eine Sache der Dimension eines Raums. Ihre Wirklichkeit beginnt da, wo ein Raum in dem Sinn aus seiner Dimension tritt, dass seine Abmessungen von denen, die sich in ihm befinden, nicht erfasst werden können. Die Grenzen eines Zimmers kann man überblicken und man kann an sie stoßen. Der Raum einer Landschaft hingegen hat weder Rand noch Grenze, er endet an einem Horizont: dort, wo die Konturen, Formen und Abgrenzungen diffus werden, oder dort, wo es – wie im Fall einer verwinkelten Stadt – spürbar weitergeht, ohne dass diese Weiterungen vom eigenen Standpunkt aus ermessen werden könnten. Von einem kleineren Stadtpark etwa unterscheidet sich die Park*landschaft* dadurch, dass man durch sie nicht jederzeit hindurch sehen kann, dass man sich in ihr „verlieren", dem Geschehen eines unabgegrenzten Orts überlassen kann. „Unüberschaubar" im hier relevanten Sinn des Worts ist aber auch die Landschaft einer Wüste, in der sich nichts den Blicken entgegenstellt. Denn wer inmitten einer Wüste steht, findet sich von allen Seiten von einer Weite umgeben, die er im Sehen, Hören und sonstigen Spüren nicht in einen wie immer gearteten Gesamteindruck integrieren kann.

Gerade mal kein Dach über dem Kopf zu haben, genügt jedenfalls nicht. Der zum Himmel offene Hinterhof macht alleine keine Landschaft. Erst mit vertikaler und horizontaler Unabgeschlossenheit tut sich der Raum einer Landschaft auf. Diese Unabgeschlossenheit ist immer Offenheit für ein Subjekt, das sich auf bestimmte Weise zum Raum seiner Umgebung verhält. Ästhetische Landschaft ist ohne die Anwesenheit eines wenigstens potenziellen Subjekts der Erfahrung ihres Raums nicht zu denken. Landschafts*erfahrung* kann nur stattfinden, wo sich jemand im Zustand ästhetischer Aufmerksamkeit in einem solchen Raum aufhält. Erst hier ist ästhetische Landschaft als solche präsent. Versteht man aber ästhetische Objekte in einem formalen Sinn als *Gelegenheiten* zur ästhetischen Wahrnehmung, so kann man von jedem größeren Raum der Stadt oder der Natur abkürzend sagen, dass er eine Landschaft sei, das heißt ein *potenzieller Ort* ästhetischer Landschaftserfahrung.

Die Offenheit des Raums einer Landschaft aber ist keine Sache ihrer prozessualen Erscheinungsweise und räumlichen Dimensionierung allein. Sie ergibt sich auch aus einer wesentlichen Anonymität und Kontingenz des räumlichen Geschehens. Was da alles ist und sich ereignet, übersteigt nicht nur das simultane sinnliche Erfassen, sondern auch alle Möglichkeit des Verstehens und Erklärens. Selbst wenn – unwahrscheinlich genug – jedes einzelne Ereignis und jeder einzelne Zustand des Landschaftsraums (in der Sprache des Alltags oder der Wissenschaften) erklärbar wäre, alle zusammen entziehen sie sich jeder Erklärung. Das Spiel ihrer Erscheinungen bleibt unergründlich. Nicht, dass dies ein Mangel der Landschaft wäre. Anders gibt es sie gar nicht. Wer Landschaft in ästhetischer Absicht aufsucht, will es nicht anders – sonst hätte er ja an seinem Platz bleiben können.

Es ist der ganze Sinn des Sich-Einlassens auf ästhetische Landschaften, dass wir in ihnen nach draußen gelangen: in ein zugleich reales und metaphorisches Draußen. Real ist dieses Draußen, weil wir die eigenen vier Wände, überhaupt die überschaubaren räumlichen Koordinaten, verlassen. Wir treten ins Freie. Dies ist jedoch nur eine notwendige und alleine nicht hinreichende Bedingung der Erfahrung von Landschaft. Denn der größere, nach hinten und oben unabgeschlossene Raum ist, wie beschrieben, lediglich ein *potenzieller* Ort der Erfahrung ästhetischer Landschaft. Zur *aktuellen* Landschaftserfahrung kommt es, wenn wir in jenem realen Draußen zugleich in ein metaphorisches Draußen gelangen: wenn wir die Bindung an die pragmatischen Orientierungen lockern, die unser normales Verhalten im Raum bestimmen; wenn wir uns nicht länger mit festgelegten Zielen in diesem Raum bewegen, sondern uns freihalten für die irreguläre Gegenwart des größeren Raumes selbst.

Der Schritt in die Erfahrung von Landschaft – wozu es oft keines Schrittes bedarf, weil wir längst mitten in entsprechenden Räumen sind – ist ein Schritt nach draußen: heraus aus dem, was wir schon kennen und womit wir uns auskennen: hinein in eine Vielfalt von Erscheinungen, die wir im Ganzen so wenig kennen, wie wir uns mit ihr auskennen können.

Natur als Landschaft

Vielleicht wird man an dieser Stelle einwenden wollen: Für Natur als Landschaft mag das zutreffen, die Landschaft der Stadt soll aber gerade durch Transparenz, Überschaubarkeit, Bürgernähe, Lesbarkeit usw. gekennzeichnet sein. Sie soll vielgestaltiges, gewiss lebendiges Drinnen, aber doch kein ebenso unfassliches wie unverständliches Draußen sein. Stadtlandschaft in der eben umrissenen Bedeutung von „Landschaft" wäre demnach ein durchaus unerfreulicher Zustand. Demgegenüber möchte ich deutlich machen, dass der bis jetzt entwickelte allgemeine Begriff von Landschaft durchaus in der Lage ist, die besondere Attraktion auch von Stadtlandschaften verständlich zu machen. Hierfür ist ein Umweg der direkteste Weg. Ich werde zunächst an die Besonderheit von Naturlandschaften erinnern und dann einen eigenen Begriff städtischer Landschaft entwerfen.[2]

In einem Punkt stimmen alle Theorien des Naturschönen seit jeher überein: Seine Erfahrung enthält immer eine Positivierung des (scheinbar) Kontingenten, einer Fremdheit der Natur zum (vertrauten) kulturellen und existenziellen Sinn. Schöne Natur irritiert und erfreut durch ihr Nie-sich-gleich-sein, ihre Eigenbewegung, ihre im Einzelnen unvorhersehbare Varietät. Zumal die Naturlandschaft ein ungelenkter Raum ist, der sich vielfach inkommensurabel zu unseren Erwartungen und Vorhaben verhält. Er ist ein unfassliches Geschehen, das eben darin unsere Aufmerksamkeit fesselt.

Worin aber besteht das Interesse an dieser positiven Desorientierung? Eine Analogie kann hier helfen. Die Verfassung eines guten menschlichen Lebens wird manchmal so gesehen, als bestehe dieses im Prozess einer sukzessiven Erfüllung eines vernünftigen Lebensplans (der darin vernünftig ist, dass er die wichtigsten aufrichtigen Wünsche einer Person in eine erfüllbare Ordnung bringt).[3] Man kann sich aber leicht klarmachen, dass dies eine unzulängliche Vorstellung ist. Denn zu einem guten menschlichen Leben gehört es auch, an die besten eigenen Wünsche und Pläne nicht gefesselt zu sein. Die Planerfüllungstheorie übersieht, dass ein Leben gerade dann und darin gelingen kann, dass seine dringendsten Wünsche und besten Pläne in Augenblicken unverhoffter Erfüllung sich auf das Schönste über den Haufen geworfen sehen. Schließlich ist das, was wir begehren, Erfüllung *und* Begehren. Fähigkeit und Gelegenheit zum Abstand vom eigenen Wünschen und Wollen sind darum Bedingungen einer nichtillusionären existentiellen Erfüllung.

Einen solchen für ein gelingendes Leben notwendigen Spielraum gegenüber unseren eigenen Festlegungen kann die Erfahrung des Naturschönen auf exemplarische Weise gewähren. Gewiss treten wir auch in der ästhetischen Wahrnehmung von Natur nicht völlig aus unserer kulturellen Prägung heraus, ist doch das ästhetische Naturverhältnis selbst ein kultureller Zustand. Dennoch gewinnen wir hier einen anschaulichen Abstand zur gedeuteten Welt, ähnlich wie wir in der Augenblickserfahrung einen Abstand zur Kontinuität unseres Wünschens und Wollens gewinnen. Ästhetisch attraktive Natur ist ein digressiver Teil der menschlichen Kultur. Sie ist ein willkommenes Fremdes, das uns darin entgegenkommt, dass es uns für eine Weile von unseren Festlegungen entfernt. Schöne oder erhabene Natur wird so zu einem Raum erfüllter Freiheit, die dem Wahrnehmungssubjekt die Gelegenheit einer selbstzweckhaften Weltbegegnung bietet. Dieses Weltverhältnis erinnert an die Möglichkeit, das eigene Leben immer auch so zu gestalten, dass der Vollzug seiner wie immer durchwachsenen Verläufe alles in allem bejaht werden kann. Insofern liegt in der Ausübung ästhetischer Freiheit stets zugleich eine Einübung ethischer Freiheit – der Fähigkeit, sich von anderen und Anderem zur eigenen Bereicherung bestimmen zu lassen.

Stadt als Landschaft

Natur*schöne* Landschaft, so möchte ich ergänzen, ist so zu verstehen. Landschaft *als solche* hingegen, ob Natur- oder Stadtlandschaft, kann hässlich, öde, langweilig und vieles weitere ästhetisch Negative sein. Die hässliche Gegend versagt uns alles das, was uns die schöne ohne Weiteres gewährt. Dies ist insbesondere für die Landschaft der Stadt von Bedeutung, die ihren Bewohnern und Besuchern im günstigen Fall eine entgegenkommende Lebensumgebung bietet. Auch einer entgegenkommenden Stadtlandschaft aber ist das Moment der Überschreitung und Verunsicherung wesentlich, das eine Wurzel der besonderen Anziehungskraft naturhafter Landschaften darstellt. Denn nur da kann sich Landschaft der Stadt entfalten, wo ihre wie immer schöne oder hässliche Organisation ein Ende hat, wo es mit ihrer Gemütlichkeit (auch) vorbei ist, wo sie den Raum, den sie einnimmt, nicht (im Ganzen) umhegen kann, wo sie ein Stück ihrer Herrschaft über den Raum aufgibt, wo sie Raum entstehen lässt, ohne über ihn verfügen zu können oder zu wollen. Landschaft der Stadt entfaltet sich allein da, wo ihr Raum von den Einrichtungen der Stadt – ihren Gebäuden, Verkehrswegen, Parks und Plätzen, Wahrzeichen usw. – nicht vollständig koordiniert werden kann. Dies gilt für die schöne wie für die hässliche Stadt gleichermaßen. Schön oder hässlich (oder auf andere Art ästhetisch gut oder schlecht) ist sie allein in der Art, *wie* sie ihren Bewohnern den Raum einer Landschaft eröffnet.

Bis hierher freilich habe ich die Elemente meiner Analyse ästhetischer Natur lediglich auf den Raum der großen Stadt übertragen. Mit einer bloßen Übertragung aber wäre die Besonderheit des größeren städtischen Raums verkannt. Die Landschaft der Stadt ist in zweifacher Hinsicht anders verfasst. Zum einen ergibt sich ihr Raum aus Prozessen einer vergleichsweise harten *Raumteilung*. Zum anderen ist ihr Raum eine besondere *Zone von Blicken*.

Der Raum einer großen Stadt ist stets ein *architektonischer* Raum, gebildet aus komplexen Innen-Außenverhältnissen, deren Effekte nicht im Ganzen gesteuert werden können. Alles Bauen – von Gebäuden oder Straßen, Parks oder Plätzen – operiert mit Verfahren der Raumteilung. Auf dem Weg der Anlage und Errichtung von Gebäuden und Straßen, Vierteln und Plätzen, die bestimmte Praktiken beherbergen oder möglich machen, andere hingegen ausschließen und verhindern, ist Architektur eine Praxis der Raumgliederung mit weitreichenden und oft schwer reversiblen Effekten. Unter einer „harten" Raumteilung verstehe ich eine relativ stabile und funktional begründete Abgrenzung von Räumen und Orten, die für Bewohner und Benutzer von Gebäuden und Plätzen eine relativ starke Festlegung ihrer Aktionsmöglichkeiten bedeutet. Im Bereich natürlicher Landschaften dagegen haben wir es mit einer – wiederum: relativ – weichen Raumgliederung zu tun, je weniger ihrer Physiognomie bestimmte Funktionen der menschlichen Nutzung eingraviert sind.

Dieser Unterschied reicht über graduelle Differenzen hinaus. Denn was im Kontext einer Stadt durch architektonische Verfahren erzeugt wird, sind niemals nur die überdachten oder unüberdachten Orte, die jeweils gebaut oder eingerichtet werden. Was so erzeugt wird, sind territoriale Verhältnisse, die den Ort, an dem gebaut und gestaltet wird, immer schon überschreiten. Architektur in der Stadt spielt sich nicht allein innerhalb eines Ortes ab, sondern greift in ein Verhältnis von Orten ein. Sie verändert den Raum der Stadt auf eine letztlich nicht überschaubare Weise. Es wird ja nie nur an einer Stelle gebaut. Mit der Produktion architektonischer Formen und Funktionen heißt das, geht eine Produktion von Kontingenz einher, mit der bei aller Planung ungeplante Effekte hervorgebracht werden. Die Stadt als ein sich ständig erneuernder architektonischer Raum unterliegt Veränderungen, die einander verändern.

Hier zeigt sich die Stadt als ein durch und durch historischer Raum. Sie ist ein Geschehen von Veränderungen, die intentionalem Handeln entspringen, die jedoch im Ganzen niemals auf einzelnes intentionales Handeln zurückgeführt werden können. Das Geschehen der Stadt ist anders als das der Natur *per definitionem* ein historisches Geschehen, wie dies für die heutige Natur in einer abgeschwächten Form freilich ebenfalls zutrifft. Für die Erfahrung von Stadt als

Landschaft ergibt sich hieraus dennoch der Unterschied, dass nicht der so desorientierende wie befreiende Ausfall von Sinngebungen, sondern eine nicht weniger ambivalente Interferenz von Sinngebungen ihr Ausgangspunkt ist. Natur als Landschaft ist beengende oder befreiende Sinn-Leere, Stadt als Landschaft ist beengende oder befreiende Sinn-Fülle. Oder nüchterner gesagt: Der städtische Raum ist in Sachen sinnhafter Gestaltung überdeterminiert, während der naturhafte unterdeterminiert ist.

Zu dieser ersten strukturellen Differenz kommt eine zweite hinzu. Anders als Natur – jedenfalls die heutige Natur – ist der ästhetische Raum der Stadt wesentlich eine Zone von – sichtbaren und unsichtbaren, unverhohlenen und verhohlenen – Blicken. Da sind einerseits die Blicke, die in der Architektur des städtischen Raums angelegt sind: Durchblicke und Ausblicke, Blicke durch Fenster nach draußen und von außen in ihr Licht, ihre Spiegelungen, ihr Dunkel. Da sind andererseits die tatsächlichen Blicke der Anderen, in deren Blickfeld sich die Bewohner und Besucher der Stadt bewegen. In diesem multiplen Blickfeld bewegt sich das städtische Leben. In der ästhetischen Wahrnehmung der Stadt wird uns bewusst, dass es so ist; dass wir und wie sehr wir in der Stadt unter dem Einfluss vorgeformter und spontaner Blicke leben.

Kaum weniger sind es (potentielle oder aktuelle) Gesten und Berührungen, die die Atmosphäre einer Stadt entfachen. Die Blicke sind nur das Allgegenwärtige, das auch dann wirksam ist, wenn die performativen und taktilen Komponenten fehlen. Von ihnen sind wir im Raum der Stadt immer berührt, auch wenn wir keinen einzigen sehen, der uns zum Objekt seiner Blicke macht. Dieses ungesehene Gesehenwerden – ebenso wie das mögliche Angesprochen- und Angegangenwerden – prägt das Geschehen des städtischen Raums. Wir bewegen uns hier nicht allein unter und inmitten einer bewegungsreichen Vielfalt von Objekten, sondern zugleich unter und inmitten einer Vielfalt von Subjekten, die uns vielfach zum Objekt ihres Bewegtseins und ihrer Bewegungen machen. Nicht nur ist uns hier – wie in jeder Landschaft – die Position eines Überblicks und damit einer irgendwie zentralen Stellung im jeweiligen Raum entzogen; diese Stellung ist zusätzlich dadurch erschüttert, dass wir hier eine oder einer unter unzählig vielen anderen sind, die mit ihren Blicken, Gesten und sonstigen Handlungen auf die Blicke, Gesten und sonstigen Handlungen der anderen reagieren.

Im ästhetischen Raum einer Stadt sind wir daher nicht allein einer unüberschaubaren *phänomenalen*, sondern ebenso einer unüberschaubaren *personalen* Interaktion ausgesetzt. Wieder aber ist es eine besondere Anonymität, die für den landschaftlichen Zustand charakteristisch ist. „Personale Interaktion" heißt im Raum der Stadt ja nicht, dass man vertraut miteinander Umgang hätte. Im Gegenteil, man geht, wenn es gut geht, möglichst indifferent miteinander um. (Hier hat die Affirmation von Anonymität und Kontingenz neben dem ästhetischen unmittelbar einen moralischen Zug.) Man belässt es beim Austausch unaufdringlicher Blicke oder übt sich in der Vermeidung von Blicken und Berührungen. Man bewegt sich in dem städtischen Handlungszusammenhang, dessen Teil man ist, verweilt in ihm, geht seiner Wege, ohne bestimmend auf ihn einwirken zu wollen. Im menschlichen Treiben der Stadt befindet man sich in einer Interaktion weitgehend außerhalb jedes gezielten, direkten, adressierten Austauschs. Wieder ist dies ein metaphorisches Draußen. Indem wir als Bewohner oder Besucher einer Stadt auf diese Weise miteinander umgehen, stehen wir außerhalb dessen, was uns an konkrete Menschen bindet; uns verbindet – wenn es gut geht – allein die Scheu vor gegenseitiger Behelligung und Verletzung. Diese zurückhaltende Form des Umgangs hält uns frei für ein Eintauchen in das keiner Inszenierung bedürfendes Schauspiel einer von vielen bevölkerten Stadt.

[1] Vgl. Martin Seel: Ästhetik des Erscheinens, München 2000.

[2] Die folgenden Bemerkungen stützen sich auf Martin Seel: Eine Ästhetik der Natur, Frankfurt am Main 1991, bes. Kap. IV., S. 212ff. u. S. 230ff.

[3] Zum Beispiel John Rawls: Eine Theorie der Gerechtigkeit, Frankfurt am Main 1979, Kap. VII; zur Kritik vgl. Martin Seel: Paradoxien der Erfüllung, in: ders.: dass., Frankfurt am Main 2006, S. 27–43.

[4] Vgl. Martin Seel: Sich bestimmen lassen. Ein revidierter Begriff der Selbstbestimmung, in: Martin Seel: Sich bestimmen lassen. Studien zur theoretischen und praktischen Philosophie, Frankfurt am Main 2002, S. 279–298.

KONRAD HUMMEL

NEUE WEGE DER BÜRGERBETEILIGUNG: STADTENTWICKLUNG UND LEBENSSTIL-BETEILIGUNG

Emotionen und Identifikationen der Bürgerschaft

Mit dem Wort vom „Wutbürger" wird seit 2010 in den Medien die Überraschung darüber beschrieben, dass heftige Emotionen (Wut), die sich gegen die Entfremdungen im Politikgefüge richten, doch mit erwünschten Tugenden (der Bürger als *citoyen*) einhergehen können. Diese Tugenden seien in Deutschland als individuelle öffentliche Teilhabeformen bisher Mangelware gewesen: „In Deutschland fehlt der *citoyen*, der freie Bürger, der seine Mitte aus sich selbst schöpft, der weder der geborene Gewinner noch der geborene Verlierer ist ... einfach nur Bürger" (Wolf Lotter).[1]

Diese „Idealbürger" gehen mit Verantwortung pragmatisch um und haben ein kühles Verhältnis zum System und zum Staat. Sie passen kaum in ein Klassen- und Standesdenken. In Deutschland wird dann gerne ein schnell entzündliches emotionales Verhalten nach dem Muster des Patriotismus und Faschismus des letzten Jahrhunderts unterstellt. Mit Blick auf viele internationale Konflikte und Sezessionsbewegungen – von den Basken bis zu den US-amerikanischen Sekten – sind aber Zweifel erlaubt, ob diese Emotionen besonders deutsch und ein Bestandteil unserer nationalen Mentalität sind. Und gibt es eine solche Dynamik in den Stadtgesellschaften überhaupt?

In den Stadtgesellschaften ist die Erwartung an den „Übervater" Staat ohnehin geringer, die Bereitschaft und Notwendigkeit, sich den eigenen Angelegenheiten pragmatisch zuzuwenden, größer und das Verhältnis zu identifikationsstiftenden Symbolen keineswegs kühl. Seit Jahrzehnten mobilisiert die Erhaltung von Gebäuden, Hallen, Museen, Rathäusern und Bahnhöfen (Stuttgart 21) den Bürgerwillen und interessiert die nationale Ebene nur, wenn zentrale Akteure (hier: Bahn, Verkehrsplanung und Bundesparteien) in die Aktionen verstrickt sind.

Die bundesweite Debatte um Bürger- und Zivilgesellschaft betont die Bedeutung der lokalen Ebene, hat aber den „Stadtbürger" noch zu wenig als ein handelndes Subjekt wahrgenommen, das Emotionen aller Art in höchst vielfältiger Weise mobilisiert (etwa bei Nachbarschaftshilfe in Katastrophenfällen, als Stifter oder in scharfer Abgrenzung bei ethnisch-sozialen Stadtraumkonflikten). Hier formen sich Einstellungs- und Verhaltensmuster, die – anders als bei Tarifstreiks oder Anti-Atom-Bewegungen – nicht auf einen einzelnen thematischen Anlass reagieren, sondern auf eine historisch gewachsene Konstellation. Diese Gesamtkonstellation besteht sowohl aus nachbarschaftlichen Faktoren, dem jeweiligen Führungsstil (für den oft die regionale Gemeindeordnung steht), Governance-Normen des politischen Führens und Verhandelns und der Vielfalt und Zusammengehörigkeit der jeweiligen Milieus. Innerhalb solcher „Vierecke" entwickeln sich die besonderen Engagementtypen je nach Region, Stadtgröße und jeweiliger Themenlage.[2] So formen sich Typen wie das hanseatische Stifterengagement, der Düsseldorfer Karneval oder die schwäbische Nachbarschaftshilfe.

Wut, Parteilichkeit und Mitgefühl gehören zum *homo urbanus*. Engagement in der Stadtgesellschaft ist ihrem Wesen nach mit Gefühlen und Identifikationen, mit Ärger oder Enttäuschung verknüpft, es positioniert den Bürger in Nähe oder Distanz zu „seiner Stadt".

Entstehungsgrundlagen von Bürgerengagement und Beteiligung

In der Stadtgesellschaft verschieben sich die vielfältigen sozialen Milieus ständig, sie grenzen sich neu ab (so etwa das Phänomen „Wohnen nach Adresse" in abgegrenzten Stadtteilen; milieuspezifische Kultur- und Konsumangebote) und erproben neue Mischungen, wie die allseits umworbenen „kreativen Milieus" (nach Richard Florida).[3]

In der soziologischen Klassifizierung der sogenannten Sinus- oder Sigma-Milieus[4] werden jeweils etwa zehn markante Lebensstilgruppen voneinander unterscheiden: Die Angehörigen dieser kreativen Milieus werden „Experimentalisten", „Postmaterielle" oder „Hedonisten" genannt, weil sie neue Lebens-, Wohn- und Arbeitsformen in realen Infrastrukturfragmenten der Stadt-landschaft erproben und den *Lifestyle* zelebrieren. Darauf reagieren wiederum alle anderen Gruppen, deren jeweiliges Profil – zum Beispiel als „Traditionelle" oder „Etablierte" – dann umso schärfer hervortritt.

An diesen Sollbruchstellen der Stadtgesellschaft entsteht das Bürgerengagement und das Handeln im öffentlichen Raum, das gleichermaßen dazu dient, die Bruchstellen zu überbrücken („Lesepaten, die etwas für die Bildung tun") oder aber den Gruppenzusammenhalt (in Lobby-, Beirats-, Interessensstrukturen) zu verstärken und eigene Besitzstandsinteressen zu vertreten. Anhand welcher Themen und nach welchen Spielregeln dies geschieht, kann sich von Stadt zu Stadt unterscheiden und ist schwer greifbar. Martina Löw analysiert dies als „Seele" der Stadt[5] und legt diese „Seele" als die Messlatte für den Erfolg jeder Marketingstrategie an: Ist sie authentisch im Sinne der Übereinstimmung zwischen realen lokalen Arrangements und globalen internationalen Trends?

Kommunalpolitik hat es nicht mit „neuen" Wutbürgern zu tun, sondern mit lebendigen Menschen unterschiedlicher stadtgesellschaftlicher Milieus, in denen die Bürger temporär, pragmatisch und emotional handeln. *Neu* ist die Existenz unterschiedlicher Milieugruppen, die in der Öffentlichkeit agieren. Je mobiler und globaler die Gesellschaft insgesamt wird und je mehr der Dienstleistungscharakter der öffentlichen Verwaltung betont wird, desto forscher und willkürlicher treten die Bürger auf, desto weniger scheren sie sich um die lokale soziale Kontrolle. Hier prallen somit ein stadtgesellschaftliches (lokales, konkretes, „drängendes", aber letztlich auf Ausgleich angelegtes) und ein gesamtgesellschaftliches („grundsätzliches", auf Durchsetzung und Zuspitzung angelegtes) Engagement aufeinander. Unverändert ist aber das Bedürfnis, sich mit der Stadt, der eigenen Stadt identifizieren zu wollen. Die Performanz des eigenen Lebensstils, die Durchsetzung eigener Milieuinteressen wird zunehmend wichtiger – das kann zwischen „lokal" und „grundsätzlich" variieren, wenn es etwa um ökologische Lebensformen oder um andersartige, „queere" Beziehungsvorstellungen geht. Örtliche Vereine, die etwa das konservative oder traditionelle Arbeitermilieu verkörpern, werden schwächer und suchen ähnlich wie die modernen jungen Milieus den Schulterschluss: im überregionalen und medialen Verbund oder in den jeweiligen Konsumweisen.

Das Ringen dieser Gruppen um Meinungsführerschaft und Themenhoheit macht das heutige virtuelle „Marktplatzgeschehen" der Städte aus. Die Funktion der realen Marktplätze reduziert sich auf den Warentausch, die virtuellen Marktplätze sind dagegen die Medien, das Internet und die Veranstaltungszirkel.

In ihrer Suche nach „Alleinstellungsmerkmalen" ihrer Städte im kommunalen Standortwettbewerb versuchen die Stadtverwaltungen, diese Führerschaft zu beeinflussen. Das bekannteste Beispiel ist vermutlich die Berliner Kampagne „be berlin", die sich moderner Milieus bedient, aber die „Berliner Schnauze" meint.

Bürgerbeteiligung als ganzheitliche Teilhabe

Unter Berücksichtigung dieser Entwicklungen des stadtgesellschaftlichen Engagements erhält Bürgerbeteiligung eine erweiterte Bedeutung: Sie ist zwar *auch* die Anhörung der Bürger, die ihre Anspruchsrechte über ihren Wohnort, ihren Besitz oder ihre Dienstleistungsnutzung wahrnehmen und die Chance ergreifen, an der *good governance* durch aktive Teilhabe, Mitbestimmung, Ausübung des Wahlrechtes etc. mitzuwirken (so in der Diskussion über Bürgerbegehren oder das Mindestalter für das aktive und passive Wahlrecht), sie wird jedoch zunehmend eine Verlängerung des vermeintlich Privaten in das Öffentliche, eine Einmischung in die Lebensstile und die Lebensstilgruppen – eine Einwirkung zugunsten dessen, was die jeweiligen Gruppen unter der Verwirklichung eines guten Lebens verstehen. Dies wird immer weniger von den zentralen politischen Vereinigungen (Parteien, Gewerkschaften, Kirchen etc.) vorgegeben, sondern in der lokalen Wirklichkeit gesucht. Hier ist es überschaubar und hier muss es ausgehandelt werden. Engagement wird deshalb auch stärker von den Emotionen geprägt sein, die wir mit unserem Entwurf des „guten Lebens" verbinden.

Die Normen der Legalität, Legitimität, Rationalität und Transparenz mögen die Menschen heute vielleicht besser verstehen als früher, aber bei ihrem konkreten Engagement mischt sich sehr viel mehr Emotionalität ein, wie es allen Formen von Gemeinschaftlichkeit im Positiven wie im Negativen eigen ist. Mit der stärkeren Orientierung auf Lebensstile erwächst den Städten eine große Chance der Mobilisierung, sie folgt jedoch nicht dem rationalen politischen Diskurs.

Wir haben es in der Bürgerbeteiligung mit drei Ebenen zu tun:

a. der *verfassungsrechtlichen,* die die Anhörungsrechte betroffener Bürger und die Rechte jener, die Mitsprache- und Wahlrechte haben, betrifft;

b. der *politisch-demokratischen,* die über Parteien, Institutionen, Räte, Verbands- und Beiratsstrukturen eine Art lokale Elite stellt;

c. der *stadtgesellschaftlichen,* die sich vor allem in der Identifikation der Menschen mit ihrer Stadt und ihrem spezifischen Milieu bzw. Lebensstil äußert.

Die Bedeutung dieser dritten Ebene nimmt in einer heterogenen globalen Stadtgesellschaft ständig zu und steuert die Bereitschaft und Fähigkeit, öffentlich zu handeln, zunehmend mehr, als es Mitgliedschaften, Besitz- und Wahlrechte bisher taten.

Bürgerschaft und soziale Daseinsvorsorge

In der kommunalen Daseinsvorsorge sind inzwischen eine Vielzahl von Dienstleistungen, Berufsgruppen und Fachverbänden damit beschäftigt, das gesamte Gefüge des Zusammenlebens vom Kindergarten über Gesundheitsamt, Berufsweiterbildung, Grünpflege, Sportamt bis Altenarbeit mit überprüfbaren Qualitätsstandards zu versehen. Hierbei wird Bürgerbeteiligung marginalisiert: Beschwerdemanagement, Elternabend, Förderverein, Heferkreis, Parkpaten usw. Das Verhältnis von sozialen Fachkräften zu Freiwilligen ist eher von gegenseitiger Angst um Rollenverlust geprägt und vom Kampf um die Deutungshoheiten. Fachkräfte und Verwaltung ringen allein schon um die Interpretation dessen, was betreute Bürger, Kunden und Klienten „wirklich wollen", sie ziehen sich vor dem realen Bürger, und besonders vor dem engagierten Bürger als dem Mitproduzenten sozialer Leistung, auf vermeintlich messbare Aussagen und Leistungen zurück – ähnlich wie die Interpretationen dessen, was der Wählerwille nun, nach der Wahl, „wirklich ist"(...)

Eine eigene Methodik des sogenannten *case managements* hat Einzug gehalten, mit der die verschiedenen Fach-, Lebenswelt- und Rolleninteressen zum Ausgleich gebracht werden sollen. Es ist nicht verwunderlich, dass das Kooperationsverhältnis Bürger – Staat zusätzlich durch solche erlebte, gefühlte und erfahrene Distanz belastet wird. Nicht umsonst bemühen sich die meisten Kommunen zuerst, die einfachen Dienstvorgänge (Bürgerdienste, Bürgerbüros, Antragsvorgänge etc.) „kundenfreundlich" zu machen, bevor sie an weitergehenden Strategien für bürgerschaftliches Engagement arbeiten.

Unterschätzt wird hierbei die Notwendigkeit, dass Rollen neu gelernt und geklärt werden müssen. Auch die Fachkraft der sozialen Dienste bleibt Bürgerin ihrer Gemeinde und hat ihre Interessen in einer anderen Situation selbst zu vertreten. In Fortbildungen wird der methodische Charakter etwa der Anwerbung von Freiwilligen zu stark betont, während die Klärung dieser neuen Rollenvorstellungen unterbleibt.

Die oben aufgeführte dritte, „postmoderne" Strategieebene arbeitet in einem komplexen Umfeld, einer städtischen „Gemeinwesenkultur" und verknüpft das Engagement mit Beteiligungsstrukturen. Beteiligung erscheint oft nur als ein rationales Instrument des Interessenausgleiches, bei dem allein Transparenz, Neutralität, Überprüfbarkeit gefragt sind – Engagement dagegen ist die Summe vielfältiger emotionaler und rationaler Abwägungen und orientiert sich deshalb mehr an Vertrauen, Authentizität, Mitgestaltung und Spontanität.

Während der Weg der rechtlich abgesicherten Bürgerbeteiligung in Deutschland vorherrscht, wird die Verschiebung hin zu postmodernen, engagementgestützten Partizipationsmodellen im angloamerikanischem Bereich schon länger mit der Formel von der „Demokratie als Lebensform" (Anthony Giddens) beschrieben.[6] Daran knüpfen viele gegenwärtige Bemühungen um gemeinschaftliches Wohnen, Patchworkfamilien, neue Lebensformen, soziale Netze um Verknüpfungen von Wohnen, Arbeiten und Leben und um die Gleichberechtigung aller Lebensformen an.

Bürgerbeteiligung als praktische Mitgestaltung und Koproduktion

Die Versuchung ist groß, diese drei Beteiligungsebenen gegeneinander auszuspielen oder aber die dritte Dimension engagement- und erlebniszentrierter Teilhabeformen zu instrumentalisieren und marketingmäßig zu manipulieren.

Diese Teilhabeform ähnelt aber nicht mehr dem Aushandeln zwischen den Interessen verteilter Macht und feststehender Güterwerte, sondern dem Such- und Differenzierungsverhalten neuerer Problemlösungsstrategien. Entweder gelingt die Kooperation oder sie gelingt nicht, entweder entzündet sich ein Funke oder es bleibt „kalte Asche". Seltener ist es, dass einer gewinnt und einer verliert oder dass die Mehrheit „Recht behält" (wie es gemäß der Demokratie als formalem Prinzip der Fall wäre). In den letzten Jahren werden gelingende Partizipationsprozesse in der Folge dieser Entwicklung zur „Demokratie als Lebensform" auch als Koproduktionen beschrieben. Aus Betroffenheit kann und soll Beteiligtsein und Anteilseignerschaft entstehen. Der Stadtbürger als Stadtmitbesitzer.

Stadtbürger reagieren darauf, dass die meisten Kampagnen der letzten 20 Jahre bis in den Lebensalltag der Bürger reichen: das Auto stehen zu lassen, sich mit Migranten zusammenzutun oder Vorsorge im demografischen Wandel zu treffen. Die langfristige Antwort darauf ist: „Wir machen das, aber dann wollen wir auch mitsteuern. Wir sparen manches ein, aber dann wollen wir auch über die Investitionen mitentscheiden." Auf diese Weise hat sich auch der Grad der politischen Teilhabe der verschiedenen Milieus verschoben. Vermeintlich unpolitische, „etablierte" ältere Mittelstandsbürger sind zu Treibern spektakulärer Bürgerbegehren in eigener Sache geworden. Einstmals parteitreue Kleinbürger entziehen sich der Beteiligung und Mitverantwortung inzwischen durch Wahlenthaltung. Kleine (post-)moderne Gruppen „nehmen" punktuell „mit", was gerade geht, oder sie gehen selbst und nutzen die formalen Beteiligungschancen taktisch.

Ähnlich wie der Lebensstil als solcher ist diese Partizipationsform zwar von der Kompetenz der handelnden Akteure geprägt, nicht aber zwingend von Motiven der Nachhaltigkeit, Komplexität und Verlässlichkeit. Es ist schlechterdings auch schwer möglich, dass Bürger den hohen Anspruch durchhalten, „Stadtmitbesitzer" zu werden und gleichermaßen in Verkehrs-, Wohnungs-, Integrations- und Energiefragen sachgerecht entscheiden zu können. Deshalb tauchen immer häufiger „Anwälte" in der Sache der Bürgerschaft auf, das heißt die Auseinandersetzung mit Stadtverwaltungen nimmt öfters einen rechtlichen Streitcharakter an. Auch hier haben die Vorkommnisse beim Projekt „Stuttgart 21" gezeigt, dass beide Seiten sich in Expertenauftritten inszenieren, Gutachter und gegebenenfalls dritte Personen als Schlichter anrufen und so die Arbeit der repräsentativen Gremien aushöhlen. Auf Dauer wird dieses Verfahren aufwendig und als „organisiertes Misstrauen" volkswirtschaftlich teuer. Die Situation wird auch dadurch nicht besser, dass viele ausgegliederte öffentliche Dienstleistungen wie Verkehrs-, Energie- oder

Wohnungsbetriebe in Form von Kunden- oder Mieterbeiräten ganz formaldemokratisch „nachrüsten" – doch das Schicksal dieser Beiräte ähnelt dabei meist dem der kommunalen Beiräte, deren direkt-demokratische Legitimität durch Wahlbeteiligungen von unter zehn Prozent unterhöhlt wird.

Das Interesse der Beteiligten heute bezieht sich sehr viel stärker auf konkrete lebensweltliche Anliegen und auf die jeweilige lebensphasenspezifische Dienstleistung (zum Beispiel Kinderspielflächen). Inzwischen ist die Bereitschaft gestiegen, dafür schon im Vorfeld etwas zu tun: etwa rechtzeitig an Schulfördervereinen oder an Initiativen für barrierefreie Altengemeinschaftswohnungen mitzuwirken. Partizipation nimmt Züge einer genossenschaftlichen Teilhabe an, bei der Lust und Interessen mit ökonomischen Zwängen kombiniert werden.

Folgen für die Verwaltungen

Das Verhältnis der Stadtverwaltungen zu dieser Bürgerschaft ist von gegenseitigen Erwartungen und Enttäuschungen geprägt. Aus der Sicht der Verwaltung kann nur die „karge Masse" der Sachzwänge gerecht verteilt werden. Aus Sicht der Bürger geht es immer um mehr als nur um das Produkt, es geht um den Lebensstil und die Erwartungen, Verständnis für diesen zu finden – also um die Hoffnungen und Visionen der Bürger, um ihre Idealisierungen und Sorgen. Ihre lebensweltlichen Forderungen sind auch mit einem abgeschlossenen Planfeststellungsverfahren nicht beantwortet, erledigt oder erfüllt. Streng genommen können Stadtverwaltungen nur Wegbegleiter in der Lebensweggestaltung der Stadtbürger sein. Als solche können sie Entwicklungsbedingungen verbessern oder verschlechtern – in jedem Fall bleibt der Bürger für sein Leben selbst verantwortlich.

Je mehr eine Stadtverwaltung solche Erwartungen und Vorstellungen ansprechen kann, desto stärker wird die Engagementbereitschaft, also die Bereitschaft, sich über die Zuhörerrolle hinaus selbst als „Koproduzenten" von Stadt einzubringen. Die Beteiligungsstrategie von Stadtverwaltungen hat dadurch eine neue Qualität erhalten, dass solche Prozesse weder überstrukturiert („Eigentlich haben wir die Antworten und kennen die Folgen der Gesetze und ökonomischen Zwänge") noch unterstrukturiert angegangen werden („Wir lassen alle mal reden, mitmachen und jeden Schritt besprechen"). Bevor es zur Sache selbst geht, geht es meist um die Klärung dessen, welchen Stellenwert ein Anliegen hat, wie viel Wert es hat und wie viele Kompromisse akzeptabel sind.

Viele aktuelle Beteiligungsprozesse leiden daran, dass die Verwaltungsseite – angeblich – nur informiert, sachlich aber – angeblich – kein Eigeninteresse vertritt. Für den kritischen Stadtbürger ist dies eine Art Schattenspiel. Seine Erfahrung sagt ihm, dass es zu allem Alternativen gibt und dass die Widersprüche in der Gesellschaft selbst liegen. Verschweigt man ihm diese Alternativen, so schließt er daraus, dass er sie selbst suchen, „erahnen" und selbst Position beziehen muss. Er setzt Kompetenz bei der Verwaltung voraus, respektiert diese und möchte, dass diese ihm Lösungsvarianten bereitstellt und ihm dadurch hilft, voranzukommen. Bürger mögen es dagegen weniger gerne, wenn die Verwaltung ihre eigenen Probleme lang und breit beredet. Bürger akzeptieren die Leistungsgrenzen der Verwaltung, aber nicht, dass diese sich beklagt.

In der zeitgemäßen Beteiligungsform einer Lebensstilorientierung sucht der Stadtbürger eine andere Rolle als die des Objektes und Adressaten – unabhängig davon, ob Stadtverwaltungen damit korrekt umgehen. Aus der Rolle des Subjektes (als Stadtbürger) heraus ist er eher zu Einsicht und Kompromiss, zu einer Art *political compliance* bereit. Damit ähnelt das Verhältnis dem Beratungsverhältnis von Arzt und Patient. Auch dort wissen Ärzte heute, dass sich ihre Patienten im Internet gegeninformieren und dass der Behandlungserfolg vom Vertrauensverhältnis abhängig ist.

Multiple Konflikte und Toleranzen

Für ein solches ergebnisorientiertes Verhältnis ist nicht nur die Beziehung zwischen Verwaltung und Bürgerschaft von großer Bedeutung, sondern mehr noch die Beziehung, die jede Seite zu „ihrem Bezugssystem" hat: die Verwaltung zur Politik und die Bürgerschaft zu den Medien.

Zu den wirksamen „alten" Techniken der Bürgerbeteiligung gehört, dass sich eine Seite (zum Beispiel die lokale Verwaltung) von der bösen großen Politik distanziert und bei ihrem „Publikum" populistische Punkte sammelt. So distanzieren sich Planer von Feinstaubrichtlinien, wissen aber, dass aus ökologischen Gründen etwas geschehen muss. Bürger ärgern sich über Verbote, können aber die Planer nicht verantwortlich machen. So verständigt man sich „auf Kosten Dritter".

Das Gleiche gilt auch umgekehrt: Bürger distanzieren sich von der aufgebrachten Lokalpresse, von Vereinen oder bundesweiten Aktionen und signalisieren, dass man „die Sache" mit ihnen schon machen könne – aber die Allgemeinheit wolle eben Zeichen setzen. Planer und Bürger sind sich vielleicht über die Sendemasten oder das Kohleblockkraftwerk im Einzelfall einig, aber man kann doch nicht das Gesicht verlieren (...) So muss ein Gesichtsverlust vermieden werden, der nicht der Sache, sondern der sozialen Rolle geschuldet ist.

Schwierig wird es auch bei Kompromissen, bei denen es notwendig wird, dass Einzelne aus ihren Interessensgruppen ausbrechen und etwa als Hausbesitzer „verhandlungsbereit" sind und andere „im Regen stehen lassen". Je traditioneller die Bürgerbeteiligungsverfahren sind („Nullsummenspiele"), desto mehr gibt es Gewinner und Verlierer. Je mehr engagementzentrierte Projektverfahren (aktive Rollen und Koproduktionen) stattfinden, desto eher erleben sich Bürger in multiplen Rollen, wägen ab und erleben Kompromisse als normal. Intergenerative Fragen stoßen deshalb oft auf Verständnis, weil innerfamiliär Erfahrungen mit den Lebenswelten von Alt und Jung gemacht werden. Dies ist bei sozioökonomischen und/oder ethnischen Unterschieden ungleich schwieriger. Das sollen dann „die da oben klären" – der Staat oder die abstrakte Verteilungsinstanz.

Auch für Parteivertreter wird es schwierig, *lokal* für pragmatische Lösungen und *national* für grundsätzliche Wegentscheidungen einzutreten. Je stärker die Identifikation mit dem Sozialraum ist, umso eher gelingt solche Diversität („in unserem Stadtteil"). Auch deshalb ist es sinnvoll, viele Verfahren und staatliche Probleme sehr viel stärker kommunalpolitisch und lokal anzugehen, vor allem das zentrale Lern-, Bildungs-, und Schulthema.[7] Zusätzlich stellt sich die Frage nach der Rolle der Wirtschaft, der Arbeitswelt und der Unternehmen und ihrer Rolle bei der Bürgerbeteiligung.

Während sich klein- und mittelständische Unternehmen auf die Seite der Bürger stellen, ziehen sich Großunternehmen auf stumme Beobachterrollen zurück. Eine an postmodernen Such- und Fluchtbewegungen orientierte Bürgerbeteiligung muss die Rollen aller Beteiligten – als Arbeitnehmer, Unternehmer, Produzent und Konsument – sehr viel deutlicher machen. Bekannt ist das Dilemma beim Paradebeispiel der Verkehrsberuhigung. Alle fordern sie als Bewohner, aber ignorieren sie als Autofahrer. Alle wollen den Tante-Emma-Laden, aber alle kaufen im Supermarkt. Eine solche „vorgeschaltete Interessensabwägung" gehört in postmodernes Lifestyle-Management und ist vielleicht für eine ironische Bemerkung geeignet, schwerlich aber für eine moralische Sanktionierung. Die Mehrzahl der Bürger wird Kompromisse mit der *political correctness* machen müssen, und genau das zeichnet, wenn es denn offen vorgetragen wird, auch die Tragfähigkeit des lokalen Lebenstilansatzes, der Bürgerbeteiligung der dritten, „koproduktiven" Art, aus.

Bürgerbeteiligung und Formen der Mediation

Ob die Methode der Bürgerbeteiligung Bürgerforum, Panel oder Planungszelle heißt, ist zweitrangig. All diese Begriffe stehen für versachlichte Verfahren in emotionalem Gewässer, weil es allesamt Methoden sind, die durch das Zufalls- oder Neutralitätsprinzip die Interessengebundenheit der Einzelnen und die Emotionalität der Betroffenen mildern wollen. Wichtiger wäre nicht der emotionale Spannungsabbau, sondern der *Aufbau,* eine „Architektur" sich gegenseitig kontrollierender Emotionen und Interessen. Bürgerbeteiligung ist selten deshalb unbefriedigend, weil sich zwei Seiten im Konflikt gegenüberstehen, sondern weil sie nicht auf Augenhöhe streiten und sich nicht im Spiegel Dritter und Vierter erleben können.

Der Vorteil klassischer Tarifkonflikte und ihrer Schlichterverfahren ist – ebenso wie bei Wettkampfspielarten – eine festgelegte Konfliktkultur (Spielregeln, Schiedsrichter etc.). Wenn diese Erfahrungen nun für Bürgerbeteiligungen übernommen werden, verzerrt das die reale Interessenlage: Bürger streiten mit ihren Stadtverwaltungen letztlich stellvertretend für andere Gruppen, die die Verwaltung – vielleicht – stärker im Blick hat.

Zu entwickelteren Bürgerbeteiligungsformen gehört die Transparenz und Performanz der Interessengruppen: Es muss deutlich werden, dass es um gesellschaftliche Interessen und Gerechtigkeitsfragen geht – hinter jeder Straße stehen Autofahrer, hinter jeder Flächenentscheidung Investoren etc. Schlichter, die wie im Falle von Stuttgart 21 nur anhand der Verwaltungsvorlage den Kompromiss basteln, führen die wirklichen Akteure nicht zusammen. Dies reicht für eine Stadtentwicklung, die zu neuen Formen der Bürgerbeteiligung und zur Weiterentwicklung der lokalen Demokratie durch koproduktive Engagementformen kommen will, nicht aus.

Das Ziel kann nicht „Es herrscht wieder Ruhe in der Stadt" heißen, sondern es geht darum, dass ein lebendiges Klima, eine Kultur der Anreicherung, Anstiftung und, im Zweifelsfall, eine Kultur der direkten Auseinandersetzung der betroffenen Akteure erreicht wird – das macht die Zivilgesellschaft aus. Zu einer solchen Bürgerbeteiligung gehört auch die Mobilisierung im Vorfeld – also nicht die Frage, wie man aus Betroffenen Beteiligte machen muss („Wer muss angehört werden?"), sondern die Frage, wie man viele Menschen zu Beteiligten machen kann, die *in einem frühen Stadium* für Interessenausgleich sorgen.

Nachhaltigkeit und Zeitachsen in der Bürgerbeteiligung

Dass die Lebenswegorientierung moderner Staatsbürger heute so viel Unberechenbarkeit und Flexibilität aufweist, ist zum einen der Grund dafür, dass heutige Nichtbetroffenheit schon morgen Betroffenheit heißen kann oder umgekehrt. Zum anderen werden heute durch (stadt-)bürgerschaftliche Mobilisierung mehr Gruppen und Schichten erreicht als bei der klassischen Beteiligung, die extrem sozial selektiv wirkt(e). Städtische Strategien für Großprojekte und Events (von der Kulturhauptstadt bis zur Konversion) haben eine Bürgerbeteiligung zu organisieren, die sich in Bürger hineindenkt, die sozusagen die möglichen differenten Mobilisierungslagen vorwegnimmt, die den möglichen Interessenlagen durch Einfühlung in die jeweiligen Nöte eine Gestalt verleiht, die die Ziele der Gesamtmaßnahme (nicht deren Legitimierung) so plastisch und konkret wie möglich schildert und die konkrete Koproduktions- bzw. Mitmachgelegenheiten für alle aufbaut. Nachhaltige Bürgerbeteiligung denkt über die realen Bürger hinaus sowohl an frühere (jedes Projekt hat „eine historische Seele") als auch an künftige Generationen.

Die klassische Kompetenz der planenden Stadtverwaltungen ist gegenwartsbezogen, fachlich, *konfigurativ.* Die Verwaltung macht gegenwartsbezogen deutlich, was passiert, wenn an dieser oder jener Stelle nichts passiert bzw. was mit wem passiert, wenn etwas passiert: Folgen, Wechselwirkungen, Verpflichtungen usw. in der Stadtentwicklung.

Postfigurative Kompetenzen können zusätzlich vor allem unter Einbeziehung von Stadtgeschichte(n) der Bürgerschaft gut und plausibel erklären, warum etwas so gekommen ist und nun der Entscheidung bedarf.

Präfigurative Kompetenzen sind aber heute wichtiger denn je und sollten in Stadtverwaltungen erprobt werden. Sie beschreiben die Fähigkeit, Zukunftsentwürfe plastisch, realistisch und entscheidbar zu machen: Was wird mit der Stadt und ihrer Stadtgesellschaft werden? Was könnten folgende Weichenstellungen in der Energie-, Verkehrs- oder Sozialpolitik bedeuten? In der Regel zielen solche Debatten stark auf präventive und mobilisierende Maßnahmen wie etwa in Fragen der Bildung, der Gesundheit oder der Integration, und (allseits bekannt) in Sachen Klimaschutz. Solche Debatten neigen dazu, viel zu moralisch und abstrakt geführt zu werden. Letztlich sind sie aber an den auf die jeweiligen Lebenslagen bezogenen Sorgen der Bürgerschaft näher dran als viele klassische Beteiligungsverfahren, die allzu oft besitzstands- und interessenwahrend sind. Präfigurative Strategien knüpfen an die Sehnsüchte der Menschen an. Worin besteht dabei die Bürgerbeteiligung?

Bürgerbeteiligung hat ihren Ort und ihre Zeit

Die Auseinandersetzung über die Zukunft der Bürgerbeteiligung erfordert eine Betrachtung der Geschichte der Bürgerbewegungen selbst; dies kann einen emotionalen Schub auslösen und zu kollektiven Lernprozessen für mehr Mut im öffentlichen Verhalten beitragen. Dabei geht es weniger um die Effizienz als um Erfahrungen der Teilhabe, Einmischung und Methodensicherheit – beginnend bei Demonstrationserfahrungen. Die Geschichte vieler Etappen der Bürgerbewegungen wie zum Beispiel der Anti-Atom-Bewegung lehrt, dass es meist sieben wichtige Indikatoren dieser Bewegungen gibt:

1. Sie verschaffen sich Gehör, führen den Protest aus einer Minderheitsposition – und um sich selbst zu positionieren;
2. sie werden wahrgenommen und regen zu alternativen Ansätzen und zu wissenschaftlichen Betrachtungen an;
3. sie beeinflussen die Lebenswelt und den Lebensstil der Aktivisten (zum Beispiel der „Ökos") und prägen das Konsumverhalten;
4. sie überwinden die Milieugrenzen, lassen die Meinungsghettos und Gruppeninseln hinter sich;
5. sie „docken" an die Macht durch Einwirkungsmöglichkeiten auf Gesetze, Haushalte, Medien, Ämter an;
6. sie üben eine unmittelbare Wirkung auf ökonomische Strukturen und Prozesse/Märkte aus;
7. sie erkämpfen einen (durch rechtsstaatliche Prozeduren und freie Medien gesicherten) demokratischen Rechtsstatus.

Diese Indikatoren können, wenn sie nach einem solchen Muster durchlaufen werden, die Wirksamkeit einer Bürgerbewegung begründen.

Auch die Entwicklung der Bürgerbeteiligung kennt ihre historischen Protestdaten: wie etwa die Menschenketten der Friedensbewegung der 1980er Jahre oder den Umbruch in der DDR. Sie kennt auch die „Ausweichmanöver", wie die Konzepte der Bürgerarbeit, die Freiwilligenagenturen, die Agenda-21-Prozesse oder die Bundestagsenquete zum Bürgerengagement, die das Thema vorangebracht, aber auch befriedet und instrumentalisiert haben. Diese Entwicklung kennt alle Elemente im Lebensalltag und ihre Verbreitung in die Firmen hinein, die sich aus einer typischen mittelständischen Engführung ergeben hat. Die Bürgerbeteiligung ist auf der Machtebene (so der Indikator 5) angekommen, in Form zahlreicher Stabsstellen auf kommunaler und Landesebene ebenso wie in den Forderungen der Wahlprogramme. Schließlich sind viele kommunale Dienstleistungen inzwischen mit „Bürgerkapital" erstellt oder gesichert worden. Dies alles rechtfertigt die Behauptung, dass aus der Debatte um neues Bürgerengagement eine regelrechte Bewegung geworden ist, die ihrerseits die formalen Formen der Bürgerbeteiligung verändert. Diese Formen müssen mit den „Engagementlandschaften" verknüpft werden.

Bei Grundsatzfragen in Kommunen sind prinzipiell alle betroffen und nicht mehr nur die vermeintlich „Betroffenen". Allerdings bedarf es der Klärung, was Sache der gewählten Vertreter (Gemeinderäte bzw. Stadtverordnete) und was Sache beteiligter, engagierter Bürger ist. Die gewählten Vertreter sollten sich der Bürgerbeteiligung als Ressourcen- und Kompetenzinstrument stärker bedienen. Durch die Hinzuziehung von Teilen der Bürgerschaft können komplexe Lösungen möglicherweise anders angestrebt werden. Das wäre die spiegelbildliche Antwort der Verwaltung auf den Wunsch der aufgeklärten Bürger nach Koproduktion. Sie selbst, die Verwaltung, benötigt die Bürgerschaft als Koproduzenten vieler Abläufe in der Stadt – ganz gleich, ob das die Mitwirkung an Sauberkeit und Sicherheit, an Verkehrsverhalten und Toleranz oder an Investitionsbereitschaft und Energiesensibilität ist.

Dem Wesen nach ist dieser Gedanke im Ansatz der offenen Bürgerhaushalte, der Mitwirkung am finanzpolitisch gesteuerten Geschehen der Stadt, enthalten. Die Gefahr dieser Verknüpfung von Beteiligung, Engagement, Mitwirkung und kontinuierlicher Mitverantwortung liegt auf der Hand: In einem freilich aufklärerisch gemeinten Sinne wird der Bürger „fürsorglich kolonialisiert", in die öffentlichen Geschäfte der Stadt eingespannt und zum „freiwilligen" Beamten erklärt. Hierbei geht es darum, sowohl die Freiwilligkeit als auch die moderne Alltagsarbeitsteilung aufrechtzuerhalten. Der dauerhaft eingespannte oder sich selbst ununterbrochen ermächtigende Bürger ist, wie der amerikanische Zivilgesellschaftsphilosoph Michael Walzer angedeutet hat,[8] nicht die Wunschvorstellung einer modernen pluralen Demokratie.

Dem muss ein kommunaler Ansatz der Bürgerbeteiligung ebenso gerecht werden wie der Sorge um „zu wenig" Teilhabe – in diesem Sinne gibt es kein objektives Maß des richtigen Engagements. Phasen und Perioden der Beteiligung müssen sich mit Phasen der Entscheidung, der Arbeit, der Reifung abwechseln. Alle ausbildungsnahen Projekte lösen dies auf scheinbar „natürlichem" Wege durch die Besetzung der unterrichtsrelevanten Zeit und lassen Semester- und Schulferien außen vor. Ebenso könnte die Verwaltung Bürgerbeteiligung nur „von Montag bis Donnerstag", könnten Kirchen und Sportvereine sie nur am Wochenende, Betriebe nur in der produktionsfreien Zeit organisieren. Zeitrhythmus, Länge, Pünktlichkeit und Intensität der Beteiligungsprozesse (also die Öffnung der Prozesse) ist ebenso wichtig wie die Bündelung der Prozesse – ihre Dokumentation, ihre Bewertung, ihr Abschluss, die Kritik an ihnen und ihre Wertschätzung. Weil es sich hier in der Hauptsache nicht um rationale, effektiv gesteuerte Prozesse, sondern um gesellschaftliche Teilhabe geht, ist die Bewältigung der Projekte und die Identifikation der Beteiligten mit ihnen wichtiger. Dieser Prozess kann nach der Dynamik einer Ziehharmonika entfaltet werden, muss aber konsequenterweise auch wieder geschlossen werden, da er sonst nicht Prozess, sondern institutionalisiertes Verfahren wäre und seinen situativen, auf einen Anlass bezogenen Charakter verlöre.

Ein noch so ausgefeiltes Beteiligungsverfahren wird Misstrauen oder Konfliktträchtigkeit, soziale Segregation oder von außen kommende Sachzwänge nicht völlig ausschließen können. Es kann aber, zeitgemäß auf lebensstilbezogenes koproduktives Handeln hin orientiert, sowohl die demokratische Identifikation erhöhen als auch den Mut zum Engagement stärken und gesellschaftlichen ökonomischen Mehrwert durch die Erschließung von Kompetenzen schaffen und die Kosten von Kontrolle und Misstrauen senken. Angesichts der anstehenden Herausforderungen der Städte und Gemeinden sollte dies jede Anstrengung wert sein. Wutbürger gehören dazu wie Gutmenschen, Wichtigtuer und stille Helden. Die Gelassenheit diesen Ausformungen gegenüber wird zunehmen je mehr und nicht je weniger Menschen sich emotional auf Teilhabe einlassen.

[1] Wolf Lotter: Mittendurch. Nach vorn, in: brand eins, 3/2011, S. 46.

[2] Vgl. Konrad Hummel: Die Bürgerschaftlichkeit unserer Städte. Für eine neue Engagementpolitik in den Kommunen, Berlin 2009.

[3] Vgl. Richard Florida: The Rise of the Creative Class: And How It's Transforming Work, Leisure, Community and Everyday Life, New York 2002.

[4] Zu den Sigma-Milieus: www.sigma.de; zu Sinus-Milieus: www.vhw.de.

[5] Vgl. Martina Löw: Soziologie der Städte, Frankfurt am Main 2008.

[6] Anthony Giddens: Jenseits von rechts und links, Frankfurt am Main 1997.

[7] Vgl. Konrad Hummel: Bildungslandschaften, in: Sozialmagazin 1/2011.

[8] Vgl. Michael Walzer: Zivile Gesellschaft und amerikanische Demokratie, Berlin 1992.

ADRIENNE GOEHLER

FREIHEIT GLEICHHEIT GRUNDEINKOMMEN

Wir leben in einer Zeit des umfassenden gesellschaftlichen Übergangs, in einer Zeit des *nicht mehr und noch nicht*. Die Hoffnung auf „mehr, besser, schneller" ist nicht mehr. Eine Rückkehr zu Zeiten der Vollbeschäftigung wird es in den Hochpreisländern *nicht mehr* geben, der Sozialstaat, wie wir ihn noch kennen, ist längst an seine Grenzen gestoßen und trägt nicht mehr über die neuen Ungewissheiten der Gegenwart. Aber noch sind die Umrisse einer kulturell definierten Gesellschaft nicht genug ins öffentliche Bewusstsein gedrungen. Noch halten wir aus Angst vor der ungewissen Zukunft an der bekannten Vergangenheit und ihren Lösungsansätzen fest, obwohl zugespitzt gilt, was schon Albert Einstein feststellte, dass wir können die Probleme nicht mit demselben Denken lösen, das sie hervorgebracht hat.

Wir leben in Zwischenzeiten: Wir werden nicht mehr genügend vom „Vater", vom Staat versorgt und können *noch nicht* andere – eigene – Wege beschreiten, weil uns *noch* die Voraussetzungen für soziale Konstruktionen fehlen, die Hybride zwischen Fürsorge und Selbstorganisation erzeugen könnten.

Wir leben mitten in einer Phase der „heraufziehenden Spaltungen der Weltbevölkerung in globalisierte Reiche und lokalisierte Arme" (Zygmunt Bauman). Jene überwinden den Raum und haben keine Zeit, diese sind an den Raum gefesselt und müssen ihre Zeit, mit der sie nichts anfangen können, totschlagen.

Obwohl Deutschland nach wie vor zu den reichsten Ländern der Erde zählt und wir historisch gesehen noch nie so reich wie heute waren, will es nur schwer gelingen, die MerkelbürgerInnen zu finden, denen es so prächtig geht. Denn anders als bei früheren Krisen zieht sich das Gefühl der existenziellen Verunsicherung durch fast alle gesellschaftlichen Schichten und Generationen. Die „flüssige Moderne" (Zygmunt Bauman) vergibt keine angestammten Plätze mehr; dadurch verändern sich Leben und Arbeit derzeit radikal, mithin auch alle Gewissheiten.

Wir sind daher aufgefordert, neue Modelle zu finden und zu erfinden, die einen gesellschaftlichen Mehrwert erzeugen, die Verbindungen und Kooperationen zwischen den noch voneinander abgegrenzten gesellschaftlichen Bereichen suchen und Mischformen generieren, die aus unterschiedlichen Denk- und Lebenswelten kommen.

Das bedingungslose Grundeinkommen ist mir die derzeit plausibelste Vision, die sich der diffusen, lähmenden Angst, der Ohnmacht, die ein würdeloses Leben unterhalb des Existenzminimums auslöst, entgegenstellt. Das würde die gesamte Gesellschaft spüren. Es würde zwar den Unterschied zwischen Arm und Reich nicht gänzlich aufheben. Doch wer nicht um seine eigene Existenz fürchten muss, wer sein Grundauskommen hat, kann in allem großzügiger und gelassener sein, mit sich und den anderen.

Es könnte die Kreativität entfesseln, die wir auf allen Ebenen brauchen, weil die von Menschen gemachten Natur-, Finanz- und Technikkatastrophen mit den herkömmlichen Methoden nicht mehr zu bewältigen sind. Der Reichtum, den wir in der Gesellschaft an Wissen und Vermögen haben, könnte endlich genutzt werden, wenn die, die fortwährend Ideen produzieren, in den Wissenschaften und Künsten oder den NGOs, dies nicht unterhalb des Existenzminimums tun müssten.

Jede Veränderung muss erst einmal gedacht werden. Wie bei jeder großen Veränderung ging den mutigen Taten ein mutiges Denken voraus. Jede Revolution braucht einige, die sie denken können.

Einige Gründe für das Grundeinkommen:
- Allen Menschen ist gemeinsam, dass sie nicht gefragt wurden, ob sie auf der Welt sein wollen, das haben andere für sie entschieden, daher hat die Gemeinschaft auch die Aufgabe, zu einem menschenwürdigen Leben aller beizutragen.

- Weltweit lässt sich ein Rückgang von Erwerbsarbeitsplätzen bei gleichzeitiger Steigerung der Produktivität feststellen. Aufgrund dieser Entwicklung müssen immer mehr Menschen damit rechnen, ihren Erwerbsarbeitsplatz zu verlieren.
- Gleichzeitig wird ein Großteil gesellschaftlich notwendiger Arbeit nicht ausreichend bezahlt. Das betrifft vor allem den Bereich der Bildung und den der Pflege kranker und alter Menschen.
- Der Sozialstaat Bismarck'scher Prägung hatte als konstitutives Gegenüber den lebenslang beschäftigten, männlichen Alleinverdiener und Familienvorstand; den gibt es aber nicht mehr als Regel, sondern nur noch als Ausnahme.
- Eine Gesellschaft in solch einem dramatischen Umbruch kann es sich nicht leisten, auf die Talente so vieler Menschen zu verzichten, indem sie diese auf ihren Marktwert reduziert, sondern wir brauchen dringend die schöpferischen Fähigkeiten der Menschen, um aus dem umfassenden Schlamassel herauszukommen. Die schöpferischen Fähigkeiten sind die Ressource des 21. Jahrhunderts.

Zumal wir in unserem Hochpreisland Deutschland über keinerlei Bodenschätze verfügen, sondern als einzigen – nachwachsenden – Rohstoff die Kreativität haben, ist die vielleicht wichtigste Begründung für das Grundeinkommen aus psychologischer Sicht, dass es die Kreativität entfesseln würde, denn die große Gegenspielerin der Kreativität ist die Existenzangst. Sie zieht sich durch alle Schichten und Generationen, wird sichtbar in gigantischen Gewinnen der Psychopharmaka-Industrie und in einer volkswirtschaftlich und gesellschaftlich furchterregenden Zunahme von Depressionen.

Warum das Grundeinkommen die überzeugendste Möglichkeit ist, auf die Veränderung der Lebens- und Arbeitsverhältnisse zu reagieren

Meine These lautet: Der Sozialstaat der Zukunft und eine ökologisch überlebensfähige Gesellschaft werden nur über eine andere Wahrnehmung und Neudefinition des Arbeitsbegriffs erreicht. Dieser Prozess könnte in das münden, was ich lieber Kulturgesellschaft als Wissensgesellschaft nenne, weil die Wissensgesellschaft auch wieder nur auf einen Teil des Menschen abzielt – seinen Kopf. Wir brauchen aber den ganzen Menschen, den wahrnehmenden, den empfindsamen, den ängstlichen und den mutigen, um die Gesellschaft zu verändern, um die Ermächtigung zur Selbstermächtigung zu leben.

Vor allem im kulturellen Feld drückt sich die postindustrielle Realität am stärksten aus, werden neue Modelle von Leben und Arbeit gefunden und aus Not erfunden, die eine zunehmende gesellschaftliche Relevanz haben. Dort aber treten auch die Fragen danach, wie wir eigentlich leben wollen, offener zutage. Und obwohl die wirtschaftliche Bedeutung des kulturellen Sektors erheblich zunimmt, ist die Hälfte aller Arbeitsplätze darin so schlecht bezahlt, dass man von der „Avantgarde der prekären Verhältnisse" sprechen muss.

Die Künstlersozialkasse gibt in ihren letzten Statistiken das Durchschnittsjahreseinkommen aller bei ihr versicherten Künstler, Journalisten, Lektoren etc. mit 14.999 Euro, das der Künstlerinnen, Lektorinnen, Journalistinnen etc. mit 11.355 Euro an.

Das Grundeinkommen ist ein kultureller Impuls, der alle anderen gesellschaftlichen und ökonomischen Fragen beeinflussen wird. Es ist die notwendige, wenn auch nicht hinreichende Bedingung für eine Gesellschaft, die auf das Vermögen der Einzelnen setzt, setzen muss.

Das Grundeinkommen wird von der Frage begleitet: Was würden Sie tun, wenn für Ihr Einkommen gesorgt wäre?"

Darüber nehmen wir ernsthafte und hitzige Diskussionen wahr, die quer durch die Gesellschaft verlaufen. Man trifft dabei StudentInnen und Wohlhabende, Beamte und vom Hartz-IV-Dasein Gezeichnete, gut ausgebildete AkademikerInnen mit und ohne Erwerbsarbeit und Menschen aus sozialen oder kirchlichen Bewegungen; man begegnet Menschen, die zu viel arbeiten müssen, und anderen, die nicht genügend arbeiten können, weil sie aus dem Erwerbsarbeitsleben herausgefallen sind oder nie dort ankamen; solchen, die ihren sicheren Job hassen, ihn aber aus Angst, vor dem umfassenden Nichts zu stehen, nicht aufgeben und sich danach sehnen, etwas zu tun, was ihren Neigungen entspricht; man trifft LehrerInnen, die die Perspektivlosigkeit ihrer Schutzbefohlenen nicht mehr ertragen, alleinerziehende Mütter, die nüchtern über ihre Chancenlosigkeit reden, unter den heutigen Bedingungen würdevoll mit ihren Kindern leben zu können. Sie alle beschreiben nüchtern die Angstspirale aus Massenarbeitslosigkeit und wachsender Armut, aus Demütigung durch Hartz-IV-Sanktionen, befristeten Arbeitsverträgen, Zeitarbeit, unbezahlten Praktika.

Die Vorstellung, durch ein Grundeinkommen endlich das zu arbeiten, was man wirklich will und kann, beflügelt.

Unübersehbar ist: Die Menschen haben es satt, in sinnlose Fortbildungen gezerrt zu werden, nur um die Arbeitslosenstatistiken zu beschönigen und mit ihrem Leben und ihrer Integrität dafür herhalten zu müssen, den Mythos der Politik von der Vollbeschäftigung aufrechtzuerhalten, obwohl unwiderruflich immer mehr menschliche Arbeit durch Maschinen, Roboter oder Computer ersetzt wird und außerdem klar ist, dass die Arbeitsplätze im Dienstleistungssektor und der Kulturwirtschaft diese in der Summe niemals ersetzen können. Der amerikanische Soziologe und Ökonom Jeremy Rifkin spricht in diesem Zusammenhang von „jobless recovery" und bilanziert nüchtern: „Die alte Logik, dass Fortschritte in der Technologie und damit der Produktivität zwar alte Jobs vernichten, aber genauso viele neue schaffen, stimmt nicht mehr." Vielmehr wird mit immer weniger Arbeitskräften immer mehr Profit erzielt. Wenn also manche befürchten, dass uns „die Arbeit ausgeht", dann stimmt das, bezogen auf die Erwerbsarbeit.

Aus Furcht, entlassen zu werden oder keine existenzsichernde Arbeit zu finden, verlieren wir aus dem Blick, dass die Menschen sich jahrhundertelang danach gesehnt haben, von der Fron der Arbeit befreit zu werden. Wir profitieren aber nicht davon, dass wir immer weniger arbeiten müssen, weil unser gegenwärtiges System das Einkommen aller nicht mit dem Ergebnis der Produktion – das eben nach wie vor hervorragend ist – verknüpft, sondern mit dem sozialversicherten Arbeitsplatz des Einzelnen. Wenn immer weniger erwerbstätig sind, bekommen auch immer weniger Einkommen. Also brauchen wir neue Wege der Existenzsicherung.

Der Sozialutopist Thomas Morus stellte 1516 die Forderung auf, alle Menschen im Staat müssten eine Existenzgrundlage haben, schon allein um Diebstahl vorzubeugen. Wiederum mehr als zweihundert Jahre später, 1748, leitete der französische Staatstheoretiker Charles Montesquieu aus dem Selbstverständnis des Staates die Pflicht ab, seinen Bürgern ein Existenzminimum zu garantieren: „Der Staat schuldet allen seinen Einwohnern einen sicheren Lebensunterhalt, Nahrung, geeignete Kleidung und einen Lebensstil, der ihre Gesundheit nicht beeinträchtigt."

In der Folge beschäftigten sich im 19. Jahrhundert Reformer aus England, Belgien und Frankreich mit dieser Idee. 1836 propagierte der französische Gesellschaftstheoretiker Charles Fourier, der sich früh für die Gleichberechtigung von Frau und Mann einsetzte, ein bedingungsloses Grundeinkommen. Er begründete dessen Notwendigkeit damit, dass das ursprüngliche Grundrecht auf freies Jagen und Sammeln verloren gegangen sei, was den Menschen einst die natürliche

Grundversorgung ermöglicht habe. Es sei ihnen dafür ein Betrag auszuzahlen, der ihnen Selbstversorgung ermögliche, da sie kein Land mehr besäßen.

Vorläufer der Idee eines Grundeinkommens gibt es also schon seit dem Übergang von der Selbst- zur Fremdversorgung. Als einer der ersten Ökonomen befürwortete Mitte des 19. Jahrhunderts der englische Liberale John Stuart Mill ein bedingungsloses Grundeinkommen, das für ihn die logische Konsequenz des menschlichen Freiheitsstrebens darstellte.

Wir haben im Buch „Tausend Euro für jeden"[1] eine Setzung vorgenommen. Von hier aus kann man das bedingungslose Grundeinkommen weiterdenken und konkreten Fragen nachgehen. Tausend Euro für jeden geben uns die Möglichkeit, Gesellschaft mitzugestalten; gerade in der Phase des nicht mehr und noch nicht, die man als Postparteienphase bezeichnen könnte. Die Bindungskräfte der Parteien sind im Schwinden begriffen, weil sie von den BürgerInnen schon seit längerem nicht mehr als für Gerechtigkeit stehend empfunden werden. Und da könnte dem Grundeinkommen im Nachdenken über eine gerechte Gesellschaft eine wichtige Rolle zukommen. Es ist vielleicht der Dreh- und Angelpunkt für eine notwendige gesellschaftliche Weiterentwicklung, die unabdingbar ist, der „archimedische Punkt", der mit seiner gewaltigen Hebelwirkung des unbefangenen Denkens die Welt zu einer besseren machen könnte.

Ermächtigung zur Selbstermächtigung

Das Grundeinkommen ist die gesellschaftliche Basis für individuelles Empowerment. Es ist eine (gesellschaftliche) Ermächtigung zur (individuellen) Selbstermächtigung: Indem die Gemeinschaft jedem Einzelnen die Existenz sichert, gibt sie ihnen allen das Startkapital, das eigene Leben selbst in die Hand zu nehmen. Das ist ein gedanklicher Paradigmenwechsel, dessen Tragweite deutlich über das Finanzielle hinausgeht.

Ein Staat, der seinen EinwohnerInnen ein bedingungsloses Grundeinkommen zahlt, sorgt nicht mehr nur für die Bedürftigen, denkt nicht in Kategorien von Transferleistungen, sondern er sorgt für alle – und damit auch dafür, dass alle für sich selbst sorgen können. Aus einer Gesellschaft von Siegern und Verlierern könnte so eine Gesellschaft möglicher Gewinner werden, die sich in ihrem Wissen, ihrem Können und ihrer Empathie verbinden. Wenn wir uns vom Zwang zur Arbeit befreien, wird eine neue Vielfalt von nebeneinander existierenden Arbeits-, Tätigkeits- und Lebensformen entstehen.

Die Kernidee des Grundeinkommens ist durch vier Kriterien zu beschreiben. Es soll:
- die Existenz sichern und gesellschaftliche und kulturelle Teilhabe ermöglichen,
- einen individuellen Rechtsanspruch darstellen,
- ohne Bedürftigkeitsprüfung ausgezahlt werden,
- keinen Zwang zur Arbeit bedeuten.

Von der Befreiung des Zwangs zur Arbeit versprechen wir uns eine neue – notwendige – Vielfalt von nebeneinander existierenden Arbeits- und Tätigkeitsformen.

Besonders in diesem Punkt liegt der gesellschaftliche Mehrwert: In der Freiheit, zwischen den unterschiedlichen Sphären des Lebens wählen zu können, zwischen bezahlter Arbeit, Beziehungsarbeit, beruflicher Neuorientierung oder Erweiterung – und ja: auch Müßiggang –, die sich gegenseitig unterbrechen, ergänzen, gar bedingen können. Was den Wechsel zwischen Erwerbs- und Beziehungsarbeit anbelangt, ist dieser gegenwärtig – unfreiwillig – immer noch meist den Frauen vorbehalten, mit den bekannten negativen Konsequenzen für den Wiedereinstieg ins Berufsleben, an den nach wie vor männliche Maßstäbe angelegt werden. Ein Grundeinkommen würde genau diese Standards verändern und für beide Geschlechter Durchlässigkeiten in ihren Biografien erzeugen.

In der Grundeinkommensbewegung ist die Frage zentral: Wie wollen und wie können wir eigentlich leben in einer Welt, in der alle Güter im Übermaß vorhanden sind, aber gesellschaftlich notwendige Arbeit nicht oder nicht ausreichend bezahlt wird und Erwerbsarbeitsplätze knapper werden?

Grundeinkommen meint nicht nur eine Alternative zu den schwächer werdenden Sozialleistungen, entwickelt nicht nur ein anderes Modell von Fürsorge, sondern es geht auch um demokratische Grundprinzipien: um Solidarität, um Freiheit und Gleichheit, also um die Kernforderungen der Französischen Revolution. Wir greifen deshalb hoch, schreiben uns „Freiheit. Gleichheit. Grundeinkommen!" auf die Fahne und behaupten, dass die humanistischen Ideale der Aufklärung, die sich in der Französischen Revolution erstmals manifestierten, erst durch das bedingungslose Grundeinkommen eingelöst würden.

Denn es wäre zum ersten Mal in der Geschichte der Menschheit, dass – über den individuellen Rechtsanspruch hinaus – Frauen und Männer dieselbe ökonomische Voraussetzung bezogen auf ihre Existenzsicherung hätten. Und damit geht es um eine Umverteilung von Macht und Geld. Wenn alle Beteiligten ökonomisch auch allein überleben könnten, hätte dies mit Sicherheit erhebliche Auswirkungen auf bestehende Lebensgemeinschaften mit und ohne Kinder. Sehr wahrscheinlich würde sich das Verhältnis der Geschlechter ändern, wenn der „Versorgungsaspekt" durch die steuerlich und ideologisch begünstigte Ehe wegfallen würde.

In jedem Fall erfordert die kulturelle Revolution, die ein Grundeinkommen bedeuten würde, keine Barrikaden und kein umstürzlerisches Blutvergießen. Sie findet zunächst vor allem im Kopf statt, indem wir tradierte Begriffe und Normen hinterfragen.

Das Grundeinkommen ist deshalb ein Kulturimpuls, der alle anderen gesellschaftlichen und ökonomischen Fragen beeinflussen würde. Es ist die notwendige, wenn auch nicht hinreichende Bedingung für eine Gesellschaft, die auf das Vermögen der Einzelnen setzt, setzen muss.

Für das bedingungslose Grundeinkommen spricht außerdem, dass es wie die Mikrokredite auf einer Vertrauenskultur basiert und nicht, wie staatliches Hartz IV und die Kreditvergabe von Banken, durch ein Verhältnis des Misstrauens bestimmt wird.

Menschen mit Grundeinkommen – Utopie? Nein, Realität!

Die Mehrheit hat heute schon ein Grundauskommen durch Grundeinkommen. In Deutschland erhalten von zehn Menschen:

- vier ihr Einkommen durch Erwerbsarbeit,
- drei als Angehörige,
- zwei beziehen Rente oder Pension und etwa
- einer erhält Arbeitslosengeld oder Sozialhilfe.

Anders gesagt: Bereits heute erhalten sechzig Prozent der Menschen in Deutschland ein bedingtes Grundeinkommen durch Transferleistungen. Erkennbar haben diese Transferleistungen, zu denen auch Kindergeld und BAföG zählen, nicht zu einem Einbruch wirtschaftlicher Leistungskraft geführt. Im Gegenteil könnte man behaupten, dass eben diese staatlichen Leistungen unsere Wirtschaftskraft erst ermöglichen.

Die Erfahrung zeigt, dass Menschen, wenn man ihnen vertraut, dieses Vertrauen erst mit wachsendem Selbstvertrauen und irgendwann mit Engagement und mit Leistung zurückzahlen. Schaut man in die Lebensläufe heutiger „Leistungsträger" unserer Gesellschaft, wird sich schnell bestätigen, dass irgendwann irgendjemand in diese Menschen investiert und an sie geglaubt hat. Ob durch Stipendien, Erbschaften oder Lottogewinne – wer ökonomisch abgesichert ist, kann seine Geschicke in die eigene Hand nehmen.

Ein bedingungsloses Grundeinkommen belohnt keine Leistung, sondern ermöglicht sie erst. Das müssen wir denken lernen. Denn beigebracht wurde uns das Gegenteil. Hierzu passend findet sich auf einer der zig Seiten in Facebook der Eintrag eines Max Roth: „Was ich tun würde, wenn ich finanziell unabhängig wäre? Ich könnte ENDLICH ANFANGEN ZU ARBEITEN!"

Wer macht den Dreck weg?

Neben der notorischen Vermutung, dass niemand mehr arbeiten würde, wenn er nicht müsste, taucht in Veranstaltungen regelmäßig eine Frage auf: Und wer soll dann eigentlich unseren Dreck wegmachen? Wer führt dann die ganzen ungeliebten Arbeiten aus?

Dabei zielt diese beunruhigte Frage selten auf die katastrophal bezahlte Arbeit von Frauen in den anstrengenden Pflegeberufen oder in Großküchen und Wäschereien. Die Frage gilt primär dem Müllmann. Jener stolzen Berufsgruppe also, die angemessen bezahlt wird, selbstbewusst ist und gelegentlich mit Streiks auf ihre Notwendigkeit aufmerksam macht.

Diesen Vorwand gegen das Grundeinkommen kann man also schnell entkräften. Für die Aufgaben der miserabel bezahlten Pflegearbeiten von Frauen wie für die schon heute gut bezahlten Müllmannaufgaben gilt: Es gibt drei Möglichkeiten, mit ungeliebten Arbeiten umzugehen: sie besser bezahlen, sie selber machen, sie automatisieren. Letzteres ist bei der Müllabfuhr im ländlichen Raum schon weitgehend der Fall; da sitzt nur noch ein Fahrer auf dem Wagen, warm und trocken, der Rest wird von einem Greifarm erledigt.

Das Grundeinkommen erhöht die Freiheit, „Nein" zu sagen

Auftrag- und Arbeitgeber müssten also durchaus damit rechnen, dass FreiberuflerInnen und Angestellte selbstbewusster werden, wenn sie wissen, dass eine Kündigung oder der Verlust eines Auftrags sie nicht an den Rand der Existenz führen. Das Grundeinkommen würde die Freiheit vergrößern, gerade zu sinnentleerter und schlecht bezahlter Arbeit „Nein" zu sagen.

Als Konsequenz lassen sich jede Menge Unternehmen vorstellen, die künftig um Arbeitskräfte bangen müssten; etwa Subsubunternehmen, die derzeit allein Billigstarbeitskräfte beschäftigen – Callcenter, Reinigungsunternehmen, Gastronomie- und Baubetriebe. Sie würden besser bezahlen müssen oder untergehen, was man gesamtgesellschaftlich wohl kaum als großen Verlust verbuchen müsste.

Das gespaltene Menschenbild

Die Frage des Menschenbildes ist entscheidend. Gehen wir davon aus, dass Menschen, wenn sie nicht in einem Korsett von Fördern und Fordern steckten oder wenn sie nicht unter Existenzangst litten, noch arbeiten würden oder gehen wir davon aus, dass sie sich dann in der sozialen Hängematte ihr Kreuz verrenken würden? Regelmäßig werden wir auf die Frage „Was würden Sie tun, wenn für Ihr Einkommen gesorgt ist?" mit der unumstößlichen Überzeugung konfrontiert, dass sie/er persönlich selbstverständlich weiterarbeiten würde, sogar dann endlich sinnstiftend, aber die anderen doch nicht!

Die Zeitschrift *brand eins* belegte diese Spaltung per Umfrage:

„Anteil der Menschen, die versicherten, auch mit einem bedingungslosen Grundeinkommen arbeiten zu gehen: neunzig Prozent. Anteil der Menschen, die glauben, andere würden durch ein bedingungsloses Grundeinkommen aufhören zu arbeiten: achtzig Prozent."

Unter denjenigen, die uns darüber Auskunft gaben, was sich denn in ihrem Leben durch Grundeinkommen ändern würde, wollten die abhängig Beschäftigten mehrheitlich entweder das, was sie jetzt tun, für eine ganz andere – freiere – Arbeit aufgeben, oder aber nur die Hälfte, höchstens zwei Drittel der Zeit in der alten Tätigkeit arbeiten. Und fast alle hielten das für eine gute Möglichkeit, die weniger werdende Arbeit auf mehr Menschen zu verteilen.

Ich gehe davon aus: Die allermeisten Menschen würden weiterhin arbeiten, aber eben möglicherweise in grundsätzlich anderen, neuen Formen und Zeitmengen, sich also nicht mehr über Ihren Einkommensplatz definieren. Denn wie wir wissen, arbeiten Menschen nicht nur des Geldes wegen. Geld ist nicht die einzige Währung für Arbeit: Es geht immer auch um soziale Begegnungen, um Respekt, Anerkennung, Status und darum, seinem Leben eine Struktur und einen Sinn zu verleihen. Grundeinkommen ermöglicht WÜRDE!

Weiterhin gehe ich davon aus, dass Menschen Resonanzwesen sind, die durch ihr Tun Wirkung erzielen wollen; sie wollen nützlich sein, geliebt und gebraucht werden und gestalten. Das alles schafft man durch bloßes Nichtstun nicht. Und: „Wirklich sozial wird eine veränderte und sich verändernde Gesellschaft erst, wenn die Menschen nicht bedarfsbemessen werden, sondern sie selbst die Bedingungen herstellen können, ihren je möglichen, eigenen, aktiven Beitrag darin leisten zu können. Das könnten wir dann Kulturgesellschaft nennen."[1]

Eine Kulturgesellschaft definiert sich nicht mehr in erster Linie über Lohnarbeit bzw. die zunehmende Abwesenheit derselben. Sie erkundigt sich nach dem Vermögen jedes und jeder Einzelnen, das mehr umfasst als seine Arbeitskraft und seinen Marktwert. In einer Kulturgesellschaft müsste es darum gehen, aus einer sozialen Arbeit, die Ungerechtigkeiten notdürftig ausgleicht, eine solche zu machen, die Gesellschaft gestaltet: mit Selbstverantwortung, Vertrauen, Hingabe, Eigeninitiative, Experimentieren, Ausprobieren, Verwerfen.

Ein Grundeinkommen ermöglicht einen freien Blick auf den Anderen, der nicht mehr in erster Linie als Konkurrent um das knappe Gut *dauerhafter Arbeitsplatz* gesehen wird, sondern mit dem man teilen könnte. Das bedingungslose Grundeinkommen ersetzt keine Arbeitsplätze, aber es ermöglicht sie.

Und wie die immensen Erfolge der Mikrokredite stellt das bedingungslose Grundeinkommen nicht nur die Methoden herkömmlicher Entwicklungspolitik in Frage, sondern auch die Methoden der Geldvergabe an Personen ohne Einkommenssicherheit hierzulande, ob von Arbeitsagenturen oder von Geldinstituten.

Deshalb:

Das Grundeinkommen weltweit eingeführt, so eine starke These, die ich teile, würde verhindern, dass Menschen wegen Hunger und Hoffnungslosigkeit aus ihrer Heimat fliehen müssen, weil sie in ihren jeweiligen Ländern ein Grundauskommen hätten; gewissermaßen Amboss, Hammer und Eisen, um ihre Geschicke selbst in die Hand zu nehmen. Gewiss gehört zum Lebenswerten mehr als nur die Existenzsicherung, ersetzt ein Grundeinkommen keine Bildung und eine funktionierende Demokratie, wovon wir in aller Eindringlichkeit gerade Zeuge in den arabischen Ländern werden, aber es wäre ein Fundament, auf dem ein würdiges und freies Leben aufgebaut werden könnte.

Das bedingungslose Grundeinkommen würde Arbeit und Leben anders gestaltbar machen, würde das Verhältnis zwischen den Geschlechtern, zwischen Kindern und (ihren) Eltern verändern, und die Individuuen und ihre Fähigkeiten dem Staat gegenüber stärken. Es würde eine andere "Entwicklungspolitik" ermöglichen, wenn die Bevölkerung direkt an Entwicklungshilfe partizipiert, statt dass Diktatoren, Despoten, Warlords die Gelder für den privaten Luxus horten. Und, neben der Ermächtigung zur Selbstermächtigung und neben dem Möglichkeitsraum, der das Grundeinkommen bedeutet, würde es erheblich zur Entschleunigung beitragen. Das sind die unabdingbaren Voraussetzungen für Nachhaltigkeit!

Wo Hoffnung durch ein Grundeinkommen einzieht, öffnet sich der Horizont für die Gestaltung von Gesellschaft.

[1] Götz Werner, Adrienne Goehler: Tausend Euro für jeden. Freiheit Gleichheit Grundeinkommen, Berlin 2010

ALBRECHT GÖSCHEL

GEBRAUCH UND VERBRAUCH: PRODUKTDESIGN – NACHHALTIGKEIT – KOMMUNIKATION / KOOPERATION – UND EINE PERSPEKTIVE FÜR DEN DEUTSCHEN WERKBUND

Wenn die Begriffe „Gebrauch" und „Verbrauch" ohne weiteren Kommentar nebeneinander gestellt werden, erscheinen sie nicht gleichwertig. Während „Gebrauch" in neutraler Weise eine Selbstverständlichkeit bezeichnet – ohne Gebrauch von Dingen, von Ressourcen, Geräten, Werkzeugen etc. könnten wir schwerlich existieren – schwingt beim „Verbrauch" seit Bewusstwerden einer ökologischen Krise aus Knappheit von Ressourcen unweigerlich ein negativer Unterton mit. „Gebrauch" ist selbstverständlich, „Verbrauch" eher zu vermeiden oder zumindest auf ein Minimum zu reduzieren. Auch wenn ökonomischen Bedingungen wie zum Beispiel einer Überproduktionskrise nur durch Beschleunigung und Intensivierung von Verbrauch zu begegnen ist, zeigt sich in öffentlichen Debatten unverkennbar das schlechte Gewissen, das durch Verbrauch zunehmend hervorgerufen wird. Zumindest übermäßiger Verbrauch gilt als moralisch verdächtig, auch wenn nicht angegeben werden kann, wo „normaler" Verbrauch endet und „übermäßiger" beginnt. Immer klingt im Begriff des Verbrauchs auch die Verwerflichkeit von Verschwendung mit.

Zur Bewältigung dieses Verbrauchsproblems lassen sich – aus Perspektive von Werkbund und aktueller Nachhaltigkeitsdebatte – drei Positionen bestimmen, die jeweils in unterschiedlicher Weise das „Gebrauchs-Verbrauchs-Problem" zu lösen suchen: eine erste, die das „Gebrauchs-Verbrauchs-Problem" als Design- oder Entwurfsproblem bestimmt, eine zweite, die den Versuch einer „systemischen Lösung" unternimmt, und eine dritte Position, die eine kommunikative Lösung des „Gebrauchs-Verbrauchs-Problems" vorschlägt. In der Verabsolutierung allerdings, in der die drei Konzepte jeweils diskutiert und angewendet werden sollen, zeigt sich schnell deren Grenzen. Aus einer Verbindung jedoch, die jedes Konzept als einzelnes relativiert, durch die Kombination aber auch stützt, lassen sich Planungs- und Design-Modelle entwickeln, die Zukunftsanforderungen in einer angemessenen Vermittlung von Gebrauch und Verbrauch genügen könnten.

„Gebrauch – Verbrauch" als Design- und Entwurfsproblem

Im „vollkommenen Ding" wird gegen Ende der Frühindustrialisierung, in der kulturellen Krise um 1900 unter anderem vom Deutschen Werkbund die Bewältigung eines überbordenden Verbrauchs gesehen, der moralisch als Verschwendung verurteilt wird, der zusätzlich keine Steigerung von Lebensqualität mehr liefert, sondern belastend wirkt[1]. Nicht als Befreiung von den Zwängen der Natur erscheinen hier die Güter industrieller Produktion, sondern als Auslöser einer neuen Unfreiheit in der Abhängigkeit von unnützen und vor allem schlechten Dingen, die zu sinnloser Anhäufung, zu Verschleiß, eben zu „Verbrauch" auffordern, den Lebensstandard aber nicht erhöhen. Statt Befreiung lösen die – unnützen, schlechten, falschen – Dinge Entfremdung aus, so die Kritik des frühen Werkbundes an der Güterproduktion der frühen Industrieproduktion des Historismus und der Gründerzeit.

Dieser Industrieproduktion, in der die Dinge des Gebrauchs als etwas erscheinen, was sie nicht sind – (zum Beispiel) Industrie- als Handwerksprodukte, elektrische Lampen als Kerzenleuchter, industriell gefertigte Trinkgläser als mundgeblasene Königspokale, Papiertapeten als seidene Wandbespannungen, Industriebauten als romanische Burgen oder Renaissanceschlösser, Eisenkonstruktionen als Natursteinbauwerke usw. – wird ein Konzept vom „Wesen der Dinge" entgegengesetzt[2], von einer Vollkommenheit der Gegenstände aus Bedingungen ihrer Herstellung und ihres dauerhaften, im Grunde unbefristeten Gebrauchs. Gesucht wird eine hinter den Erscheinungen liegende Wahrheit der Dinge, die durch deren tiefe Erkenntnis zu erreichen ist[3,4] Die technische Umformung der Natur zu Dingen der Kultur soll diese zur gleichen Objektivität, zur gleichen selbstverständlichen Richtigkeit und Angemessenheit, zu Ordnung und Harmonie führen, wie sie auch den Naturdingen eigen ist.

Aus einer Gestaltung der „Dinge nach ihrem Wesen" erwarten besonders die frühen Werkbundmitglieder eine Befreiung der Konsumenten von Entfremdung aus einer Beliebigkeit falscher Dinge. „Objektiv richtige", ihrem Wesen entsprechende Dinge führen danach auch den Menschen zu seiner Wahrheit, seiner Objektivität und Richtigkeit, seinem Wesen, frei von Verschwendung, falscher Inszenierung, von Schein und Beliebigkeit[5]. Die Entwicklung richtiger, guter, wahrhaftiger Dinge wird zu einer moralischen Aufgabe der Erziehung des Menschen zu seinem eigenen und eigentlichen Wesen[6]. „Das Weglassen des Überflüssigen wird zur ethischen Tat."[7] Damit liegt im Entwurf, in der Gestaltung der Dinge, im „Design" eine moralische Aufgabe der Leitung des Menschen zu seinem Wesen, zu seiner Wahrheit, zu seinem objektiv richtigen „Menschsein" und seiner wahren Menschlichkeit[8], die als äußerste Steigerung in einer Verschmelzung von Kunst und Leben[9] erlösende, eschatologische Dimensionen erreichen kann.[10]

Angesichts dieser Implikationen einer Vorstellung vom „vollkommenen Ding" erscheint es fast unangemessen, Kriterien wie Materialersparnis, Funktionalität oder ökologisch vertretbare Produktion als Motive der frühen Werkbundmitglieder zu unterstellen. Ihre Perfektionierung der Dinge zielt unmittelbar auf eine „Perfektionierung des Menschen" nach klassischem Aufklärungsmuster. Der verschwenderische Verbrauch, den die falschen Dinge erzwingen, mündet in die Verschwendung von Zeit, von Leben, von Wahrheit und Wahrhaftigkeit. Dennoch sind die genannten Kriterien auch die Methoden, die Wege, auf denen Perfektionierung und Objektivierung der Dinge und damit des Menschen erreicht werden soll.

Wird ein Gebrauchsgegenstand zu seinem „Wesen", seinem Kern, seiner inneren Wahrheit gebracht, soll er gegen Verschleiß durch Moden gefeit sein. Eine einmal gefundene Wahrhaftigkeit und Richtigkeit kann nach dieser Vorstellung nicht mehr überboten oder abgenutzt werden. Sie ist gegen Verbrauch im Sinne von Verschwendung sicher. Das Gleiche gilt für Material und Herstellung. Weniges, aber erlesenes, haltbares Material und solideste Herstellung schützen vor vorzeitigem Verschleiß und damit vor unangemessenem Verbrauch. Der perfekte Entwurf konzentriert den Gegenstand auf Gebrauch und schließt Verbrauch aus, so die Implikationen dieses Veredelungs- und Perfektionierungskonzeptes. Selbst Funktionalität kann in dieser Weise perfektioniert werden, wenn der Gegenstand seine Stimmigkeit aus der Einpassung in die anthropologisch-körperliche Konstitution des Menschen erreicht. Es wird eine vollkommene Passung oder Einpassung, eine Synthese zwischen Mensch und Gegenstand angestrebt, die Verbrauch, also einen beliebigen Austausch nach Moden oder Stilen, ausschließt.[11]

Es lässt sich nun nicht leugnen, dass aus dem Umfeld des Deutschen Werkbundes, also zum Beispiel aus dem Dessauer Bauhaus, aber auch aus den Deutschen Werkstätten, tatsächlich Dinge hervorgegangen sind, die dieser Vorstellung vom „vollkommenen Ding" sehr nahe kommen, man denke an die Freischwinger Mies van der Rohes, an Vasen, Leuchten, Tischgegenstände – Butterschälchen, Salz- und Pfefferstreuer oder die berühmte Tischlampe etc. – von Wagenfeld, Bestecke von WMF aus den 1920er Jahren usw.

Wer sich zum Beispiel entschließt, mit den berühmten „Freischwingerstühlen" zu leben, wird feststellen, dass sie nicht nur Jahre halten, sondern dass man ihrer auch nie überdrüssig wird. Sie repräsentieren all die „Tugenden" des „vollkommenen Dinges", Materialreduktion – man sitzt fast auf einer Säule aus Luft, wie Mies van der Rohe es formulierte – Ersatz von Materialüppigkeit durch Intelligenz, das heißt durch intelligente Konstruktion, Unaufdringlichkeit und eine geradezu selbstverständliche Präsenz in der täglichen Benutzung.

Und dennoch werden gerade an diesen Gegenständen die Grenzen des Konzeptes deutlich. Bis heute gehören Gegenstände, die dieser Idee in stilistisch ganz sauberer Weise folgen, die möglichst als originale Werke namhafter Künstler der 1920er Jahre erkennbar sind, zum Stil einer Elite, einer gebildeten, intellektuellen Ober- oder oberen Mittelschicht. Als Gebrauchsgegenstände einer „breiten Masse" haben sie sich nicht durchsetzen können. Ganz offensichtlich wirken sie als Distinktion[12] eben derjenigen, die die Intelligenz und Zeit, die in diese Gegenstände investiert worden sind, schätzen, für die der „Wert" eines Gegenstandes nicht aus der Üppigkeit des Materials entsteht, die aber auch den historischen Hintergrund einer Aufbruchsatmosphäre und kulturellen Produktivität der 1920er Jahre kennen und würdigen können.

Dem steht allerdings auch eine Massenproduktion von Gegenständen gegenüber, die unleugbar zwar die funktionalistischen, reduktionistischen Konzepte des frühen Werkbundes aufnehmen, stilistisch aber häufig nicht ganz „sauber" sind, also mehr oder weniger deutlich vom „Original" abweichen und auch aus sichtlich einfacheren Materialien bestehen: beschichtete Pressplatte statt lackiertem Massivholz, montierte Metallteile statt durchlaufender, gebogener Stahlrohre, Kunststoff- statt Naturbespannungen von Sitzflächen usw. In dieser, nach den Bedingungen von Massenproduktion und Massenkonsum hergestellten Weise aber haben sich Kriterien des „Wesens der Dinge" massenhaft durchgesetzt, zum Beispiel IKEA, um nur einen geradezu sprichwörtlichen, stilbildenden Hersteller zu nennen.[13]

Trotz ihrer stilistischen Einschränkungen werden Produkte dieses oder ähnlicher Hersteller von den entsprechenden Milieus häufig mit stilgerechten kombiniert, oder die entsprechenden Konsumenten durchlaufen Lebensphasen, in denen sie sich der Massenprodukte bedienen, bevor steigende Einkommen den Wechsel zum „Echten" – oder zumindest zu „Lundia" – möglich machen. Dennoch neigt ein breites Milieu von alternativen, tendenziell intellektuellen, humanwissenschaftlich geprägten Dienstleistungslebensstilen, hervorgegangen aus den neuen sozialen Bewegungen der „68er" und ihren Nachfolgern, dazu, die private Bibliothek – bezeichnenderweise aus Taschenbüchern oder zumindest broschierten Ausgaben – keinem wertvollen, verglasten Bücherschrank, sondern nun bereits seit Jahrzehnten, seit den 1960er Jahren, BILLY anzuvertrauen, um damit den Werkzeug- oder Gebrauchscharakter intellektueller Produktion deutlich zu machen[14]. Wenn überhaupt, investiert man in die Bücher, nicht in deren Aufbewahrung, macht aber damit auch die Bücher zum Verbrauchsgegenstand, der nicht sorgsam gehegt und gepflegt werden muss, und den man möglicherweise zurzeit gegen Internetzugang austauscht.

Auch die Massenproduktion „moderner" Gebrauchsgegenstände bleibt an bestimmte Milieus als Konsumenten gebunden. Milieuspezifische Distinktion ließ sich auch durch IKEA nicht beseitigen, selbst wenn für Viele dies das einzige Möbelhaus sein mag, das sie jemals betreten haben und als solches zur Kenntnis nehmen. Über Vertriebe wie „Manufactum" oder „Torquato" hat sich die Orientierung am „vollkommenen Gegenstand" der „organisierten Moderne"[15] zum modischen Kult um das Besondere, das ganz Rare und Exklusive einer postmodernen Kultur entwickelt. Statt einer Stillstellung bricht eine Konkurrenz um das immer noch Echtere, das immer noch Wahrere und Richtigere, eine „Sehnsucht nach dem Echten"[16] aus. Das, was gerade ausgeschlossen werden sollte, die permanente Steigerung als Ursache von Verbrauch und Verschleiß, zeigt sich auch hier. Bereits die Romantiker hatten es geahnt. Objektivität, wie sie Klassik – und Werkbund – anstrebten, ist in kultureller Produktion nicht zu erreichen, gleichgültig, ob es sich um Gedichte oder Möbel handelt. Was der „Moderne" übrig bleibt, ist die ständige Progression des Interessanten, auch dann noch, wenn es als das Echte erscheinen möchte[17]. Die Fragmentierung, die die Moderne bestimmt, mochte besonders der Deutsche Werkbund in seinen Harmonie- und Ganzheitlichkeitsvorstellungen lange nicht zur Kenntnis nehmen.

Das also, was mit dem Konzept vom vollkommenen Gegenstand bewirkt werden sollte, die Ausschaltung von Distinktion und Mode als Ursachen für Verschleiß und Verbrauch, ist nicht erreichbar. Bei den kleinsten Dingen zeigt sich das am deutlichsten. Die perfekten Entwürfe Wagenfelds für solche banalen Dinge wie Salz- und Pfefferstreuer haben nicht verhindert, dass gerade diese Dinge millionenfach variiert, in grotesken oder historisierenden Formen, als Tierchen oder Pflanzennachbildungen, als Figürchen, als moderner Nippes, der sogar gesammelt werden kann, den Markt überschwemmen. Kein Einrichtungsgeschäft, kein Andenkenkiosk, das nicht dutzende von Varianten anbietet und absetzt. Distinktions- und Überbietungswünsche verhindern die Stillstellung von Verbrauch, seine Ausschaltung zugunsten reinen Gebrauchs in allen Bereichen der Alltagskultur.

Die immer wieder neu entstehenden Variationen sind möglich, weil sich die Gegenstände des täglichen Gebrauchs der eindeutigen Bestimmbarkeit durch anthropologisch begründbare Funktionalität und Stimmigkeit entziehen. Es gibt eben viele verschiedene Stühle für verschiedene Zwecke, Stimmungen, Lebenssituationen, Wohnvorstellungen, und nicht nur einen. Die Idee des „vollkommenen Dinges" erweist sich als Normierungssucht, als autoritäres Vereinfachungsmodell, als Entdifferenzierung[18] und Komplexitätsreduktion, ja sogar als Geschmacksdiktat durch Designer und Architekten, die sich von einem Sendungsbewusstsein der Veredelung und Perfektionierung des Menschen getragen wähnten. Bis in die Zeit nach dem Zweiten Weltkrieg hat es sich als Erziehungskonzept im Werkbund erhalten[19].

In Produktionsvorgängen zeigt sich das Autoritäre dieser Perfektionierung unmissverständlich. Seine tatsächlich perfekte Ausprägung erhält das „funktionalistische" Modell der Einpassung von Geräten in die anthropologische Körperlichkeit des Menschen im Taylorismus der fordistischen Produktion, wo sie nicht zu einer befreienden Synthese von Mensch und Gerät, sondern im Gegenteil zur vollkommenen Mechanisierung des Menschen, zu seiner Reduktion auf ein Anhängsel der Maschine führt.

Im historischen Rückblick ist die Idee des „vollkommenen Dinges" als Ausdruck der „organisierten Moderne", der Moderne der fordistischen Großindustrie, der Anpassung der Einzelnen an Großorganisationen oder an die Normalität des Angestelltenlebens interpretiert worden[20]. Harmonie, Ordnung, Reinheit – man könnte auch sagen Anpassung, Normalität, Zugehörigkeit zu Großkollektiven – sind die Motive dieser Zeit und des „organization man"[21] als ihrer bestimmenden Figur. Dem entspricht der Funktionalismus des vollkommenen, des perfekten Gegenstandes in einem mechanischen Werkzeugdenken, dem alle Dinge unterworfen werden sollen. So wie diese „organisierte Moderne" aber schließlich an ihren inneren Widersprüchen zerbricht, so scheitert auch das Konzept des „vollkommenen Dinges". Unvermeidliche Konkurrenz auch in Großorganisationen, und zwar umso mehr, je mehr sie zu Dienstleistungs- oder Wissenschaftseinrichtungen werden, lässt Gleichheitsvorstellungen der „organisierten Moderne" zur Illusion oder zum bevormundenden Zwang werden, gegen den sich Individualisierungsbestrebungen durchsetzen. Die Distinktionsbedürfnisse einer solchen Individualisierung werden durch Konsumstile bedient, in denen sich auch die Kenntnis des Echten, Richtigen, Wahren als ein distinktiver Geschmack erweist, gebunden an bestimmte Milieus oder „Klassen", als Instrument ihrer Durchsetzung, nicht als Weg zu ihrer Ausschaltung.

Dass das Konzept selbst inhärent, also ohne Bezug auf Distinktionsvorgänge, nicht aufgehen konnte, zeigen Gegenstände wie das Automobil, dieses Leitprodukt der „organisierten Moderne" und des Fordismus, vermutlich das am besten an den einzelnen Benutzer angepasste Gerät, über das wir verfügen, und dennoch der vergegenständlichte Verbrauch, die Gegenstand gewordene Verschwendung. Deutlicher als an jedem anderen Gegenstand zeigt sich an ihm, dass das „Wesen" eines Dinges gerade die permanente Steigerung und Überbietung und nicht deren Stillstellung sein kann. Das „Wesen" der Dinge kann also „Verbrauch" sein und nicht dessen Ausschaltung zugunsten eines funktional rationalen Gebrauchs, wie Werkbund, Deutsche Werkstätten und industrielle Moderne seit Beginn des 20. Jahrhunderts glauben machen wollten.

Trotz dieser Einwände bleiben Entwurfs- und Designkonzepte, die sich um Ergonometrie, um Materialgerechtigkeit und -sparsamkeit, insgesamt um Nachhaltigkeit bemühen, berechtigt und notwendig, wenn es ihnen gelingt, pragmatisch zu werden und sich vom Erlösungs- und

Heilsversprechen der kulturellen Bewegungen um 1900 zu lösen – und wenn es ihnen gelingt, auch im Nachhaltigkeitskonzept nicht das erlösende „Gute" zu sehen, dass zu Beginn der „organisierten Moderne" in den „vollkommenen Gegenstand" projiziert wurde[22]. Die auch vom Werkbund lange gehegte Vorstellung, die Übel der Welt aus einem Punkt zu beheben[23], muss wohl aufgegeben werden.

„Gebrauch – Verbrauch" als Systemproblem

Ein zweiter bedeutungsvoller Versuch, das Gebrauchs-Verbrauchs-Problem zu lösen, liegt im systemischen Ansatz von Nachhaltigkeit, wie sie seit Beginn der 1980er Jahre zum Beispiel im Brundtland-Bericht programmatisch konzipiert wird[24]. Der Gedanke ist schlagend einfach und im ersten Augenblick überzeugend. Der Verbrauch einzelner Dinge, seien es Artefakte, seien es Naturressourcen, ist dann zulässig und unproblematisch, wenn sich dieser Verbrauch als Gebrauch des Zusammenhanges, des Systems darstellt, dem der einzelne Gegenstand entstammt. Da der Begriff der Nachhaltigkeit aus der Forstwirtschaft übernommen wurde, ist ein Beispiel aus diesem Bereich nahe liegend: Der Verbrauch eines einzelnen Baumes zum Beispiel zur Produktion eines Möbels ist dann zulässiger Gebrauch, wenn in der Produktions- und Lebenszeit, also in der Verbrauchszeit des einzelnen Gegenstands „Baum", der Wald, aus dem der Baum stammt, die Lücke wieder schließt, wenn also das System „Wald" nicht beeinträchtigt, wenn es nur gebraucht und nicht verbraucht wird, seine Eigenschaft als sich selbst erneuerndes System erhalten bleibt. Der zerstörerische Verbrauch von Teilen, von einzelnen Bäumen, wird durch den erhaltenden Gebrauch eines Ganzen des Waldes neutralisiert.[25]

Es ist nun offensichtlich, dass dieses Nachhaltigkeitskonzept von der Abgrenzbarkeit der jeweiligen Bezugssysteme oder „Ganzheiten" abhängt, die nur gebraucht und nicht verbraucht werden dürfen. Für frühmoderne Ökonomien, die sich auf die Bewirtschaftung von Garten, Acker und Wald, ergänzt um regional eingebundene Manufakturen stützten, mag das als Möglichkeit plausibel gewesen sein. Es schienen tatsächlich abgrenzbare Einheiten definierbar, die Erträge abwarfen, die aber selbst intakt gehalten werden mussten, um dauerhaft eben diese Erträge abwerfen zu können. Unter Bedingungen von Globalisierung und Hochindustrialisierung jedoch verliert dieses Nachhaltigkeitsprinzip zwar nicht seine Logik oder Berechtigung, wohl aber seine Praktikabilität. Weder zeitlich noch räumlich können die notwendigen Abgrenzungen der Systeme, die trotz Verbrauchs einzelner Teile oder einzelner Erträge nur gebraucht werden sollen, handlungsrelevant fixiert werden. Immer tendiert das System, dessen Bestand gesichert und nur „gebraucht", aber nicht „verbraucht" werden darf, zur Globalität.
Eines der zentralen Verbrauchsprobleme der Gegenwart, der Verbrauch an Energie, macht das unmittelbar deutlich. Fossile Energieträger können von vornherein der Nachhaltigkeitsforderung nicht genügen, da sie sich, über Jahrmillionen aufgebaut niemals in der Geschwindigkeit regenerieren können, in der sie verbraucht werden. Äußerstenfalls die Folgen ihres Verbrauchs, also der Verbrauch an Sauerstoff oder die Produktion von Kohlendioxyd, könnte unter dem Kriterium der Nachhaltigkeit gesehen werden, dies aber nicht in abgrenzbaren Teilräumen, sondern nur in Bezug auf den Globus als Ganzes. Sauerstoff und Kohlendioxyd verteilen sich mehr oder weniger gleichmäßig über die gesamte Erdoberfläche, entsprechend auch ihre Belastungen, gleichgültig wo die Schwerpunkte des Verbrauchs liegen. Was bei diesen Nebenfolgen des Verbrauchs an fossilen Energieträgern offensichtlich ist, gilt aber genau so für nur scheinbar lokale Vorgänge. Die Folgen zum Beispiel des Einsatzes von genmanipulierten Nahrungsmitteln lassen sich territorial weder durch Bezug auf nationale Grenzen noch durch Definition von Ökosystemen auf Teilräume festlegen. Blütenstaub ent-

sprechender Pflanzen kann durch Wind oder Insekten in undefinierbare Räume getragen werden.[26] Dasselbe gilt für die Unbegrenzbarkeit zeitlicher Ausdehnung von Verbrauchsfolgen. Moderne Verkehrsanlagen wie simple Autobahnen lassen sich durch geltende und anerkannte Sicherheitsanforderungen an diese Bauwerke nie mehr beseitigen. Immer würden zumindest ungeheure Mengen von Abbruchmaterialien zeitlich unbegrenzt übrig bleiben, von solchen Endlosfolgen wie dem Atommüll ganz zu schweigen. Zeiträume von einer Million Jahre, über die derzeitig entstehender Atommüll radioaktiv und damit gefährlich und lebensbedrohend bleibt, stellen eine offensichtlich nicht mehr überschaubare zeitliche Folgenentgrenzung dar, die jedem Nachhaltigkeitsprinzip widerspricht.

Damit entstehen typische Verhaltensformen Einzelner, seien dies einzelne Verbraucher, bestimmte Gruppen oder gar ganze Staaten: ein räumliches und zeitliches „Distancing", eine Distanzierung von den Folgen eigenen Tuns[27]. Wenn Folgen eigenen Verbrauchs „irgendwo" und „irgendwann" relevant werden, ohne dass dies „irgend" bestimmt werden kann, verlieren die Folgen ihre Handlungsrelevanz für den Einzelnen: „Irgendwo, aber nicht hier, irgendwann, aber nicht jetzt!" Im Ingenieurwesen gehört eine solche räumliche und vor allem zeitliche Verschiebung zum professionellen Standard. Grundsätzlich löst man nur aktuelle Probleme, denkt aber über die Folgen der Lösungen nicht nach, weil diese immer für lösbar gehalten werden eben zu den Zeitpunkten, an denen sie dann eventuell drängend auftreten. Ob der Aufwand, der für die Lösung von Folgeproblemen getrieben werden muss, noch in vernünftigem Verhältnis zur auslösenden Problemlösung steht, ob überhaupt ein lösungsnotwendiges Problem vorgelegen hat, steht nicht zur Debatte und kann auch nicht geklärt werden. Es gibt auch keine Experten, die solche Fragen beantworten könnten, sodass unbegrenzbare Risiken aus begrenzten Problemlösungen für nicht eingrenzbare Probleme entstehen, einer der Ausgangspunkte für die Theorie der „Risikogesellschaft"[28]. Und die räumliche Verschiebung und damit mögliche Verdrängung eigener Handlungsfolgen bildet als Externalisierung ein Grundprinzip jedes modernen Wirtschaftens.

Neben diesem „Distancing" schränkt das sogenannte „Free-Rider-" oder „Trittbrettfahrer-Verhalten" Nachhaltigkeit dann ein, wenn sie nur noch großmaßstäblich, auf globalem Niveau realisiert werden kann. Entweder alle Anderen respektieren Nachhaltigkeitsprinzipien, dann kommt es auf den einzelnen, kleinen Sünder, der diese Kriterien in seinem Verhalten missachtet, quantitativ nicht an, er fährt „ schwarz" mit bei einer Reise, die den Anderen erhebliche Aufwendungen abverlangt. Oder alle Anderen missachten Nachhaltigkeitsstandards, dann ist der Beitrag von Einzelnen quantitativ gleichfalls bedeutungslos. Das Fehlverhalten von „Großverbrauchern" kann individuelle Bemühungen selbst zahlreicher kleiner Verbraucher sinnlos und so auch deren bedenkenlosen Verbrauch gerechtfertigt oder zumindest harmlos und vernachlässigenswert erscheinen lassen. Die Sache ist lange bekannt: Wenn viele Reisende in einem Bus schlecht riechenden Käse in der Tasche haben, wird die Luft durch den Zustieg eines Einzelnen ohne Käse nicht wesentlich verbessert. Dagegen kann ein heftig stinkender Einzelner die Sauberkeitsbemühungen einer ganzen Busbesatzung zunichte machen.

Dasselbe lässt sich auch als Allgemeinwohlproblem formulieren. Zwischen dem Allgemeinwohl – der Weltbevölkerung – und individuellem Verhalten besteht kein messbarer Zusammenhang. Einem Allgemeinwohl entspricht also kein hinreichend überschaubares individuelles Interesse, auf das es sich stützen könnte. Einen solchen Zusammenhang unterstellten jedoch traditionelle Vorstellungen über bürgerliche Lebensformen. Als Bürger im Sinne des *citoyen* gilt eine Figur, die in ihrer Lebensform durchaus individuelle Interessen verfolgt, Interessen aber, die zugleich dem Allgemeinwohl dienen, es sogar ausmachen. „Bürgerliches" Leben verwirklicht in seiner Idee diese Synthese aus privatem und öffentlichem oder Allgemeinwohl. In den entgrenzten Zusammenhängen einer Globalisierung von Fortschrittsfolgen verliert diese Lebensform ihre Basis und ist auch durch moralische Appelle wie „denke global, handle lokal" kaum zu retten.

Neben eher hilflosen moralisierenden Versuchen der Induzierung nachhaltigen Verhaltens haben sich Umwege durchgesetzt, auf denen das fehlende individuelle Interesse an der Realisierung des Allgemeinwohls in übersetzter Form hergestellt werden soll. Die dominierende Form dieser Übersetzungen findet durch Übertragung in die ökonomische Sphäre statt. Durch politische Preise, die unangemessenes Verhalten spürbar bestrafen, also verteuern, angemessenes spürbar belohnen, also verbilligen, wird das sonst unzureichende private Interesse an der Sicherung eines Allgemeinwohls „Nachhaltigkeit" hergestellt. Die Kosten dieser Übersetzung sind allerdings beträchtlich.

Verbrauchssteuerung durch politische Preise zur Herstellung eines privaten Interesses an Nachhaltigkeit verschiebt Probleme der Umweltpolitik in das Feld der Sozialpolitik, da die Wirksamkeit solcher Verhaltenssteuerung durch politische Preisbildung einkommensabhängig variiert. Bezieher geringer Einkommen werden massiv zur Wahrung von Nachhaltigkeitsstandards genötigt, wenn unangemessenes Verhalten verteuert wird, während sich Personen mit hohen Einkommen unangemessenes Verhalten „leisten" können. Das Ressourcen- oder Verbrauchsproblem wird zum Wohlstands- oder Ungleichheitsproblem, mit allen Folgen sozialer Ausgleichsnotwendigkeiten. Daher besteht die Tendenz, unangemessenes Verhalten nicht zu verteuern, sondern angemessenes zu verbilligen, also zu subventionieren. Das ist eine der Ursachen für die Explosion solcher Subventionen, die heute als Selbstverständlichkeit gelten, selbst da noch, wo ein privates Interesse vorhanden sein könnte, und damit öffentliche Förderung unnötig sein müsste. Alles, was dem Allgemeinwohl zu dienen scheint, gilt als förderwürdig, gleichgültig, ob ein spürbares privates Interesse besteht oder erst auf Umwegen hergestellt werden muss.[29] Vor allem aber wird der Eindruck erweckt, allgemeinwohlorientiertes Verhalten wie zum Beispiel „gebrauchs"-orientierter Verbrauch im Sinne von Nachhaltigkeit sei ein finanzielles Problem, Nachhaltigkeit sei also gleichsam „käuflich". Der Wert der Dinge, seien dies nun Ressourcen oder Artefakte, wird auf einen Geldwert reduziert, indem die Dinge keinen eigenen Wert, sondern nur noch Preise haben.

Bereits diese knappe Skizze macht deutlich, welche Hindernisse einer Lösung des Verbrauchs-Gebrauchs-Problems im Sinne von Nachhaltigkeit auf moderner und das heißt immer auf globaler Ebene entgegenstehen. Nachhaltigkeit erscheint als verhaltensabhängig. Es müsste demnach ein Verhalten, eine Mentalität, eine Einstellung hergestellt werden, die Nachhaltigkeit trägt. Weder autoritäre Setzungen noch dauerhafte Subventionierungen angemessenen Verhaltens sind langfristig in modernen Demokratien praktikabel. Sie wären normativ oder finanziell überfordert. Dennoch erscheint Nachhaltigkeit unverzichtbar zu sein, sodass nach Wegen gesucht werden müsste, die notwendigen Verhaltensstandards weder durch Verbote noch durch Subventionen durchzusetzen. Kommunikations- und Kooperationsansätze könnten hier einen Weg weisen.

„Gebrauch – Verbrauch" als Kommunikationsproblem

Die dritte Ebene des „Gebrauchs-Verbrauchs-Problems" erschließt sich aus der Grundform menschlicher Kommunikation, aus der Liebesbeziehung zweier Menschen. Im Akt der Liebe machen ohne jeden Zweifel zwei Menschen Gebrauch voneinander, tun dies und erwarten gleiches vom Anderen. Lust zu empfinden durch Gebrauch des Anderen und Lust zu geben durch Gebrauchtwerden durch den Anderen werden eins, sind nicht zu trennen, sind akzeptiert und erwünscht durch Übereinkunft über genau dieses. Konsens, Zustimmung sichert Gebrauch. Im

Gegenpol der Vergewaltigung, die den einseitigen Gebrauch nicht nur ohne, sondern explizit gegen Zustimmung eines Teiles darstellt, wird eben dieser „Gebrauch" des Anderen zu dessen zerstörendem „Verbrauch". Eine Mittelposition zu behaupten, gibt Prostitution vor, da sie zwar auch nur einem Teil Lust verspricht, die Zustimmung des anderen Teils aber auf Zustimmung nicht durch gleiche eigene Lust, aber durch einen freiwillig eingegangenen Vertrag zu begründen behauptet. Dass diese Freiwilligkeit in der Regel ungefähr so frei ist wie der unter ähnlichen Bedingungen geschlossene Vertrag zwischen Kapitalist und „freiem" Lohnarbeiter, bildete bereits in der Marxschen Kritik einen zentralen Einwand gegen derartige „Verträge".

Verallgemeinernd lässt sich sagen, dass der Gebrauch von Menschen durch Menschen dann als kommunikativ anerkannt werden kann, wenn die Autonomie jedes Partners in der Kooperation gewahrt wird, wenn also der wechselseitige Gebrauch durch kommunikative Verhandlung in herrschaftsfreier Beziehung zustimmungsfähig wird. Kommunikatives Handeln sichert wechselseitig zustimmungsfähigen Gebrauch und bildet damit die Basis der Kooperation. „Verbrauch" dagegen tritt dann ein, wenn ein Kooperationspartner dem anderen unter Aufgabe seiner Autonomie als Mittel für einseitig bestimmte Zwecke dient, wenn also instrumentelles Handeln als Macht- oder Herrschaftsbeziehung eingesetzt wird. Die Frage, ob „Gebrauch" oder „Verbrauch" vorliegt, lässt sich nicht über Kooperationsinhalte, sondern nur über die Bedingung der Autonomie aller Beteiligten entscheiden, die sich in der gleichberechtigten und damit herrschaftsfreien Aushandlung der Kooperationsregeln durch alle Beteiligten manifestiert[30].

Verkürzt gesagt, erscheint damit „Gebrauch" als kommunikativ gestützte Kooperation, „Verbrauch" als instrumentelle Herrschaft. Eine solche reduziert Menschen auf Mittel und widerspricht damit der kantischen Norm, dass Menschen immer nur als Zwecke, niemals als Mittel betrachtet werden dürften. Das führt zu Weiterungen über das unmittelbar Soziale hinaus in die Welt der Dinge, in denen sich „Verbrauch" als „Verschwendung" durch ein Überhandnehmen der Mittel einstellt, denen deren Zwecke verloren gehen oder in denen sich die Mittel zu eigenen Zwecken erheben[31] und damit jede zweckbestimmte Begrenzung verlieren. Schlagendes Beispiel ist auch hier wieder die individuelle Mobilität durch den PKW, der seinen Werkzeugcharakter im Sinne eines Mittels für den Transport von A nach B längst verloren hat und zu einem Selbstzweck der Steigerung geworden ist. Oder wie es Karl Valentin in nicht zu überbietender Klarheit als Kommentar zum Kauf eines neuen Motorrades ausdrückte: „Ich weiß zwar nicht, wo ich hin will, aber dafür bin ich schneller da!" In der modernen Gebrauchselektronik der Kommunikationstechnologie finden sich die gleichen Tendenzen der Steigerung der Leistungsfähigkeit von Apparaten, die jede Benutzungsmöglichkeit übersteigt und sich zum Selbstzweck des „Könnens" oder des „man könnte" eines Mittels für nur noch potentielle Zwecke, für Potentialität oder eben für „Potenz" wandelt.

Gerade diese Beispiele, und dasselbe gilt für nahezu alle Artefakte oder Güter des täglichen Lebens, machen auch deutlich, dass die Steigerung und Vervielfältigung der Mittel sie nicht nur zum Selbstzweck werden lassen, sondern einem anderen, „geheimen" Zweck zuführen. Der moderne Konsument von Waren erwartet von den Dingen nicht mehr die Erfüllung eines werkzeughaften Zweckes, sondern die Erschließung von Erlebnisdimensionen des Seins, seines tatsächlichen oder eher noch potenziellen Seins. Nicht, was wir mit den Dingen machen – nach traditionellem Zweckdenken – sondern was die Dinge mit uns machen, bestimmt das Konsumverhalten, wie es Gerhard Schulze[32] in seiner „Seins-Ökonomie" entfaltet hat. Und auch wenn wir nicht genau bestimmen können, was das ist, was die Dinge tun, wenn sie uns „Identität" oder „Sein" geben, ist eines wohl deutlich: Sie produzieren Erlebnisse einer Seinsintensivierung. Um diese aber als solche zu erfahren, unterliegen sie der Unterscheidungsnotwendigkeit vom bereits Erfahrenen. Sie unterliegen einer permanenten Steigerungsnotwendigkeit, die einem

Gebirge des Unwahrscheinlichen gleicht, das ständig höher aufgetürmt wird[33]. Nicht die traditionelle Vorstellung einer Perfektionierung des Menschen durch eine Vereinfachung der Dinge im Sinne passender und dann dauerhaft verwendbarer Werkzeuge bestimmt den Verbrauch, der auf diese Weise zum Gebrauch still gestellt werden könnte, sondern die „Anthropotechnik" einer permanenten Steigerung von Seinserfahrung, in der die Dinge als „soziale Akteure" erscheinen und ihren eigenen beschleunigten Verbrauch in sich tragen.

Einer solchen Steigerungslogik wäre weder durch moralische Appelle zur Sparsamkeit noch durch eine systemische Rationalität der Nachhaltigkeit beizukommen, es sei denn, es gelänge, die Steigerung in immaterielle oder von Materialaufwand zunehmend freie Erlebnisdimensionen zu verlagern, sie also, wie es ansatzweise das Bauhaus versuchte, auf versammelte und ständig steigerbare Intelligenz in den Dingen und nicht auf deren Materialität zu stützen. Die aktuellen Entwicklungen in der Kommunikationstechnologie weisen in diese Richtung und werden von manchen Produzenten explizit als Markenzeichen genutzt. Ein matt silbrig glänzendes, extrem dünnes und leichtes Notebook von Apple mit extremer und beschleunigt gesteigerter Leistungsfähigkeit kommt dieser Vorstellung einer materiefreien, nur auf Intelligenz gestützten Überbietung schon sehr nahe. Obwohl natürlich kein Benutzer erfährt, ob nicht doch teure, seltene oder die Umwelt belastende Materialien im Gerät enthalten sind oder zumindest bei dessen Herstellung verwendet wurden, kann man bei der Benutzung eines solchen PCs den Eindruck gewinnen, nur „Geist" oder „Intelligenz" in der Hand zu haben. Und im Bereich elektronischer Kommunikation mit Handy und Smartphone werden die Geräte nicht nur immer kleiner bei ständig gesteigerter, nachgerade unvorstellbarer Leistungsfähigkeit. Sie scheinen sich gleichsam zu entmaterialisieren, in nichts aufzulösen. Die Versuche, diesen Geräten „Wert" und Distinktionsleistung durch Besatz mit Edelmetallen und Brillanten beizugeben, erscheinen dagegen eher verfehlt und könnten sich bestenfalls an ein ausgesprochen konservatives, traditionalistisches Publikum wenden, das den Wert einer Sache aus dem Materialwert zu schließen gewohnt ist und – noch – nicht versteht, dass sich Kommunikation als Tausch von relevanten Informationen, nicht von Gegenständen vollzieht. Die vollkommene Unsichtbarkeit und Immaterialität der Geräte bei unbegrenzter Leistung wäre eher Ziel der Bemühungen.

Die Seins-Ökonomie, die die Dinge jenseits eines Werkzeugcharakters entfalten, macht sie zu nicht-menschlichen, sachlichen, sozialen Akteuren, die nicht nur einem Handeln dienen, sondern es ihrerseits bestimmen. Jeder morgendliche und abendliche Verkehrsstau, wie er mit Präzision zu immer den gleichen Tageszeiten eintritt, ist ein Phänomen, das vom PKW hergestellt wird, ohne dass dieser als Werkzeug darauf angelegt wäre - wie überhaupt das Einzelobjekt „Auto" mit dem Phänomen „Individualverkehr" kaum etwas zu tun zu haben scheint. Dinge lösen soziale Phänomene aus, die sich der gezielten Beeinflussung durch planendes Denken entziehen können. Sie induzieren nicht etwa nur Bequemlichkeit oder Mobilität, sondern Evolutionen jenseits technischer und planender Intuition. Zumindest entwickeln sie eigene Regeln und Verhaltensformen, die eine andere Behandlung erfordern, als wenn es sich nur um komplett kalkulierbare Mittel zu klar definierten Zwecken handeln würde. Sie werden in gewissem Sinne Akteure mit eigenem „Willen". Ihre Bearbeitung nimmt zumindest Ähnlichkeiten mit Kommunikationsvorgängen an, in denen mit der Eigendynamik oder eben der Autonomie von Anderen gerechnet werden muss.

Während der Wandel der Dinge, die uns als Artefakte umgeben, von Werkzeugen zu sozialen Akteuren und ihre Benutzung, ihr „Gebrauch" als eine Form von Kommunikation oder gar Kooperation plausibel und nachvollziehbar erscheint, ist der gleiche Wandel für unbearbeitete Natur nach wie vor umstritten. Zwar ist es für ein Denken, das sich an Kunst oder Religiosität orientiert, nachgerade selbstverständlich, dass Alles spricht, alle Gegenstände der belebten und unbelebten Natur eine Stimme haben – „es schläft ein Lied in allen Dingen" – dass also mit der Natur ein Dialog als Voraussetzung einer „Öko-Logik" möglich und notwendig ist[34]. Wissenschaftliches und planerisches Denken aber sperrt sich bislang gegen solche Perspektiven. Eine systemtheoretische Position weist die Vorstellung einer Kommunikation mit nicht-menschlicher Natur strikt zurück – „wir können nur über Natur kommunizieren, nicht mit Natur"[35]. Aus Sicht der Akteur-Netzwerk-Theorie (ANT)[36] werden jedoch auch Naturdinge vor ihrer Verarbeitung zu Artefakten bereits durch ihre Beobachtung und Bearbeitung zum Beispiel im Labor zu sozialen Akteuren. Dennoch möchte man bei einem Satz wie dem folgenden „Sie (die Wissenschaftler) erweitern ihre innigen Verbindungen mit nicht-menschlichen Wesen, denn sie haben gelernt, diese dazu zu bringen, sich in ihren Diskussionen Geltung zu verschaffen"[37], „Halt!" rufen. Die Wissenschaftler verschaffen den Dingen Geltung, nicht diese sich selber. Und eine aus vielen herausgegriffene andere Passage stützt doch den systemtheoretischen Einwand. Über eine Fülle wissenschaftlicher Dokumente in verschiedensten wissenschaftlichen Institutionen heißt es. „All das sind unvermeidliche Studienobjekte für den, der verstehen möchte, über welche Umwege und Vermittlungen wir, die wir sonst immer nur mit und über Menschen sprachen, mehr und mehr beginnen, wahrheitsgetreu über Dinge zu sprechen"[38]. In der Tat, wir sprechen „über" die Dinge, zumindest die der „Natur", nicht mit ihnen. Dass allerdings diese Grenzen fließend sind, dass es „Hybride" geben mag zwischen dem Naturding, über das man spricht, und dem Artefakt, das, wie beschrieben, zum sozialen Akteur wird, erscheint plausibel[39].

Die Naturdinge jedoch, deren Verbrauch als bedrohlicher Verschleiß, als Verschwendung zum Problem wird, scheinen doch als Naturressourcen eher zu den Dingen zu gehören, „über die" und nicht „mit denen" man sprechen könnte und die auch selbst keine sozialen Akteure werden. Wenn zum Beispiel zwei Nationen um eine Ressource Krieg führen, löst nicht diese, wie alltäglicher Sprachgebrauch nahezulegen scheint, den Krieg aus, sondern eine der beiden oder beide Nationen aufgrund ihrer jeweiligen Annahmen über Knappheit und Bedarf, verbunden mit entsprechenden Vorstellungen von der Notwendigkeit, andere von der Nutzung des umkämpften Gutes auszuschließen, selbst wenn der jeweilige Rohstoff „zum Motor" einer bestimmten Entwicklung, einer Modernisierung oder Nationenbildung werden sollte. Selbst ein solcher Ressourcenkrieg wäre eine – wenn auch sehr gestörte – Kommunikation über Natur, nicht mit ihr.[40]

Zu einer verfehlten Kommunikationsvorstellung mit „Natur" müssen aber wohl vor allem Konzepte gerechnet werden, die der „Natur" einen Autonomiestatus zuerkennen wollen, durch den ihre Ressourcen nicht mehr als Mittel, sondern als Zwecke in sich erscheinen sollen, wie es die sogenannten „Preservationists" propagieren, im Unterschied zu den „Conservationists", die „nur" einen zweckdienlichen Erhalt von Umweltressourcen – im Sinne von Nachhaltigkeit – anstreben[41]. Aus Sicht der „Preservationists" stellt die aktuelle ökologische Krise einen „Aufstand der Mittel" und ihren Kampf um einen Autonomiestatus dar, der sie zu Zwecken erhebt. Auch wenn in diesen Formulierungen eine gewisse Ähnlichkeit zu den Einsichten Georg Simmels[42] über die Vervielfältigung der Mittel und den Verlust der Zwecke gesehen werden könnte, bleiben Forderungen wie die der „Preservationists" im Bereich des Voluntaristischen. Derartige Vorstellungen banalisieren das Problem einer Ausweitung des Sozialen auf nicht-menschliche Dinge nach dem Muster einer „Natur, die zurückschlägt". „Die Natur" tut nichts dieser Art, sondern pendelt um Gleichgewichtszustände, die sich aus Reaktionen mit mehr oder weniger großen Ausschlägen einstellen. Diese „Ausschläge" oder die Reaktionen als intentionale „Schläge" einer zurückschlagenden Natur zu verstehen, stellt nichts anderes als magisches Denken dar und ist zur Bewältigung des Verbrauchsproblems ziemlich ungeeignet. Es drückt nur ein Unbehagen, eine Angst angesichts mangelnder Prognostizierbarkeit, also angesichts mangelnder Zukunftssicherheit und Zukunftsgewissheit aus, eine Angst, die als unabdingbarer Preis von Modernität, Technologie und Innovation akzeptiert werden muss[43]. Sätze wie „Wir Menschen können zwar nicht ohne Natur, die Natur aber sehr wohl ohne uns Menschen auskommen" sind wenig hilfreich, da uns eine Natur strikt „ohne Menschen" gar nicht zu interessieren braucht. Und selbst dann, wenn man Dingen, zumindest Artefakten eine Rolle als soziale Akteure nicht völlig absprechen kann, werden sie – wird vor allem „Natur" – nicht zu dem autonomen Partner, mit dem nach dem Beispiel kommunikativen Handelns die Regeln für Kooperation auf der Basis eines freien Vertrages vereinbart werden könnten. Die Regeln, die wir möglicherweise brauchen, um „nachhaltig" mit Natur umzugehen, bleiben die Regeln, die wir in der Kommunikation über Natur aufstellen, nicht die, die Natur artikuliert.

Die Annahme eines Autonomiestatus von Natur würde nicht nur „Verbrauch" eingrenzen oder ausschließen, sondern auch „Gebrauch", wie oben gezeigt, nur als kommunikativ gestützte Vereinbarung über Kooperation zulassen. Eine solche Personifizierung der Natur aber ist magisch, auch wenn sie in der europäischen Kulturgeschichte über starke Traditionen verfügt, zum Beispiel in der Romantik oder in der Sakralisierung der Natur während der Französischen Revolution, in der in „Gärten, Freiheitsbäumen, republikanischen Wäldern, heiligen Bergen und Tugendparks"[44] die Versöhnung von Kultur und Natur – als Realität und nicht nur im idealistischen Kunstwerk, das diese Vorstellung verfolgte – durch Personifizierung der Natur angestrebt wurde. Und dennoch deuten sich Alternativen zu dem instrumentellen Naturverhältnis an, das als explizites Herrschaftsverhältnis Natur-„Ausbeutung" und Natur-„Beherrschung" in der „organisierten Moderne" bestimmt hat. Dieses Naturverhältnis scheint im Rückblick von Feindschaft, zumindest von der Vorstellung einer Gleichgültigkeit der Natur gegenüber dem Menschen bestimmt zu sein. Die Naturschätze mussten der Natur „entrissen", sie musste ausgebeutet werden, so die in der Alltagssprache erkennbaren Einstellungen. Wird anstelle dieser Feindschaft Empathie als Naturverhältnis gesetzt, wie auch immer es zu begründen wäre, zeigen sich Planungsvorgänge in völlig anderem Licht.

Für eine gebrauchsorientierte, Verbrauch einschränkende Bearbeitung unserer Umwelt birgt ein solcher Ansatz der Naturempathie erhebliche Innovationsmöglichkeiten, die schließlich in eine komplexe Planung münden können, wie sie sich im zeitgenössischen Design bereits andeuten.

Die Alternative: Planung und Design angesichts zivilisatorisch induzierten Evolutionen

Die drei Konzepte zur Lösung des Gebrauchs-Verbrauchs-Problems, einer Überführung irrationalen Verbrauchs im Sinne von Verschwendung in rationalen, ökologisch vertretbaren Gebrauch von Artefakten und Ressourcen, weisen offensichtlich erhebliche Schwächen auf. Diese Schwächen scheinen aber insgesamt weniger in den Lösungsstrategien zu liegen, als vielmehr in einer Verabsolutierung, durch die ein einzelnes Handlungskonzept zur universalen Lösung des Gebrauchs-Verbrauchs-Problems erklärt wird. Es drängt sich die Einsicht auf, dass es sich bei den Verbrauchsvorgängen, die zunehmend als Bedrohung empfunden werden, um emergente Evolutionen handelt, also um Entwicklungen, die sich umfassend steuernden Eingriffen weitgehend entziehen, zumindest wenn man unter Steuerung eine grundsätzliche Beeinflussung oder Umsteuerung durch ein zentrales Handlungsprinzip verstehen will, wie es Produktdesign, Nachhaltigkeit oder Kommunikation/Kooperation darstellen, wenn man sie isoliert einzusetzen sucht.

Beispielhaft wird dies am schon mehrfach erwähnten Individualverkehr deutlich. Stellt man alle Schäden, Kosten, Opfer und Verschleiße in Rechnung, die dieses Verkehrssystem nach sich zieht, dazu alle gescheiterten und ständig wieder scheiternden Versuche der Eingrenzung oder Umsteuerung, kann man nur zu der Einsicht kommen, dass es sich beim PKW-Verkehr um eine zivilisatorische Fehlentwicklung handelt, die nur als Evolution begriffen werden kann, und dies möglicherweise, ohne dass man auf verursachende „soziale Kräfte" wie Kapitalismus, Profitstreben oder ähnliches Bezug nehmen muss. Es ist einfach der „soziale Akteur PKW" in seiner Perfektion durch ein unterkomplexes Produktdesign, der diese Evolution auslöst und in Gang hält, eine Evolution, von der sehr überzeugend gesagt wurde, dass dann, wenn sie für die Erfinder des Automobils voraussehbar gewesen wäre, sie ihre Erfindungen vor deren Umsetzung vermutlich vernichtet hätten[45]. Von der Energietechnologie, vor allem von der Kernenergie ließe sich ohne Schwierigkeiten das Gleiche behaupten. Diesem Aspekt des evolutionären Charakters von Verbrauchsentwicklungen tragen die diskutierten Strategien zur Lösung des „Gebrauchs-Verbrauchs-Problems" in ihrem umfassenden Umsteuerungsanspruch durchweg nicht Rechnung.

Emergente Evolutionen haben nun allerdings die unangenehme Eigenschaft, zu katastrophischen Verläufen zu tendieren, ohne dass sich prognostisch sagen ließe, wo, wann und in welcher Form Katastrophen eintreten könnten[46]. Dass sie als „großer Knall" über uns hereinbrechen, wie populäre Katastrophenfilme nahelegen, wäre zwar denkbar, erscheint aber eher als unwahrscheinlich. Viel näher könnten schleichende Evolutionen mit problematischen, katastrophischen Tendenzen liegen, die in Zukunft einsetzen oder unter unserer Aufmerksamkeits- und Wissensschwelle bereits eingesetzt haben. Selbst wenn man populäres Katastrophengerede nur für den Ausdruck von Modernitätsangst hält und ihm deswegen skeptisch gegenübersteht, ist das Mindeste, was sich sagen lässt, dass derartige Evolutionen keine eingebauten Garantien des guten oder wohltätigen Verlaufes im Sinne des idealistischen Ideals der „benevolenten" Natur aufweisen.

Als typische Phänomene moderner Technologien unterliegen derartige Evolutionen vor allem aber begrenzter Prognostizierbarkeit, da sie unter anderem von Wissen abhängen, auch wenn sie damit nicht intentional steuerbar werden. Da man aber zukünftiges Wissen nicht jetzt schon wissen kann, sind auch die Einflussfaktoren auf Evolutionen nicht über längere Zeiträume prognostizierbar. Von technischen Innovationen als „nicht-menschlichen sozialen Akteuren" bestimmt, zumindest beeinflusst, zeigen diese Evolutionen ein janusköpfiges Bild. Zwar wirken Innovationen, die evolutionären Charakter annehmen können, in der modernen Technologie mit zunehmender zeitlicher Tiefe, mit wachsender Langfristigkeit, ihre Prognostizierbarkeit aber schrumpft, da sich die Entwicklung von Innovationsleistungen, die als Einflussfaktoren wirken können, ständig beschleunigt[47], da sich aber auch die „Kollektive", die sie um sich versammeln, ständig erweitern, falls man der Diktion Bruno Latours[48] zuneigt.

Das Problem moderner Planung liegt damit in einer doppelten Unterkomplexität. Zum einen werden monokausale Ansätze zur Problemlösung gesucht, obwohl gerade Lösungen aus „einem Punkt" offensichtlich unüberschaubare Nebenfolgen bewirken. Zum anderen unterliegen Planungskonzepte der „organisierten Moderne" entsprechend einem Fortschrittsmodell dem linearen Denken einer ständigen Verlängerung allen Handelns in die Zukunft, obwohl gerade diese zunehmend verstellt wird und Nebenfolgen jeden Fortschritt, jeden „Gewinn" aus unterkomplexen Problemlösungen aufzehren können.

Ohne nun strikt einem dialogischen Konzept der Behandlung von Natur und Umwelt folgen zu müssen, erscheint es doch denkbar, die Feindschaftshaltung, die traditionelles Umweltverhalten prägt, gegen eine Haltung der Freundlichkeit, der Freundschaft mit Natur und Umwelt zu ersetzen.[49] Das macht noch keine „kommunikativen Verhandlungen" mit Natur möglich, öffnet aber eventuell einen Weg zu Planungsverfahren, die Naturvorgängen nachempfunden werden. Es müsste also darum gehen, nicht nur physikalisch-chemische Naturgesetze zu finden und sich durch deren Anwendung die „Erde untertan zu machen", sondern die biologischen und evolutionären Prinzipien der Natur zu verstehen, um eine gebrauchsorientierte Planung und Ressourcenerschließung an diese anzunähern.

Sehr vereinfacht gesagt, scheinen drei solcher Evolutionsprinzipien leicht erkennbar zu sein. Zum einen verändert sich Natur – als Pendelbewegung um Gleichgewichtszustände – in kleinen Einzelschritten. Zum zweiten sind natürliche Zusammenhänge von Kreisläufen bestimmt. Und zum dritten vollziehen sich Naturvorgänge in Biotopen, die teilweise geschlossen, zum Teil aber auch offen und dann mit jeweils übergreifenden Biotopen verbunden sind. Eine Übertragung dieser drei Naturprinzipien auf Umweltbearbeitung liegt nahe und wird zum Teil auch bereits praktiziert oder doch zumindest in wachsendem Maße propagiert.

Zum ersten Prinzip, der möglichst geringen Größe von Planungsschritten: Da einzelne Planungs-schritte oder Planungsprojekte immer unterkomplex sind – wenn sie es nicht wären, gäbe es kein Nebenfolgenproblem – muss es darum gehen, einzelne Handlungen nach dem Naturmo-dell klein zu halten, sodass zwar nicht in der einzelnen Planung, jedoch – zumindest potenziell – in ihrer Summe oder eher in ihrer Masse ein höherer und angemessener Komplexitätsgrad erreicht werden kann. Anders formuliert, jeder einzelne Planungsschritt zielt auf Reparatur oder Korrektur von Handlungsfolgen – entsprechend dem Pendeln um Gleichgewichte –, löst aber selber wieder Nebenfolgen aus, die zu neuerlichen Handlungen oder Planungen zwingen. Je kleiner die Einzelschritte sind, umso geringer die erwartbaren, aber nicht exakt prognostizier-baren Nebenfolgen, umso geringer auch die darauf neuerlich reagierenden weiteren Planungen, Handlungen und Eingriffe. Das könnte man auch als „Planung als Zeitkoordination"[50] bezeich-nen. Jeder einzelne derartige Schritt kann dann im Rahmen des Möglichen unter Kriterien wie Ressourceneinsparung, Verbrauchsbeschränkung etc. gestellt werden, ohne doch jeweils in einem Planungsakt ein „Weltmodell" realisieren zu wollen.

Unter dem Begriff des „Inkrementalismus"[51] wird dies Planungsmodell seit etlichen Jahren in der Stadtentwicklung diskutiert. Um ihm die reine Beliebigkeit zu nehmen, ist auch der Begriff des „perspektivischen Inkrementalismus" vorgeschlagen worden, der in seiner Widersprüchlich-keit die Ambivalenz von Eingriffen zwischen „Verbrauch und Gebrauch" spiegelt. Wo die richti-gen Größen liegen, lässt sich allerdings nicht allgemein sagen. Der Versuch dazu wäre bereits wieder einem Denken verhaftet, das die große, allgemeine, „endgültige" Lösung sucht, die es nicht geben kann. Ist „Stuttgart 21" in diesem Sinne noch klein genug oder bereits zu groß? Ver-mutlich letzteres, aber über den allgemein verbindlichen Maßstab verfügen wir nicht. Aber so lange es auch kleiner geht, sollte man „großen Lösungen" mit Vorbehalten begegnen, und bei „Stuttgart 21" ginge es ganz offensichtlich auch kleiner[52].

Planungen der „klassischen" oder „organisierten Moderne"[53], also der Zeit von den 1920er bis in die 1970er/1980er Jahre, zeichneten sich in der Regel durch umfassende Konzeptionen aus, durch planerische oder ingenieurwissenschaftliche Kühnheit und durch den Anspruch, eine dauer-hafte und allgemeingültige Lösung zu bieten, um ein Problem ein für alle mal zu bewältigen. Sei es die „Gartenstadt", die „Ville Radieuse", die „moderne Industriestadt", das „fordistische Großunternehmen", die „Großform", die „Lösung des Energieproblems durch die Kern-energie", die „Untertunnelung einer ganzen Stadt", die „Beseitigung von Infektionskrankheiten durch Antibiotika", die „Lösung des Welternährungsproblems durch genmanipulierte Nahrungs-mittel, der Energiekrise durch Kernenergie" oder eben auch der „vollkommene Gegenstand"; alle diese Konzepte stellen nichts anderes dar als Komplexitätsreduktion. Immer sollte ein schwieriges und auch schwer zu durchschauendes, „komplexes" Problem durch einen entschei-denden, großen, kraftvollen, kühnen Akt gelöst werden. Immer galt es, den gordischen Knoten mit einem einzigen mutigen Hieb zu durchschlagen. Von diesem Modell von Planung – zur Lösung des Verbrauchsproblems, und welche Planung wäre das nicht? – gilt es, sich zu trennen zugunsten von Planung als Komplexitätssicherung durch kleine Handlungen, die vielleicht tatsächlich eher Beziehungen knüpfen als zerstören.

Dem Kreislaufprinzip natürlicher Abläufe versucht man im Rahmen des zweiten Naturprinzips bereits durch Recycling gerecht zu werden. In Entsprechung zu Naturobjekten müsste jedoch der Zerfall oder die neuerliche Nutzung aller im einzelnen Objekt enthaltenden Stoffe bereits bei der Herstellung aller Gegenstände eingeplant sein. Auch hierfür finden sich sehr weit getriebene Ansätze nicht nur in der Produktion von Einzelprodukten, sondern sogar in der Gebäudeplanung und im Städtebau. Es darf für alle Gegenstände und Stoffe niemals ein Ende, ein endgültiges Abfallstadium geben, und die Wiederverwendung kann auch nicht zukünftigen Technologien überlassen bleiben, sondern muss zumindest in Reichweite verfügbarer Techniken liegen.

Als besondere Herausforderung aber muss die Übertragung des dritten Naturprinzips, der Entwicklung in Biotopen gelten, da hier die drei Dimensionen „Produktdesign, Nachhaltigkeit und Kommunikation/Kooperation" auch mit Naturprinzipien der Entwicklung in kleinen Schritten und den kreislaufförmigen Zusammenhängen verbunden werden.

Sehr anschaulich wird dieses Planungs- und Produktionskonzept einer Sicherung von komplexen Beziehungen und Verknüpfungen im aktuellen Design, wie es offensichtlich zurzeit in der „Weltdesignhauptstadt" Helsinki erprobt wird[54]. Dieses Design versteht sich explizit als Kombination von Produktdesign, Nachhaltigkeit und Kommunikation, also der drei Strategien, die als einzelne ihre Ziele eher verfehlen. Und dieses Design wendet sich nicht Gegenständen oder Gegenstandstypen, also nicht „Dingen" und ihrem „Wesen" oder bestimmten Ressourcenproblemen, sondern abgrenzbaren Lebenszusammenhängen – Biotopen – zu, sei es eines Studentenwohnheimes, eines Büros oder Supermarktes. Besonders das Wohnen scheint als Ansatzpunkt gut geeignet zu sein, und zwar weniger, weil hier besonders viele Ressourcen verbraucht würden, sondern weil Wohnen eine Art kooperatives Solidarsystem darstellt, zumindest darstellen kann.[55] In diesen „Projekten" werden gute, „funktionale" Gestaltungs- und Nachhaltigkeitskriterien mit Kommunikation und Kooperation, sei es zwischen Zeichensystemen der Gegenstände, sei es zwischen Nutzern oder Bewohnern, zu kleinen, provisorisch abgrenzbaren Gesamtheiten verbunden. Die Gegenstände legen nachhaltiges Verhalten nahe, dass auf Vereinbarungen zwischen den beteiligten Personen basiert, also nicht oktroyiert ist. Auf der Grundlage von Verträgen, Vereinbarungen oder informellen Verabredungen zwischen Betreiber, Erbauer oder Entwerfer und Benutzer werden zum Beispiel Informationssysteme installiert, die Auskunft über „richtige" Benutzung, über Verbrauch und Gebrauch in einem bestimmten Lebenszusammenhang geben und deren Installierung und Betrieb nicht unter Zwang erfolgt, sondern als Zugewinn von Lebensqualität wahrgenommen werden kann. Kein einzelnes Projekt behauptet dabei von sich, ein umfassendes, globales Problem zu lösen, aber jedes nimmt für sich in Anspruch, den Bruch zwischen privatem Interesse und Allgemeinwohl ein wenig mehr zu schließen.[56] Sowohl eine Planung der kleinen Schritte und der von Kreisläufen als auch die Verbindung von Produktdesign, Nachhaltigkeit und Kommunikation oder Kooperation kann in diesen „Biotopen" realisiert werden. Dabei kann kein „Biotop" als völlig geschlossen gelten, immer wird es Außenwirkungen haben, die dann wieder in größeren Biotopen aufzufangen wären, sodass sich Zusammenhänge und Staffelungen zwischen dem Kleinen „vor Ort" und dem Großen des globalen Zusammenhanges ergeben können, die eine unvermittelte Entgegensetzung dieser beiden Dimensionen verhindern.

Neben solchen optimistischen Perspektiven, für die bereits Ansätze zu erkennen sind, die aber insgesamt doch noch als Utopie zu verstehen wären, sind jedoch auch sehr pessimistische denkbar. So scheint es durchaus als wahrscheinlich, dass sich viele Verbrauchsprobleme eines

„Konsumerismus" zu Knappheitsproblemen auswachsen und über gravierend ansteigende Kosten Aspekte eines vernünftigen Gebrauchs ökonomisch erzwungen werden. Angesichts der damit entstehenden sozialpolitischen Probleme ungleicher Lebensstandards wäre diese „Lösung" aber wohl schon der Schritt in eine eher katastrophische Entwicklung. Die gegenwärtig in fast allen Industriegesellschaften zu beobachtende Aufspreizung der Einkommen hin zu einer Polarisierung ohne Mitte mit den daraus erwachsenden Ungleichheiten in Lebensstandards verweist bereits in diese Richtung.

Statt eines Resümees: Zur Zukunft des Werkbundes

Das Planungsmodell des „Inkrementalismus", selbst eines perspektivischen, mag für den Werkbund nicht besonders attraktiv wirken. Zu tief könnte diese Organisation in Utopiemodellen einer technischen, einer „organisierten Moderne" verwurzelt sein, um sich für eine Planung als ständige Korrektur vorhergehender Fehler oder Nebenfolgen begeistern zu können. Am Beispiel des aktuellen Designs aber, das sich als Synthese von Produktdesign, Nachhaltigkeit und Kommunikation darstellt, und das Kleinteiligkeit, Kreislaufanlage und Biotoporientierung verbindet, werden Ansätze einer komplexeren Planung und „Gestaltung" erkennbar, die dem Werkbund aus seiner Tradition nahe liegen müssten. Dem Werkbund ging es immer um ein besseres, um das „richtige Leben". Dass dies nicht mehr aus einem Produktdesign auf der Suche nach dem „Wesen der Dinge" zu gewinnen ist, scheint nach 100 Jahren mehr oder weniger vergeblicher Bemühungen unabweisbar klar zu sein. Auch eine Neuorientierung auf „Lebensstile" wäre keine Lösung, da sie nur nach den segmentierenden Prinzipien moderne Marktanalyse verfahren würde. In der komplexen Behandlung von Lebenszusammenhängen nach dem Modell des Biotops aber, auch wenn sie immer nur zu Einzellösungen und niemals zum umfassenden „Guten" führen, liegen Traditionen, die den Werkbund seit seiner Gründung bestimmen, soziale Verantwortung für die Umwelt des Menschen, jetzt allerdings nicht mehr durch die „gute Form" aus der Erkenntnis vom Wesen der Dinge als deren Objektivität, sondern diskursiv aufgeschlossen als permanenter Diskurs über das „richtige Leben" im Rahmen begrenzter Projekte von Lebenszusammenhängen.

Damit ergibt sich für den Werkbund die Perspektive einer Entwicklung zur „kulturpolitischen Institution", die in doppelter Weise wirksam werden kann: Zum einen als Forum, in dem nicht das Wahre, Gute und Schöne verkündet und in Musterbüchern fixiert, sondern in dem in offener Debatte um Projektlösungen für das „Gebrauchs-Verbrauchs-Problem" gestritten wird[57]; zum anderen als Werkstatt, in der entsprechende Projekte entwickelt und möglicher- aber nicht notwendigerweise auch realisiert werden. Für beide Perspektiven finden sich bereits relevante, entwicklungsfähige Ansätze in den Aktivitäten des Deutschen Werkbundes, zum Beispiel in der „Werkbundsiedlung Wiesenfeld" als Modellprojekt[58], oder im Beschluss des „Deutschen Werkbundes Bayern", sich als „Forum" zu verstehen, auf dem regionale und überregionale Fragen der Umweltgestaltung diskutiert und von dem aus möglicherweise sogar Einfluss auf die Gesetzgebung genommen werden kann, wie es schon vor längerer Zeit gefordert worden ist.

[1] Nicola von Albrecht: „Die gute Form" – Wieder Ausstellen nach dem Krieg, in: Werkbundarchiv – Museum der Dinge (Hg.): Kampf der Dinge. Der Deutsche Werkbund zwischen Anspruch und Alltag, Berlin 2007, S. 97–99. Albrecht Göschel: Vom Ding an sich zum Ding für mich. Der Deutsche Werkbund zwischen „Wesen" und „Sein", Karlsruhe 2010.

[2] Hermann Muthesius: Das Formproblem im Ingenieurbau, in: Julius Posener: Anfänge des Funktionalismus. Von Arts and Crafts zum Deutschen Werkbund, Berlin, Frankfurt am Main., Wien 1964/1911, S. 191–198. Julius Posener: Brauchen wir den Werkbund noch? Vortrag zur Eröffnung des Werkbundarchivs im Martin-Gropius-Bau 1986, in: Angelika Günter, Helga Schmidt-Thomsen (Hg.): Rückblick – Einblick – Ausblick. 50 Jahre Deutscher Werkbund Berlin e.V., Berlin 1999, S. 1–18.

[3] Leonardo Benevolo: Geschichte der Architektur des 19. und 20. Jahrhunderts, Bd. 1, München 1978 (1964), S. 312.
Otto Birkner: Der neue Lebensstil, in: Lucius Burckhard (Hg.): Der Werkbund in Deutschland, Österreich und der Schweiz. Form ohne Ornament, Stuttgart 1978, S. 49–56.
Renate Flagmeier: Einführung, in: Werkbundarchiv – Museum der Dinge (Hg.): Kampf der Dinge. Der Deutsche Werkbund zwischen Anspruch und Alltag, Berlin 2007, S. 5–8.
Renate Flagmeier: Über das Entzeichnen und das Bezeichnen der Dinge. Der (Deutsche) Werkbund und die Warenkultur, in: Werkbund-Archiv – Museum der Dinge (Hg.): Kampf der Dinge. Der Deutsche Werkbund zwischen Anspruch und Alltag, Berlin 2007, S. 12–22.

[4] Der Werkbund steht mit diesem Konzept vom „Wesen der Dinge" weniger in der Tradition des „Dinges an sich" als vielmehr in einer Verbindung zur ästhetischen Theorie der deutschen Klassik: „(…) so ruht der Stil auf den tiefsten Grundfesten der Erkenntnis, auf dem Wesen der Dinge, in so fern uns erlaubt ist, es in sichtbaren und greifbaren Gestalten zu erkennen" (J. W. v. Goethe, zitiert nach Meier 2008:48). Es geht um Stil, um einen Stil des Lebens, der dem Wahren, Schönen und – ethisch – Guten als den „Eigenschaften Gottes" (Wagner 2008) verpflichtet ist. Allerdings dürfte wie bei allen kulturellen Bewegungen um 1900 auch die Kulturkritik Rousseaus eine Rolle gespielt haben.

[5] Julius Posener: Werkbund und Jugendstil, in: Lucius Burckhardt (Hg.): Der Werkbund in Deutschland, Österreich und der Schweiz. Form ohne Ornament, Stuttgart 1978, S. 16–25.

[6] Hermann Muthesius: Die Bedeutung des Kunstgewerbes, in: Julius Posener: Anfänge des Funktionalismus. Von Arts and Crafts zum Deutschen Werkbund, Berlin 1964 (1907), S. 176–186.

[7] Peter Sloterdijk: Du musst dein Leben ändern. Über Anthropotechnik, Frankfurt am Main 2009, S. 219.

[8] Julius Posener: Zwischen Kunst und Industrie, in: Michael Andritzky (Hg.): Von der guten Form zum guten Leben, Frankfurt am Main 2008 (1973), S. 34.

[9] Hanno-Walter Kruft: Die Künstlerkolonie auf der Mathildenhöhe, in: Lucius Burckhardt (Hg.): Der Werkbund in Deutschland, Österreich und der Schweiz. Form ohne Ornament, Stuttgart 1978, S. 25–34.

[10] Jochen Wagner: Schönes, Gutes, Wahres einmal anders: Mythos Topform und das Ideal des Kaputten, in: Michael Andritzky (Hg.): Von der guten Form zum guten Leben. 100 Jahre Werkbund, Frankfurt am Main 2008, S. 35–78.

[11] Noch heute finden sich derartige Konzepte als Heils- und Erlösungsmodelle, vgl. zum Beispiel Meisenheimer, Köln 2004 (11a).

[11a] Wolfgang Meisenheimer: Das Denken des Leibes und der architektonische Raum, Köln 2004.

[12] Pierre Bourdieu: Die feinen Unterschiede. Kritik der gesellschaftlichen Urteilskraft, Frankfurt am Main 1982.

[13] Franziska Müller-Reißmann: IKEA – „Wohnst du noch oder lebst du schon?" Fortführung der Werkbund-Programmatik als Produktions- und Handelskonzept? In: Werkbundarchiv – Museum der Dinge (Hg.): Kampf der Dinge. Der Deutsche Werkbund zwischen Anspruch und Alltag, Berlin 2007, S. 39–44.

[14] Albrecht Göschel: Die Ungleichzeitigkeit in der Kultur. Wandel des Kulturbegriffs in vier Generationen, Stuttgart, Berlin, Köln 1991.

[15] Andres Reckwitz: Das hybride Subjekt. Eine Theorie der Subjektkulturen von der bürgerlichen zur Postmo-

derne, Weilerswist 2006.

[16] brand eins: Wirtschaftsmagazin, 13. Jahrgang, Nr. 12, Dezember 2011.

[17] Albert Meier: Klassik und Romantik, Stuttgart 2008.

[18] Gerda Breuer,: Die Werkstätten, in: Winfried Nerdinger (Hg.): 100 Jahre Deutscher Werkbund 1907/2007, München 2007, S. 20–21.

[19] Nicola von Albrecht: Klärung des Wohnwillens oder die Wohnberatung, in: Werkbundarchiv – Museum der Dinge (Hg.): Kampf der Dinge. Der Deutsche Werkbund zwischen Anspruch und Alltag, Berlin 2007, S. 114–121.

[20] Andreas Reckwitz: Das hybride Subjekt. Eine Theorie der Subjektkulturen von der bürgerlichen zur Postmoderne, Weilerswist 2006.

[21] William H. Whyte: The Organization Man, New York 1956.

[22] Michael Andritzky: Von der guten Form zum guten Leben, 100 Jahre Werkbund, Frankfurt am Main 2008.

[23] Bernd Wedemeyer-Kolwe: Der neue Mensch. Körperkultur im Kaiserreich und in der Weimarer Republik, Würzburg 2004.

[24] Volker Hauff (Hg.), Unsere gemeinsame Zukunft. Der Brundtland-Bericht, Greven 1987.
Ernst Ulrich von Weizsäcker, Armory Lovins, L. Hunter Lovins: Faktor Vier. Doppelter Wohlstand – halbierter Verbrauch. Der neue Bericht an den Club of Rome, München 1997.

[25] Die umgangssprachliche Verwendung des Begriffes der „Nachhaltigkeit" hat von dieser Bedeutung kaum etwas übrig gelassen, ihn häufig sogar in sein Gegenteil verkehrt, wenn stabile, dauerhafte Dinge als „nachhaltig" bezeichnet werden. Danach wäre eine Autobahn „nachhaltig", obwohl sie nach der korrekten Bedeutung des Begriffes exakt das Gegenteil ist.

[26] Als eher skurriles, belustigendes Beispiel ist in diesem Zusammenhang die Havarie eines Frachters bekannt geworden, der u. a. Bade-Entchen aus Kunststoff geladen hatte, die mit über Bord gingen. Noch Jahre später fanden sich in allen Weltmeeren, auf allen Schifffahrtslinien, in allen Meeresströmungen die kleinen, gelben Plastiktierchen.

[27] Norbert Boltz: Der Verlust der Gewissheit und die neuen Stabilitätsbedingungen, in: Ders.: Blindflug mit Zuschauer, München 2005, S. 11–20.

[28] Ulrich Beck: Risikogesellschaft. Auf dem ‚Weg in eine andere Moderne, Frankfurt am Main 1986.
Ulrich Beck: Weltrisikogesellschaft, Frankfurt am Main 2007.

[29] Unabhängig von diesen Einwänden gegen öffentliche Subventionen zur Herstellung eines sonst nicht praktisch wirksamen, individuellen Interesses können staatliche Förderungen von Innovationen z. B. dann unumgänglich sein, wenn neue innovative Produkte in der Konkurrenz mit traditionellen, noch nicht marktfähigen, im Interesse eines Allgemeinwohls durchgesetzt werden sollen, obwohl die Grenzen zwischen Subventionen zur Etablierung eines Privatinteresses für Allgemeinwohl und Durchsetzung von Innovationen im Sinne des Allgemeinwohls vermutlich im konkreten Einzelfall schwer zu ziehen sein werden.

[30] Jürgen Habermas: Theorie des kommunikativen Handelns, Bd. 2, Zur Kritik der funktionalistischen Vernunft, Frankfurt am Main 1981.

[31] Georg Simmel: Die Krisis der Kultur, Gesamtausgabe Bd. 13, Aufsätze und Abhandlungen 1909–1918, Bd. II, Frankfurt am Main 2000 (1916), S. 190–201.

[32] Gerhard Schulze: Die Erlebnisgesellschaft. Kultursoziologie der Gegenwart, Frankfurt am Main 1992.

[33] Peter Sloterdijk: Du musst dein Leben ändern. Über Anthropotechnik, Frankfurt am Main 2009.

[34] Johannes Heinrichs: Öko-Logik. Geistige Wege aus der Klima- und Umweltkatastrophe, München 2007.

[35] Niklas Luhmann: Ökologische Kommunikation. Kann die moderne Gesellschaft sich auf ökologische Gefährdungen einstellen? Opladen 1990.

[36] Bruno Latour: Eine neue Soziologie für eine neue Gesellschaft. Eine Einführung in die Akteur-Netzwerk-Theorie, Frankfurt am Main 2007

[37] Bruno Latour: Die Hoffnung der Pandora. Untersuchungen zur Wirklichkeit der Wissenschaft, Frankfurt am

Main 2002, S. 117

[38] Bruno Latour: Die Hoffnung der Pandora. Untersuchungen zur Wirklichkeit der Wissenschaft, Frankfurt am Main 2002, S. 122

[39] Gerade gegen die binäre Codierung Luhmanns, in der Sphären strikt getrennt und keine Übergänge angenommen werden, sind auch von anderen Autoren erhebliche Einwände erhoben worden, z. B. von Ulrich Beck.[39a] Einwände, die sich bereits bei Georg Simmel [39b] finden. Allerdings steckt in dieser Ablehnung binärer Codierung auch eine gehörige Portion romantischer Rationalitätskritik, die sich besonders bei Latour durch die explizite Aufklärungsfeindlichkeit, rigide Ablehnung jeder „kritischen Soziologie" und durch eine stellenweise absichtsvoll dunkel wirkende Sprache zeigt, alles Elemente, die auch die historische Romantik prägten [39c].

[39a] Ulrich Beck: Das Zeitalter der Nebenfolgen und die Politisierung der Moderne, in: Ulrich Beck, Anthony Giddens, Scott Lash: Reflexive Modernisierung. Eine Kontroverse, Frankfurt am Main 1996, S. 47.

[39b] Georg Simmel: Die Krisis der Kultur, Gesamtausgabe Bd. 13, Aufsätze und Abhandlungen 1909–1918, Bd. II, Frankfurt am Main 2000 (1916b), S. 221.

[39c] Albert Meier: Klassik und Romantik, Stuttgart 2008.

[40] Eine angemessene Auseinandersetzung mit dem Werk Bruno Latours ist an dieser Stelle selbstverständlich nicht zu leisten und sein Versuch, die Polarisierung von Gegensätzen in Form „binärer Codierungen", also zum Beispiel den Gegensatz von „menschlichen und nicht-menschlichen Entitäten" etc. als Denkhemmungen zu überwinden, erscheint vielerorts plausibel und wird auch von anderen soziologischen Traditionen getragen. Dennoch tauchen immer wieder Formulierungen auf, die Bedenken auslösen, so zum Beispiel: „In der Tat kann sich die Arbeit Joliots nicht auf Besuche in Ministerbüros beschränken. Nachdem er sein Labor bekommen hat, muss er mit den Neutronen selbst verhandeln. Einen Minister zu veranlassen, Graphitvorräte freizugeben, ist das eine. Ein Neutron zu veranlassen, genügend abzubremsen, damit es ein Uranatom trifft, so dass drei andere Neutronen frei werden, ist das etwas anderes? Ja und nein. Für Joliot ist der Unterschied nicht sehr groß."[40a] Beide Handlungen, die hier dem Physiker Joliot zugeschrieben werden, die Beeinflussung eines Ministers und die eines Atoms, erscheinen als „instrumentell", als mechanisch-funktional, nicht als das, was soziale Handlungen ausmacht, als kommunikativ, sodass der Eindruck entsteht, es werde nicht die Ausweitung des Sozialen auf nicht-menschliche, sondern die Ausweitung oder Übertragung mechanisch-funktionaler, instrumenteller Beziehungen von nicht-menschlichen auf menschliche Entitäten vollzogen, also genau das Gegenteil von dem, was Latour zu tun behauptet.

[40a] Bruno Latour: Die Hoffnung der Pandora. Untersuchungen zur Wirklichkeit der Wissenschaft, Frankfurt am Main 2000, S. 108.

[41] Sacha Kagan: Art and Sustainability. Connecting Patterns for a Culture of Complexity, Bielefeld 2011.

[42] Georg Simmel: Wandel der Kulturform, Gesamtausgabe Bd. 13, Aufsätze und Abhandlungen 190 –1918, Bd. II, Frankfurt am Main 2000 (1916a), S. 190.

[43] Norbert Boltz: Der Verlust der Gewissheit und die neuen Stabilitätsbedingungen, in: Ders.: Blindflug mit Zuschauer, München 2005, S. 1, Hermann Lübbe: Zeit-Erfahrungen, Stuttgart 1996.

[44] Hans-Christian, Elke Harten: Die Versöhnung mit der Natur, Reinbek bei Hamburg 1989.

[45] Hermann Lübbe: Im Zug der Zeit. Verkürzter Aufenthalt in der Gegenwart, Berlin 1992.

[46] Norbert Boltz: Der Verlust der Gewissheit und die neuen Stabilitätsbedingungen, in: Ders.: Blindflug mit Zuschauer, München 2005, S. 11–20.

[47] Hermann Lübbe: Im Zug der Zeit. Verkürzter Aufenthalt in der Gegenwart, Berlin 1992.

[48] Bruno Latour: Eine neue Soziologie für eine neue Gesellschaft. Eine Einführung in die Akteur-Netzwerk-Theorie, Frankfurt am Main 2007.

[49] Johannes Heinrichs: Öko-Logik. Geistige Wege aus der Klima- und Umweltkatastrophe, München 2007.

[50] Hermann Lübbe: Im Zug der Zeit. Verkürzter Aufenthalt in der Gegenwart, Berlin 1992.

[51] Karl Ganser: Alles geplant – was nun? In: Klaus Sell, Lucyna Zalas (Hg.): Planung neu denken, Bd. 1. Zur räumlichen Entwicklung beitragen. Konzepte. Theorien. Impulse. Dortmund 2006, S. 529–546.

52 Albrecht Göschel: Ort und Raum: Die kulturelle Dimension im Konflikt um „Stuttgart 21", in: Forum Stadt. Vierteljahreszeitschrift für Stadtgeschichte, Stadtsoziologie, Denkmalpflege und Stadtentwicklung, 28. Jahrgang, Heft Nr. 3, 2011, „Stuttgart 21" – Reflexionen, S. 181–193.

53 Andreas Reckwitz: Das hybride Subjekt. Eine Theorie der Subjektkulturen von der bürgerlichen Moderne zur Postmoderne, Weilerswist 2006.

54 Laura Weissmüller: Ideen formen, nicht Objekte, in: Süddeutsche Zeitung Nr. 1, Montag, 2. Januar 2012, S. 11.

55 Aus diesem Grund bilden gegenwärtig auch Wohnprojekte in besonderer Weise die Planungs- und Entwurfsanlässe für innovative Lebensformen einer sozialen, ökonomischen und ökologischen Nachhaltigkeit, in denen sich das Allgemeinwohl, das sie bewirken können, an Individualinteressen anbinden und auf diese Weise in besonderer Form befördern lässt. Dieser besondere Stellenwert von Wohnprojekten, zum Beispiel von Baugemeinschaften oder Projekten des „Gemeinschaftlichen Wohnens" erklärt auch das Interesse, das gerade Werkbundmitglieder für die Arbeit mit diesen Projekten entwickeln, selbstverständlich neben der Hoffnung, das sich hier neue Märkte für Architekten auftun, eine Hoffnung, die sich eventuell als Illusion herausstellen könnte. Die besondere Nachhaltigkeitsdimension, die von Wohnprojekten erwartet wird, hängt nicht an Neubauten sondern ist erst dann in vollem Umfang zu erreichen, wenn derartige Projekte „im Bestand" entwickelt werden [55a].

55a Albrecht Göschel: Gemeinschaftlich Wohnen – Gemeinsam Leben, Vortrag zum Bundeskongress „Gemeinschaftlich Wohnen in Stadt und Quartier" der kommunalen Spitzenverbänden (05.12.2011), Berlin 2011, Publikation in Vorbereitung.

56 Vieles von dem, was besonders in den Wohnprojekten eines zeitgemäßen Designs realisiert wird, erinnert an die sogenannten „Öko-Dörfer", allerdings ohne deren Dogmatik, ohne quasi religiösen Fundamentalismus, der diese Dörfer häufig so schwer erträglich macht. In den Designkonzepten einer Integration von Produktdesign, Nachhaltigkeit und Kommunikation wird weniger radikal, daher aber weit breitenfähiger in pragmatischer Weise eine innovative Vermittlung von „Gebrauch" und „Verbrauch" gesucht.

57 Bereits 1986 wurde von Bazon Brock gefordert, den Werkbund als „kulturpolitische Institution" zu entdecken und sich für Gesetzgebung und deren Anwendung einzusetzen, statt sich als Heilsbringer für die gute Form zu verstehen, ohne doch die Möglichkeit zu haben, eine verbindliche Ästhetik zu propagieren, die es unter modernen Bedingungen auch schwerlich geben kann [57a].

57a Bazon Brock: Kulturpolitik statt Ästhetik. Lernt Lügen mit dem Deutschen Werkbund, in: Ders.: Ästhetik gegen erzwungene Unmittelbarkeit. Die Gottsucherbande, Schriften 1978–1986, Köln 1986, S. 323–326.

58 Deutscher Werkbund (Hg.): Werkbundsiedlung Weisenfeld, Nr. 7, München 2009.

ULRICH THIELEMANN

QUALITÄT, GEWINNMAXIMIERUNG UND MARKT – WIDER DIE ELIMINIERUNG RENTABILITÄTSFREMDER GESICHTSPUNKTE AUS DEM MARKTGESCHEHEN

Ausgangspunkte: Es gibt kein Jenseits von Richtig und Falsch

Die Thematisierung des Wirtschaftens, die alltägliche ebenso wie die wissenschaftliche, ist eine normative, eine ethische Angelegenheit, und sie war es immer schon.[1] Es macht nämlich schlechterdings keinen Sinn, über das Wirtschaften zu reden, anderen also Mitteilungen über das Wirtschaften zu machen, ohne dabei dieses Wirtschaften als (in bestimmter Hinsicht) richtig oder falsch zu klassieren – sei es als „effizient", „optimal", „rational", „gerecht" usw. oder eben als „ineffizient", „suboptimal", „irrational", „ungerecht" usw. Das eine ist die apologetische, das andere die kritische Version einer Wirtschaftstheorie. Zwar ist es im Prinzip denkbar, über das Wirtschaften zu reden, ohne damit einen normativen Sinn zu verbinden. Eine solche reine Beratertheorie, die ihren Adressaten (bzw. dann: ihren Kunden) nützliches Verfügungswissen an die Hand geben möchte (etwa darüber, wie sich Gewinne steigern lassen), statt ihnen normatives Orientierungswissen zu vermitteln (etwa darüber, ob dies dem Wohle aller dient), ist allerdings ebenfalls nicht ethisch neutral bzw. nicht jenseits von Richtig und Falsch zu verorten, da sie, ohne jede ethische Begründung, gegenüber bestimmten Interessenten parteilich verfährt und alle entgegenstehenden Interessen missachtet. Überdies transportiert sie ein bestimmtes Verständnis von Rationalität als normativ verbindlich, nämlich dasjenige instrumenteller Vernunft, für das in der ökonomischen Theorietradition der Name Homo oeconomicus steht.

Integrative Wirtschaftsethik ist ein neues Paradigma der Thematisierung des Wirtschaftens. Sie thematisiert und reflektiert die unausweichliche Normativität des Wirtschaftens und der Theorien, die es orientieren, ausdrücklich und methodisch-diszipliniert – statt wie üblich: wild. Gegenüber dem üblichen Verständnis von Wirtschaftsethik als einer Disziplin *neben* den anderen, in sich gleich bleibenden und ergo sich als „wertfrei" wähnenden wirtschaftswissenschaftlichen Disziplinen hält Integrative Wirtschaftsethik fest, dass es im Bereich des menschlichen Handelns (und also auch des Wirtschaftens) kein Jenseits von Richtig und Falsch gibt. Darum kann Wirtschaftsethik keine Sache der „Anwendung" vorgegebener Normen auf „die Wirtschaft" oder gar „unter den Bedingungen" der bestehenden, stillschweigend akzeptierten Marktmachtverhältnisse sein, sondern ist als Beurteilung des Wirtschaftens nicht nur im Einzelnen, sondern auch und vor allem im Ganzen als (in der jeweilig zur Debatte stehenden Hinsicht) „richtig" oder „falsch" zu begreifen und zu betreiben, also ohne Reflexionsstopps, ohne weiße Flecken. Insofern lässt sich formulieren, dass (Wirtschafts-)Ethik kein „Thema" ist. Wäre sie es, dann gäbe es daneben andere, ergo ethisch neutrale „Themen", was auszubuchstabieren ist in: Die Normativität der Thematisierung (die üblicherweise apologetischer Natur ist) wird der ethischen Reflexion entzogen. Man kann der Ethik nicht entrinnen.

Ökonomismus – Wie das Prinzip Eigeninteresse zum Moralprinzip erhoben wird

Die vorherrschende Wirtschaftstheorie ist ökonomistisch bzw. marktapologetisch geprägt, und zwar durch und durch. Marktkritische und marktrelativierende Positionsbezüge schaffen es von vornherein gar nicht, die Bewerbungsverfahren zu durchlaufen; in diesen stoßen sie auf eine „Phalanx marktgläubiger Professoren, dem Establishment der VWL".[2] Dies ist keineswegs bloß eine inneruniversitäre Angelegenheit (und sie erstreckt sich auch nicht allein auf die Volkswirtschaftslehre, sondern auch auf die Betriebswirtschaftslehre), wie bereits Keynes wusste: „Die Konzepte der Ökonomen und politischen Philosophen, ob sie nun richtig oder falsch sind, sind mächtiger als gemeinhin angenommen wird. Tatsächlich wird die Welt von kaum etwas anderem bestimmt."[3] Jeder, der sich professionell mit dem Wirtschaften beschäftigt, sei es im Management eines Unternehmens, in der Politikberatung oder in den Stuben der Wirtschaftsredaktionen, durchläuft ein Wirtschaftsstudium (teilweise mag es ein Selbststudium sein) und unterliegt dort der „Gehirnwäsche", als die Wolfgang Streeck das Wirtschaftsstudium unserer

Zeit charakterisiert.[4] In vertrauter Runde gesteht der unbenannte Inhaber eines Lehrstuhls der Volkswirtschaftslehre einem Journalisten: „Wissen Sie, die ersten vier Semester im VWL-Studium brauchen wir fürs Brain-Washing der Studenten."[5] Das Studium wird so zu einer Art „Umerziehung", und wer es durchläuft, dem wird „eingehämmert, dass es nur einen letzten Wert gebe: den des Profits".[6]

„Vernünftig ist, was rentiert", so brachte Max Frisch das ökonomistische Paradigma sarkastisch auf den Punkt.[7] Und je mehr es rentiert, desto „vernünftiger" muss das Handeln sein, desto eher ist es als ethisch richtig (legitim, verantwortbar, gerecht, fair usw.) zu klassieren. Dies ist die Kernbotschaft des Ökonomismus, der selbstverständlich eine ethische (normative) Position markiert, doch eine ganz eigenartige. Er vertritt nämlich eine Ethik ohne Moral. Damit das ethisch Richtige geschieht, bedürfe es keines Handelns aus ethischer Einsicht, aus Verantwortungsbewusstsein, aus Integrität, „aus Pflicht", wie Kant formuliert hatte. Es bedürfe vielmehr bloß des Gewinn- und Nutzenstrebens, der Orientierung am eigenen Interesse, das konsequent zu verfolgen und gegen Widerstände („constraints") durchzusetzen ist; es bedürfe der „Rationalität", worunter die ökonomische Theorietradition das fasst, was der Volksmund Gier nennt, nur innerlich konsequenter als dieser und der Gier gegenüber vollständig affirmativ.

Ökonomismus – bzw. synonym: Marktgläubigkeit – lässt sich also als diejenige ethische Konzeption fassen, die versucht, striktes Eigeninteressestreben (Nutzen- bzw. Gewinnmaximierung) bzw. „unbändiges Vorteilsstreben"[8] *zu rechtfertigen*. Da das Prinzip Eigennutz allumfassend ist und definitionsgemäß keine anderen Handlungsorientierungen neben sich duldet, wird dieses so zum Moralprinzip zu erheben versucht und damit zugleich der unbeschränkte Markt als der Ort, an dem eigeninteressiert agierende Homines oeconomici definitionsgemäß aufeinandertreffen, zum *Prinzip Markt* überhöht, das heißt zu einem Prinzip, dem alle Gesellschaftsbereiche zu unterwerfen sind.[9]

Hierzu wählt der Ökonomismus im Wesentlichen zwei Rechtfertigungsstrategien. In der grobschlächtigeren Variante wird „Freiheit", an und für sich, als Marktfreiheit gefasst, wobei Marktfreiheit von einer distanzierten Warte als das ungehinderte Ausspielen der je eigenen Marktmacht zu fassen ist. Jede Einschränkung von Marktfreiheit, der Freiheit zum Kaufen und Verkaufen, sei als „Eingriff" in die „Privatsphäre" zu deuten, was mit dem marktlibertären Slogan „freie Menschen, freie Märkte" gefasst wird. Grobschlächtig ist diese Version, da sie von vornherein jeden Gedanken der Fairness der Marktinteraktionsverhältnisse beiseite schiebt und eine krude Ethik der Nichteinmischung vertritt: Als sei ethisch alles in Ordnung, solange wir uns nur nicht die Köpfe einschlagen, was vom Marktlibertarismus als hinreichend dafür angesehen wird, von einer „freien" Gesellschaft zu sprechen.[10]

Die verbreitetere Rechtfertigungsstrategie bezieht das Wohl des Einzelnen durchaus ein, sieht aber keinen Gegensatz zum „unbändigen Vorteilsstreben" des Anderen, das vor allem als Gewinnmaximierung in Erscheinung tritt. Ausgerechnet ein Ökonom, der unter dem Titel „Wirtschaftsethik" publiziert und auch einen der wenigen so benannten Lehrstühle inne hatte, fasst die Schlüsselannahme aller Marktgläubigen prägnant zusammen: „Langfristige Gewinnmaximierung ist (…) nicht ein Privileg der Unternehmer, für das sie sich ständig entschuldigen müssten, es ist vielmehr ihre moralische Pflicht, weil genau dieses Verhalten (…) den Interessen der Konsumenten, der Allgemeinheit, am besten dient."[11] Diese in der ökonomischen Theorietradition tief verwurzelte Annahme fand vor nicht allzu langer Zeit in einer Äußerung Lloyd Blankfeins, des CEO und Präsidenten von Goldman Sachs, ihren Niederschlag; er antwortete auf die Frage, ob die Gewinne und Boni der Investmentbank nicht vielleicht auch einmal zu hoch ausfallen könnten: „I'm just a banker doing god's work."[12] Natürlich verweist Blankfein hier auf die „unsichtbare Hand" des Marktes, deren metaphysischen (voraufklärerischen) Charakter er keck betont. Diese sorge ja dafür, dass das finanzielle Eigeninteressestreben dem Wohl aller diene. Blankfein scheint tatsächlich zu glauben, dass die Bank, indem sie „den Unternehmen hilft, Kapital zu bekommen", es „den Menschen ermöglicht, Jobs zu haben", weshalb die Bank, gerade indem sie nach höchstmöglichen Gewinnen strebe, objektiv (allerdings nicht subjektiv) einem „sozialen Zweck" diene.

Es ist hier nicht der Ort, diese Marktgläubigkeit im Allgemeinen bzw. die hier in Anschlag gebrachte Kapitalmarktgläubigkeit im Besonderen zu widerlegen.[13] Vielmehr soll damit nur plausibilisiert werden, wie es dazu kommen konnte, dass die Ökonomik meint, die Ansicht vertreten zu dürfen, dass Gewinnmaximierung legitim sei. Dies manifestiert sich insbesondere darin, dass die Betriebswirtschaftslehre, die sich schon lange ob des „gesellschaftspolitisch neutralen Klangs" willen „Betriebswirtschaftslehre" und nicht etwa „Privatwirtschaftslehre" nennt, da diese „als Profitlehre verdächtig geworden" sei,[14] ihre Aufgabe letztlich darin erblickt, aufzuzeigen, *wie* die Gewinne bzw. *wie* „der Kapitalwert des Unternehmens zu maximieren" sei.[15] Dies wird dem Management-Nachwuchs an „Kapital-Universitäten"[16] beigebracht, die im Ranking umso höher steigen, desto höher das Gehalt der Studienabgänger ausfällt.[17] Dies manifestiert sich auch darin, dass die Betriebswirtschaftslehre in zentralen Bereichen (üblicherweise unter dem Begriff „Corporate Governance") der Frage nachgeht, *wie* das sog. „Prinzipal-Agent-Problem" zu lösen sei, womit diskussionslos und ohne jede ethische Reflexion vorausgesetzt wird, dass die Kapitaleigentümer in den Rang eines „Prinzipals" zu heben sind, dem also alle Vorrechte zustehen, wobei ihm unterstellt wird, keine Rendite zu kennen, die zu hoch ausfallen könnte, und dem Management die Rolle eines „Agenten" eben dieses „Prinzipals" zugewiesen wird, das, da es genauso wie dieser als Homo oeconomicus agiere, durch „Anreize" (vor allem in Form von Boni) dazu bewegt werden muss, für die „Prinzipale" alles herauszuholen, was sich herausholen lässt.

Gewinnmaximierung ist nicht legitimationsfähig

Auch ohne die ethisch fragwürdigen und selten erkannten Folgen des Strebens nach höchstmöglichen Gewinnen zu beleuchten, lässt sich Gewinn*maximierung* an und für sich ethisch beurteilen. Dazu gilt es, sich zunächst einmal klarzumachen, was Gewinnmaximierung ist. Gewinnmaximierung heißt, *alles* daran zu setzen, dass die Gewinne, die Kapitaleinkommen, insgesamt *so hoch wie möglich ausfallen* – ganz gleich, ob sie nun als Dividenden oder als Kapitalwertgewinne („Shareholder Value") anfallen. Dies ist unter gar keinen Umständen rechtfertigungsfähig, wie sogleich zu zeigen ist.

Zunächst gilt es, zwei Missverständnisse auszuräumen. Advokaten der Gewinnmaximierung und damit des Gewinnprinzips (denn der Gewinn wird hier zum letzten Prinzip erhoben) wenden zuweilen gegen die Kritik an ihrer Handlungsorientierung ein: „Aber wir betreiben es ja langfristig." Der Kritiker, so wird erwartet, möge also erleichtert aufatmen: „Ach so, dann ist ja alles in Ordnung."

Wer von „langfristiger Gewinnmaximierung" oder auch von „kurzfristiger Gewinnmaximierung" spricht, erweist sich als ein ökonomietheoretischer Laie. Denn Gewinnmaximierung ist bereits in sich „langfristig" ausgerichtet. „Langfristige Gewinnmaximierung" ist ein Pleonasmus, „kurzfristige Gewinnmaximierung" ein Widerspruch in sich. Wer heute etwas tut, um damit morgen riesige Gewinne einzufahren, dabei aber unberücksichtigt ließ, dass dies „riskant" war (für ihn), und daher übermorgen noch riesigere Verluste einfährt, hat nicht etwa Gewinnmaximierung betrieben, sondern sein finanzielles Eigeninteresse gerade verfehlt. Er hat weniger „kurzfristig", sondern vor allem „kurzsichtig" agiert. Wer hingegen die Gegenreaktionen anderer Akteure von vornherein einkalkuliert, nämlich derjenigen, die die Macht haben, die eigene Gewinnsituation zu beeinflussen (man denke etwa an abwandernde Kunden) und die in der Regel nicht sofort, sondern mit einer gewissen zeitlichen Verzögerung, eben „langfristig", reagieren bzw. sanktionieren, der wird zwar zunächst etwas tiefere Gewinne einfahren, „langfristig" und insgesamt jedoch höhere. Diese Hinnahme von zunächst etwas niedrigeren Gewinnen lässt sich als eine Investition fassen, die sich später bezahlt macht. Festzuhalten bleibt, dass sich die ethische Fragwürdigkeit der Orientierung an höchstmöglichen Gewinnen nicht daran entzünden kann, dass diese „kurzfristig" betrieben werde. Denn dann haben wir es nicht mit Gewinnmaximierung zu tun.

Das zweite Missverständnis besteht in der Annahme, die Orientierung an „langfristig" bzw. insgesamt höchstmöglichen Gewinnen sei identisch mit dem dauerhaften bzw. „langfristigen" Bestand des jeweiligen Unternehmens (bzw. allgemeiner: des Investitionsobjektes). In der Tat ist der dauerhafte Bestand eines Unternehmens mit all seinen Stakeholderbeziehungen (zu Mitarbeitern, Kunden, Zulieferern, der Standortgemeinde usw.) ein ethisch gewichtiger Wertgesichtspunkt. Doch erstens ist es kein unbezweifelbarer Wertgesichtspunkt – es ist gut, dass etwa die Asbestindustrie verschwunden ist (und wir hoffen, dass dies sozialverträglich geschah). Allgemein: Ob ein Unternehmen in seinem Bestand erhaltenswert ist, ist abhängig davon, ob es verantwortungsvoll geführt wird. Und zweitens ist der Bestand eines Unternehmens alles andere als klar geschnitten. Handelt es sich noch um das gleiche Unternehmen, wenn die Hälfte der Belegschaft outgesourct, für den Rest die Arbeit verdichtet wurde und das Unternehmen zwar noch den gleichen Namen trägt, doch alle Bereiche abgestoßen hat, die unterhalb einer bestimmten Benchmarkrendite liegen?

Die Gewinne bzw. Kapitaleinkommen, die das Gewinnprinzip maximieren möchte, sind nicht „für das Unternehmen" (wer ist das?) zu maximieren, sondern für die Kapitaleigentümer. Und diese wechseln, es sind zunehmend Hit-and-Run-Aktionäre. „So wie die Wirtschaft heute funktioniert – mit sekundenschneller Information, globalen Kapitalflüssen und internetbasiertem Aktienhandel – fühlen sich immer weniger Aktionäre in irgendeiner Weise wirklich dem Unternehmen verpflichtet, das ihnen ‚gehört'. Gigantische Investmentfonds kaufen und verkaufen jeden Tag nach Maßgabe unpersönlicher Aktienindizes Millionen von Aktien. Computerprogramme geben den Händlern Instruktionen darüber, welche Aktien sie kaufen oder verkaufen sollen – aber nur selten darüber, warum sie dies tun sollen. Und dann gibt es da noch die erst in letzter Zeit auftretenden *day traders*, die innerhalb weniger Stunden erst zu Anteilseignern und dann wieder zu Ex-Anteilseignern eines Unternehmens werden, da sie auf dem Markt ‚surfen' und stets nach kurzfristigen Trends und Arbitragegeschäften Ausschau halten. Dies sind die Anteilseigner – die höchstwahrscheinlich kein Interesse an den Produkten, den Dienstleistungen, den Angestellten oder den Kunden dieses Unternehmens haben –, deren Interessen der Firmenchef jetzt aber zu maximieren versprochen hat."[18]

Für den Investor bzw. den „Prinzipal" ist ein Unternehmen mit all seinen Stakeholderbeziehungen nichts als ein Instrument seiner (annahmegemäß) unstillbaren Renditewünsche. Auch wenn die Beziehungen zwischen der langfristigen, „nachhaltig" durchsetzbaren Erfolgsbilanz eines Investors zum dauerhaften Bestand eines Unternehmens bzw. Investitionsobjektes hochkomplex sind (so besteht das „Risiko" etwa von Lohn- und Kostensenkungen darin, dass das Unternehmen „vor die Wand gefahren" wird; schafft man noch rechtzeitig den Absprung?), so ist der *Sinn* der Gewinnmaximierung doch der, dem „Prinzipal" einen insgesamt höchstmöglichen „Return" aus dem Kapitaleinsatz zu verschaffen. Dies *ist* Gewinnmaximierung. Und die Frage ist, ob diese das Unternehmenshandeln jedenfalls offiziell bestimmende Handlungsorientierung und Ausrichtung, die wohl kaum je in ihrer Radikalität verstanden wird, legitimationsfähig ist.

Sie ist es selbstverständlich nicht. Es gibt wenig, was sich mit der gleichen Dezidiertheit behaupten lässt: Gewinnmaximierung ist unter gar keinen Umständen rechtfertigungsfähig. Dies gilt apodiktisch. Und es hat weniger mit dem Gewinn zu tun als vielmehr mit der Maximierung, mit der Unbedingtheit des Erfolgsstrebens. (Gewinn lässt sich als eine Ausprägung der „Nutzenfunktion" des Homo oeconomicus fassen, nämlich als diejenige, die im tatsächlichen Leben die bedeutendste ist.) Es wird hier auch nicht behauptet, dass irgendjemand tatsächlich Gewinnmaximierung betreibe. Doch *gilt* Gewinnmaximierung weithin als legitim. Was etwa suggestiv dadurch markiert wird, dass im Konzept des „Economic Value Added" – welches den Versuch darstellt, Gewinnmaximierung zu spezifizieren – jede Rendite, die tiefer als die an sich erreichbare bzw. durchsetzbare Rendite ausfällt, als „Verschwendung" bzw. als ethisch unzulässige und übergebührliche „Vernichtung von Kapital" klassiert wird.[19]

Zunächst lässt sich formal argumentieren: Nicht der Gewinn, sondern das Moralprinzip, der „eigentümlich zwanglose Zwang des [ethisch] besseren Arguments" (Jürgen Habermas), soll letztlich maßgeblich sein. Für denjenigen, der tatsächlich Gewinnmaximierung betreibt, müsste sich auch noch die Rechtfertigung dieses Tuns auszahlen. Wir können aber a priori nicht wissen, ob dies der Fall ist. Genau dies muss aber der Advokat des Gewinnprinzips voraussetzen. Er ist zugunsten der Rentabilität voreingenommen und kann darum sein Handeln schlechterdings nicht rechtfertigen, da dies eine andere Maßgabe, nämlich diejenige der Legitimität, voraussetzt.

Mit Kant – und letztlich handelt es sich hier um den gleichen Punkt – lässt sich sagen: Gewinnmaximierung verletzt das Moralprinzip – andere „jederzeit zugleich als Zweck" anzuerkennen, als Wesen gleicher Würde zu achten, niemals bloß „als Mittel" zu „gebrauchen" – unmittelbar und frontal.[20] Wer Gewinne maximiert, behandelt andere nach Maßgabe ihrer Macht, den Gewinn positiv oder negativ zu beeinflussen (bzw. als „Mittel" für den Gewinn). Gewinnmaximierung verletzt das Verdinglichungsverbot. In gleicher Weise lässt sich in Anlehnung an Hegel formulieren, dass derjenige, der Gewinne maximiert und folglich am Anderen nicht mehr als einer Person, die Ansprüche argumentativ zur Geltung bringen könnte, sondern an ihm nur noch in seinen Wirkungseigenschaften (vor allem an seiner Kaufkraft oder Produktivität) interessiert ist, ihm gegenüber „fertig" ist: Mit „anderen Worten, er tritt die Wurzel der Humanität mit Füßen. Denn die Natur dieser ist, auf die Übereinkunft mit Anderen zu dringen, und ihre Existenz nur in der zustande gebrachten Gemeinsamkeit der Bewusstsein[e]". Diese „Gemeinsamkeit der Bewusstseine"[21] und die dazu erforderliche Orientierung an Gründen, die intersubjektiv austauschbar sind, ist dem Gewinnmaximierer, da er schon weiß, wie zu handeln sei (nämlich stets so, dass der Gewinn maximal ist), a priori fremd.

Wenn Gewinnmaximierung a priori zu verwerfen ist, was tritt dann an ihre Stelle? Selbstverständlich die Orientierung an guten Gründen, wobei auch der Gewinn als ein – freilich zu relativierender – Grund anzuführen sein mag. Der eigene Gewinn (bzw. allgemeiner: das eigene Interesse) kann niemals die letzte Maßgabe des Handelns sein; ihm kommt vielmehr der Status eines Anspruchs bzw. eines Gesichtspunktes neben anderen zu. An die Stelle der Gewinnmaximierung tritt die Gewinnerzielung, zumindest aber das dazu erforderliche Maß an Gewinnstreben. Hervorzuheben ist hier vor allem die Wahrung des finanziellen Gleichgewichts, also die Fähigkeit eines Unternehmens, dauerhaft zahlungsfähig zu bleiben und hierfür die benötigten Überschüsse zu erzielen. Ansonsten verschwindet ein Unternehmen vom Markt.

Bezeichnend für das verbreitete Missverständnis des oft gedankenlos gebrauchten Begriffs „Gewinnmaximierung" ist die Annahme, beim Gewinn handele es sich um ein digitales Kriterium: Entweder maximiere ein Unternehmen (oder ein Investor) den Gewinn, oder er verzichte vollständig auf die Erzielung von Überschüssen bzw. Gewinnen. Diese Fehlannahme zeigt sich nicht nur in der verbreiteten Unterscheidung zwischen „Profit"- und „Non-Profit-Organisationen", sondern etwa auch in dem Hinweis, ein Unternehmen sei ja schließlich keine „Wohltätigkeits-veranstaltung".

Instruktiv ist hier etwa die Frage eines „*Spiegel*"-Redakteurs, der Muhammad Yunus, den Vorreiter des Sozialunternehmertums, interviewte. Auf die Aussage Yunus', er wünsche sich „viel mehr Unternehmen, deren Ziel in erster Linie nicht höchstmöglicher Gewinn ist, sondern höchstmög-licher Nutzen für die Menschen", reagierte der Redakteur mit der Frage: „Und Sie glauben, dass das zwei sich widersprechende Anreize sind? Die von Ihnen gegründete Grameen Bank, mit der Sie 2006 den Friedensnobelpreis erhalten haben, ist doch auch sozial und maximiert Profite?" Offenbar glaubt der Redakteur: Die Bank ist ein Unternehmen, folglich muss sie ja Gewinne ma-ximieren. Die Antwort von Yunus ist schlicht: „Es ist ein soziales Unternehmen, das Gewinn macht, aber nicht die Maximierung des Gewinns zum Ziel hat (...) Einzige Bedingung: Diese Un-ternehmen müssen selbsttragend sein."[22]

Von der Digitalität der Alternativen, die sich auch in der unseligen Gegenüberstellung von „Ego-ismus" und „Altruismus" wiederfindet, ist auch Hans-Werner Sinn überzeugt (oder er bedient sich ihrer), indem er meint, festhalten zu müssen, dass „Arbeitgeber (...) keine Altruisten" seien.[23] Da „Altruismus", verstanden als der Verzicht auf die Verfolgung je eigener Interessen (wie immer man sich dies vorstellen können soll), ohnehin von niemandem, auch nicht von den „Ar-beitgebern" (dem Kapital), verlangt werden kann, bleibt nur der vollständige und radikale „Ego-ismus" übrig, den Sinn allerdings nicht erwähnt, sondern bloß dessen Konsequenzen ökonomisch-technisch ausbuchstabiert: „Sie [die Arbeitgeber] stellen einen Arbeiter nur ein, wenn der Überschuss der von ihm erwirtschafteten Erträge über seine Lohnkosten positiv und nicht kleiner ist als der entsprechende Überschuss, den ein ausländischer Arbeiter oder eine Ro-boter erzeugen könnte."[23]

Dies ist, wegen des „nicht kleiner", ein über alle Maßen radikales Opportunitätskostendenken im Sinne von „Economic Value Added". Sollten die Berechnungen ergeben, dass die Arbeits-rentabilität eines „Arbeiters", also der Quotient aus Arbeitsentgelten bzw. Arbeitskosten und den Umsätzen, die dieser mehr oder minder direkt zu erzielen in der Lage ist, bei sagen wir 10 Prozent liegt, das Management, als anreizgesteuerter „Agent" des „Prinzipals" ständig auf der Suche nach einem noch rentableren Einsatz des Kapitals, jedoch entdeckt hat, dass die Auslagerung der betreffenden Funktion an einen Subunternehmer, Zeitarbeitsunternehmer oder in ein Niedriglohnland eine Arbeitsrentabilität von 12 Prozent erbrächte, so wird „der Arbeitgeber" bzw. das Management diesen „Arbeiter" oder auch die halbe Belegschaft ent-lassen. Dies sei nicht nur ein ganz normaler Vorgang, sondern auch vollständig legitim, denn, so formuliert dies Karl Homann, „keine Ethik, am wenigsten eine christliche", könne ja vom „Unternehmer (...) verlangen, dass er dauerhaft und systematisch gegen seine Interessen verstößt".[24] Womit die Erlaubnis ausgesprochen sein soll, sich „dauerhaft und systematisch" *für* die je eigenen Rentabilitätsinteressen einzusetzen bzw. diese „unbändig" und unbedingt zu verfolgen.

Die neue Radikalität im Management: Gewinnmaximierung als Programm

Es bestehen allerdings systematische Zweifel daran, ob die Akteure tatsächlich konsequent und radikal, wie hier unterstellt wird, nach höchstmöglichen Renditen streben. Wenn es so wäre, dann wären ja Fibeln wie „The Value Mindset" überflüssig. Dies gilt auch für Aussagen von Volks-wirten, die festhalten, dass derjenige, der nicht in Kategorien von Opportunitätskosten bzw. -gewinnen denkt und folglich nicht jedes Gewinnniveau, welches an sich zu erreichen wäre, ausschöpft (oder abschöpft?), dadurch Geld „in den Rhein schüttet", und zwar selbst, wenn er bereits Millionen- oder gar Milliardengewinne einfährt.[25]

Wir denken normalerweise – auch als Unternehmer oder Manager – nicht in solchen Kategorien, selbst wenn wir glauben, wir maximierten Gewinne. Darum sind, aus Sicht des Ökonomismus, solche im Kern pädagogischen Schriften und Botschaften nötig – da ja alles andere „irrational" sei. Diese Schriften und Botschaften lassen sich, indem sie ausbuchstabieren, was zu tun ist und welches Leben wir führen müssen, wenn wir Gewinnmaximierung (oder allgemeiner: Nutzen-maximierung) betreiben, also „rational" handeln wollen, als Ausdruck des ökonomischen Impe-rialismus deuten.

Doch wenn Gewinnmaximierung nicht bzw. noch nicht herrscht, was herrscht dann – sagen wir: normalerweise? Dass es da etwas geben muss, zeigt auch die Beraterszene, die eigenem Bekunden zufolge angetreten ist, „Wertgenerierung (...) als Leitziel aller Managementanstren-gungen (...) konsequent (...) zu etablieren" – und mit „Wert" ist hier nichts anderes gemeint als Gewinn für die Kapitaleigentümer. (Man wählt den Begriff „Wert" – als käme dieser irgendwie allen zugute – statt der präziseren Begriffe „Kapitaleinkommen", „Gewinn" oder gar „Profit", um damit die Gemeinwohldienlichkeit des Profitstrebens zu suggerieren, bzw. man dokumentiert bereits durch die Begriffswahl seine Marktgläubigkeit.) Dies bedeutet, „völlig unbefangen, mit mehr Abstand und losgelöst von historischen Entwicklungen" auf die Unternehmen zu blicken und durch diese zu schreiten, um „radikale Schnitte" zu setzen, das heißt alles „radikal" zu eli-minieren, was nicht der „Wertgenerierung" dient, womit etwa Outsourcing, Kosten- und damit Lohnsenkungen oder die Verdichtung von Arbeit gemeint ist, überhaupt eine andere Ausrich-tung der Tätigkeit, nämlich auf „Wertgenerierung" und sonst gar nichts; hierfür gebe es „gerade in Deutschland noch viel Potenzial".[26] Sicher auch in anderen Ländern.

Warum? Was haben die Unternehmen vorher gemacht? Sie haben Gewinne erzielt, sonst könn-ten sie im Wettbewerb ja gar nicht bestehen. Doch haben sie offenbar nicht alles daran gesetzt bzw. „zu wenig" dafür getan, „das volle Potential zu erschließen", weshalb ein solches, an sich „solides Unternehmen" durch „radikale Veränderungen hindurch" müsse, womit „erheblicher Mehrwert geschaffen werden" könne[27] – für die Shareholder, versteht sich, und für die Berater und vermutlich das anreizgesteuerte Management, und zu Lasten derjenigen, die diese „radi-kalen Veränderungen" zu spüren bekommen.

Vorher muss es offenbar noch andere Gesichtspunkte gegeben haben, die in dem „soliden" Un-ternehmen eine Rolle gespielt haben. Ich führe hierzu eine eher technische Kategorie ein, näm-lich diejenige rentabilitätsfremder (bzw. allgemeiner: marktfremder) Gesichtspunkte oder Werte. Die Elimination dieser Wertgesichtspunkte lässt sich als die *Praxis* bzw. als der *Prozess* der Gewinn*maximierung* fassen, oder allgemeiner: als Ökonomisierung der Lebens- und auch der Arbeitsverhältnisse in einer Marktwirtschaft. Denn die wirschaftliche Betätigung auch in einer Marktwirtschaft ist normalerweise in andere Wertgesichtspunkte neben dem der Renta-bilität „eingebettet"[28]; jedenfalls ist sie von diesen mitbestimmt. Dadurch wird die Marktwirt-schaft zu einer „sozialen" oder „sozialökologischen" Marktwirtschaft, je nach Wertgesichtspunkt, der in ihr auch noch eine Rolle spielt und spielen soll. Dass es noch etwas anderes gibt, als allein und radikal die Orientierung an dem einen Wertgesichtspunkt – dem Gewinn (oder allgemeiner: dem Erfolg) –, dessen Status dann nicht mehr intersubjektiv zu klären ist, da ja der Gewinnma-ximierer gegenüber allen anderen „fertig" (Hegel) ist, zeigt sich auch daran, dass das Ökono-miestudium, wie oben formuliert, als eine „Umerziehung" betrieben wird. Dem ökonomischen Nachwuchs wird nämlich Gewinnmaximierung (oder allgemeiner: Nutzenmaximierung) aner-zogen, und ihm wird ausgetrieben, dass es da noch andere Wertgesichtspunkte geben könnte, die ihr eigenes Recht haben. Die Studienabgänger erlernen sozusagen das Handwerk der Öko-nomisierung der Welt. Und dabei wird ihnen gleich noch die Theorie mitgeliefert, die all dies paradigmatisch legitimiert: der Ökonomismus.

Die Ökonomisierung der (Arbeits-)Welt – erläutert am Beispiel Qualität

Die Ökonomisierung der Welt, auch der zumindest in Randbereichen noch „sozialen" bzw. sozialökologischen Marktwirtschaft, lässt sich als eine Verlustgeschichte fassen. Verloren gehen alle der Rentabilität entgegenstehenden Wertgesichtspunkte, insbesondere solche der Legitimität, das heißt der Fairness und der Verantwortbarkeit, einerseits, der Sinnhaftigkeit andererseits. Jene betrifft die deontologische Dimension, diese die teleologische Dimension der Ethik.[29] Im Folgenden möchte ich Beispiele für die Präsenz marktfremder Gesichtspunkte im Marktgeschehen geben sowie dafür, dass diese unter Druck geraten. Dabei beschränke ich mich, dem Anlass gemäß, auf die Dimension der Sinnhaftigkeit des Wirtschaftens bzw. des Herstellens und damit auch immer des Gestaltens von „Produkten" im engeren und weiteren Sinne. Diese Sinnhaftigkeit lässt sich auch als Qualität fassen.[30]

In seinem letzten großen Interview hatte Vicco von Bülow, bekannt als Loriot, sein tiefes Bedauern darüber ausgesprochen, „dass heute alle Gedanken um das eine zu kreisen scheinen (...) Es geht nur noch ums Geld. Auch in der Unterhaltungsbranche. Vielleicht gerade da." Seitdem von Bülow mit dem Zeichnen von Cartoons „irgendwie leben" konnte, war Geld für ihn „nie das Entscheidende". Auf die Frage des *Spiegel*: „Was dann?", antwortet von Bülow: „Andere Fragen wie etwa: Ist die Idee gut?"[31]

Mit „guten Ideen" lässt sich, jedenfalls zuweilen, ganz schön viel Geld verdienen. Doch bedeutet dies nicht, dass dem Karikaturisten das Geld bzw. die Aussicht darauf die Feder geführt hätte, dass er etwa genau diejenigen Sujets wählt und diese genau so darstellt, *dass* der finanzielle Erfolg, der „Return on Investment", möglichst hoch ausfällt. Selbstverständlich nicht! Dies zu unterstellen wäre geradezu ein Affront. Aus der Sicht eines Karikaturisten, Künstlers, Schaffenden *darf* das Geld oder die Aussicht darauf ihm nicht die Feder führen. Wäre das Geld das „alles beherrschende Thema" seines Schaffens gewesen, dessen letzte Maßgabe, was sich etwa darin hätte manifestieren können, wie von Bülow erwähnt, die höchst lukrativen Werbeverträge, die ihm zugetragen wurden, anzunehmen, wäre dies „ein schrecklicher Fehler gewesen" und hätte „so ziemlich alles verraten," was er „in den 50 Jahren davor versucht" hatte. (Dies bedeutet selbstverständlich nicht, dass diese Orientierung an der „guten Idee" für die Werbung von vorn herein auszuschließen ist, Werbung also zu verteufeln wäre; dies ist allerdings ein anderes Thema.)

Was für Loriot, den Karikaturisten, allgemein: für den Künstler, gilt, gilt für jeden Schaffenden, für jeden, der ein Produkt herstellt, das er selbst nutzen wird oder das, wie in den allermeisten Fällen, andere nutzen werden. Jeder gute, vor allem jeder professionell produktiv Tätige sollte in seinem Schaffen *an der Sache* orientiert sein. Er sollte daran orientiert sein und ist in der Regel, in hoffentlich freudiger Werktätigkeit, damit beschäftigt und darauf konzentriert, diese Sache *gut* zu machen. Und natürlich sind die Standards des Guten je nach Profession höchst verschieden. Es müssen auch nicht ästhetische Standards sein, wenn diese wohl immer auch eine Rolle spielen sollten. In der Regel dürfte es sich vor allem um funktionale oder technische Standards des Guten handeln. Daran ist der Schaffende normalerweise, wie man sagt: intrinsisch, orientiert. Vielleicht verliert man sich gar in der Arbeit und erlebt, was Arbeitspsychologen als „flow" bezeichnen. Was von der etablierten Ökonomik selbstverständlich sogleich ökonomisiert bzw. instrumentalisiert wird.[32]

Man macht sich in der Regel nicht klar, wie radikal es wäre, wie sehr man die selbstverständlichen Standards humaner produktiver Betätigung verlassen würde, wäre das Produkt allein ein Mittel für etwas anderes, nämlich für den finanziellen Erfolg und sonst gar nichts. Jede Orientierung an der Sache, jede Sachlichkeit, ginge verloren. Man würde das, was man tut, genau auf den maximalen Gewinn zuschneiden. Man wäre nicht mehr damit beschäftigt, das, was man tut, nach den jeweiligen Standards seiner Profession gut zu machen, sondern allein damit, die Dinge genau so zu tun, dass der maximale Gewinn dabei herausspringt, und zwar in jeder Faser des Tuns, denn sonst würde ja „Wert in den Rhein geschüttet".

Für den im engeren und weiteren Sinn künstlerisch Tätigen (jedes Produkt hat ja unausweichlich eine ästhetische Dimension) würde dies bedeuten: maximaler Opportunismus, maximales Zuschneiden auf die manifesten (und in der Regel uninformierten, jedenfalls was die Qualität anbelangt, unvollständig informierten) Wünsche der Kundschaft. Vielleicht sind wir uns gar nicht bewusst, wie sehr die Entwicklungsabteilungen und später die Produktionsabteilungen davon bereits bestimmt und durchdrungen sind; die Marketingabteilungen wohl ohnehin.[33] Der Management-„Guru" Peter Drucker allerdings war anderer Meinung: „Es gibt eine Sache, die die Wertpapieranalysten (oder die Mainstream-Ökonomen?, Anm. des Verfassers) nie verstehen werden, und das ist das Wirtschaften: Sie glauben, dass Unternehmen ‚Geld machen'. Unternehmen machen Schuhe!"[34]

Die Konzentration darauf, „Schuhe" zu machen, gute Schuhe selbstverständlich – die, wie hinzuzufügen wäre, verantwortungsvoll und in fairem Umgang mit allen Beteiligten herzustellen sind – und damit verdientermaßen ein anständiges Einkommen zu erzielen (da es ja gute Schuhe sind), statt „Geld machen" zu wollen und alles andere darauf instrumentell auszurichten, darin lässt sich eine wesentliche, ja unverzichtbare Dimension einer „sozialen" Marktwirtschaft erblicken; diese umfasst wohlverstandenerweise nicht nur die (ebenfalls unverzichtbaren) sozialen Sicherungssysteme, sondern ist auch als „soziale" (bzw. sozial-ökologische), faire, gemäßigte, ethisch eingebettete oder menschliche Marktwirtschaft von unten zu fassen.[35] Dies findet sich auch im Gedanken der „Unentgeltlichkeit" der jüngsten Sozialenzyklika des Papstes wieder (die auch einem Atheisten wie mir Anregungen zu geben vermag). Diese „Unentgeltlichkeit", die nichts anderes als den Verzicht auf radikale Ökonomisierung und das Kalkulieren mit dem spitzestmöglichen Bleistift benennt, findet auch „*in den* geschäftlichen Beziehungen", „*im* normalen wirtschaftlichen Leben" ihren Platz – faktisch und normativ.[36]

Faktisch geht sie allerdings zunehmend verloren. Dass die wettbewerblich oder unmittelbar erzwungene Ökonomisierung der Arbeitsverhältnisse als Verlust an Konzentration auf die Sache und an Sinnorientierung empfunden wird, davon berichten etwa Handwerker, die sich (hier: im Baubereich) einem „verschärften Preiskampf" und damit einhergehend einem „nie dagewesenen Ausmaß" an „Hektik, Konkurrenzdenken und Individualismus" gegenüber sehen. Die Folgen fasst der Soziologe Peter Schallberger zusammen: „Der permanente Zeitdruck verunmögliche es ihnen, ihren Beruf entsprechend den Vorstellungen, die sie mit einer gelungenen Werktätigkeit verbinden, weiterhin sauber, korrekt und stimmig auszuüben. Sie sehen sich insofern in ihrem Berufsstolz gekränkt, als sie sich aufgrund des allgegenwärtigen Zeitdrucks gezwungen sehen, den Erfolg ihrer Arbeit bloß noch in Kategorien der effizienten Erledigung, nicht mehr aber in Kategorien der funktionalen und ästhetischen Stimmigkeit zu bewerten."[37]

Vor allem die „funktionale Stimmigkeit", also die Qualität, das Gegenteil von „Pfusch", ist nicht nur im Baubereich, sondern etwa auch, und hier im besonderen Maße, im Bereich der medizinischen Versorgung von großer Bedeutung.

Interessant ist in diesem Zusammenhang ein Urteil des Europäischen Gerichtshofes. Es ging hierbei um das sogenannte „Fremdbesitzerverbot" des deutschen Apothekengesetzes, welches vorschreibt, dass eine Apotheke nicht nur von einem approbierten Apotheker betrieben, sondern sich auch im Eigentum eines oder mehrerer der-art pharmazeutisch Qualifizierter befinden muss. Dagegen hatte die als Aktiengesellschaft verfasste niederländische „Doc Morris N.V." geklagt; das Gesetz verstoße gegen die innerhalb der Europäischen Gemeinschaft geltende und zu gewährleistende Niederlassungsfreiheit.

In seiner Urteilsbegründung hielt der EuGH, der die Klage zurückwies, fest: „Für den Betreiber, der Apotheker ist, lässt sich nicht leugnen, dass er ebenso wie andere Personen das Ziel verfolgt, Gewinne zu erwirtschaften. Als Berufsapotheker ist bei ihm aber davon auszugehen, dass er die Apotheke nicht nur aus rein wirtschaftlichen Zwecken betreibt, sondern auch unter einem beruflich-fachlichen Blickwinkel. Sein privates Interesse an Gewinnerzielung wird somit durch seine Ausbildung, seine berufliche Erfahrung und die ihm obliegende Verantwortung gezügelt."[38]

Mir scheint, dass hiermit ein Grundsatz formuliert ist, der für jede wirtschaftliche Betätigung gilt (ohne dass hieraus zwingend legalrechtliche Konsequenzen zu ziehen sind, wiewohl diese höchstwahrscheinlich sehr wünschenswert wären): Die Erzielung von „Gewinnen" – oder allgemeiner: von Einkommen – ist selbstverständlich ein legitimes Ziel und eine legitime, ja unverzichtbare Dimension einer jeden wirtschaftlichen Betätigung innerhalb einer Marktwirtschaft. Doch muss diese ökonomische Interessenorientierung, wenn das Wirtschaften als legitim gelten können soll – und wenn es beanspruchen will, Qualität im umfassenden Sinne zu liefern – durch rentabilitätsfremde Gesichtspunkte der Legitimität und Qualität bzw. Sinnhaftigkeit (allgemeiner oder branchenspezifischer Natur) „gezügelt" (oder besser: sinnhaft) orientiert werden.

Qualität erfordert die Entthronung des Gewinns

Fassen wir zusammen: Qualität ist Orientierung an der Sache, womit gemeint ist: an einer im engeren und weiteren Sinne guten Sache. Das ökonomistische Gegenteil von Qualität besteht darin, die Sache nach Maßgabe ihrer Tauglichkeit zur Gewinnerzielung zu behandeln oder zu betreiben, und zwar durch und durch. Die Sache und letztlich alles, was irgendwie mit der Tätigkeit in Zusammenhang stehen könnte, wird damit zum austauschbaren Instrument der Gewinnmaximierung. Das ökonomistische Gegenteil der Orientierung an Qualität ist die opportunistische Anpassung an manifeste „Kundenwünsche" – an die Wünsche von Kunden, die glauben, sie kauften Qualität. So sie überhaupt noch als Kunden in Frage kommen: Die Ökonomisierung mag ja dazu geführt haben, dass ihre Kaufkraft nun nicht mehr hinreicht.)[39]

Dies ist nicht nur der Qualität abträglich. (Wobei sich hierüber streiten ließe. Doch sind die Markterfolge von Produkten, denen einigermaßen unbestreitbar Qualität zu bescheinigen ist – man denke an die Produkte der Firma Apple – ursächlicher Ausdruck des Strebens nach maximalen Gewinnen? Oder sind die Markterfolge umgekehrt, jedenfalls im Wesentlichen, Ausdruck des Strebens nach Qualität? Im ersten Fall hätte die Kundschaft, deren unbeschränkte Qualitätsexpertise vorausgesetzt, den fraglichen Anbieter, im Verein mit den aktuellen oder potenziellen Konkurrenten, vollständig in Dienst nehmen müssen, damit er etwas tut, was gar nicht seine Absicht war, nämlich Qualität zu erzeugen. Dies ist alles andere als plausibel.) Es ist auch unverantwortlich. Denn das Streben nach Qualität, die Orientierung an der Sache, ist letztlich Ausdruck einer Verpflichtung, üblicherweise gegenüber Unbekannten. (Man kennt in der Regel nicht nur die laufende Kundschaft nicht, man weiß auch nicht, wer alles kommen und sich für das Produkt interessieren könnte.)

Die Orientierung an der Sache, die dem eigenen Anspruch nach eine gute Sache sein (oder werden) soll, muss ja intersubjektiv teilbar sein. Auch andere müssten erkennen und einsehen können, dass es sich um Qualität handelt. Wer sich auf die Sache konzentriert, ist damit nur scheinbar allein bei sich, er ist auch bei anderen. Er ist gegenüber diesen nicht „fertig" (Hegel). Es gibt Gründe dafür, warum es eine gute Sache ist, warum sie so und nicht anders getan werden muss, damit dabei Qualität herauskommt, damit die Sache Qualität beanspruchen kann.[40] Insofern lässt sich auch formulieren: Qualität ist Kommunikation, womit nicht unbedingt

Kommunikation in einem äußerlichen Sinne gemeint ist, sondern der Orientierung nach. Es ist dabei durchaus kritische Kommunikation mit den Adressaten der Qualität (der Kundschaft), die diese teilweise erst schätzen lernen müssen.

Um die Bedeutung dieser Dimension der Bestimmung von Qualität zu fassen, mag man sich vorstellen, auf wie viele tausend verschiedene Arten sich ein Produkt herstellen lässt, und jedes Mal hat man es, jedenfalls aus der Sicht des Laien, mit ein und demselben Produkt zu tun – einem Schuh, einem Auto, einem Brot, einer Stereoanlage oder womit auch immer. Den tausend verschiedenen Arten entsprechen, sagen wir, hunderte Arten von „Pfusch", die der Kunde als Laie spät oder auch nie erkennen wird, sondern erst der Experte als solche zu identifizieren in der Lage ist. Wer sich an der Sache orientiert, daran, „ob die Idee gut ist", kommt damit zugleich einer Verantwortung gegenüber anderen, nämlich gegenüber der unbestimmten Zahl von Nutzern nach, die häufig oder in der Regel weniger gut über die Güte des Produktes Bescheid wissen. Wäre er, als Gewinnmaximierer, nur an ihrer Zahlungsfähigkeit interessiert, handelte er nicht nur verantwortungslos, sondern widerspräche auch seinen Interessen als *professional*.

Insofern ist das Streben nach Qualität Ausdruck der „Moralisierung der Märkte".[41] Diese erfordert die Entthronung des Gewinns – gedanklich wie praktisch. Sie erfordert den Verzicht auf die Fortführung der Ökonomisierung bzw. Rentabilisierung des Wirtschaftens durch ein zunehmend ökonomisch radikalisiertes Management, das angetreten ist, mit der Gewinnmaximierung, die schon lange in den Lehrbüchern der Ökonomik als Maßgabe angeblich „rationalen", also richtigen Wirtschaftens festgehalten ist, ernst zu machen.

Wenn weithin erkannt ist, dass Gewinnmaximierung nicht rechtfertigungsfähig ist, dürfte es den Gewinnmaximierern schwer fallen, in ihrem Tun fortzufahren. (Also, NGOs, unternehmensbezogene Watchdogs, fordert die Unternehmen auf, ausdrücklich der Gewinnmaximierung abzuschwören, ganz so, wie dies etwa die Alternative Bank Schweiz schon lange tut; denn nur so haben die Unternehmen die Chance, ihren Anspruch, legitim und verantwortungsvoll zu wirtschaften, einzulösen.[42]) Dies ist vor allem eine Frage der Bildungs- und Ausbildungssysteme. Allerdings sollte man sich keinen falschen Illusionen hingeben. Aus Gründen, die nicht nur mit der Verbreitung von ökonomistischer Verbohrtheit und Marktgläubigkeit zu tun haben, wäre es vollkommen illusorisch, die Moralisierung der Märkte allein auf individualethischem oder auch auf allein unternehmensethischem Wege zu erwarten. Vielmehr ist die Moralisierung der Märkte ordnungspolitisch zu gewährleisten. Dies ist zu bedeutsam, um es unerwähnt zu lassen, kann hier aber nicht im Einzelnen gezeigt werden. Dazu sei auf andere Schriften verwiesen.[43]

[1] Ulrich Thielemann: Wettbewerb als Gerechtigkeitskonzept. Kritik des Neoliberalismus, Marburg 2010, S. 59ff.; Peter Ulrich: Integrative Wirtschaftsethik. Grundlagen einer lebensdienlichen Ökonomie, 4. Aufl., Bern/Stuttgart/Wien 2008, S. 101ff.

[2] Miriam Olbrisch, Michaela Schießl: Versagen der Uni-Ökonomen. Warum bringt uns keiner Krise bei?, Spiegel Online, 28.12.2011

[3] John Maynard Keynes: The General Theory of Employment, Interest, and Money, London 1936, S. 383. – Mir scheint, der praktische Einfluss politischer Philosophen, so sie nicht eine ökonomische Theorie der Politik vertreten, ist heute deutlich geringer als derjenige der Ökonomen.

[4] Wolfgang Streeck: Man weiß es nicht genau: Vom Nutzen der Sozialwissenschaften für die Politik, MPIfG Working Paper 09/11, Köln 2009, www.mpifg.de, S. 25.

[5] Olaf Storbeck: Leben in der Scheinwelt, Handelsblatt, 30.9.2010, www.handelsblatt.de.

[6] Jens Jessen: Unterwegs zur Plutokratie, Zeit Online, 03.09.2011.

[7] Max Frisch: Schweiz als Heimat? Frankfurt am Main 1990, S. 465.

[8] Karl Homann: Vorteile und Anreize, Tübingen 2002, S. 131.

[9] Vgl. kritisch Ulrich Thielemann: Das Prinzip Markt. Kritik der ökonomischen Tauschlogik, Bern/Stuttgart/Wien 1996 (www.mem-wirtschaftsethik.de); ders.: System Error. Warum der freie Markt zur Unfreiheit führt, Frankfurt am Main 2009, S. 65ff.

[10] Ulrich Thielemann: Kritisch zum Marktlibertarismus. Markt und Freiheit. Begrenzen wir den Wettbewerb! Zeit Online, 26.04.2010; ders.: 2009, S. 115ff.

[11] Karl Homann, Franz Blome-Drees: Wirtschafts- und Unternehmensethik, Göttingen 1992. S. 38f.

[12] John Arlidge: I'm Doing God's Work. Meet Mr. Goldman Sachs, in: Times Online, 08.11.2009.

[13] Vgl. dazu Ulrich Thielemann 2010, S. 329ff.; ders.: 2009, S. 188ff.; ders.: Die unverstandene Rolle des Kapitals als angeblicher „Dienerin der Realwirtschaft", in: Zschaler, Frank E. et al. (Hg.): Jahrbuch für Finanz- und Organisationsethik, Bd. 2, im Erscheinen, Stuttgart 2012, Vorabveröffentlichung unter www.mem-wirtschaftsethik.de.

[14] Dieter Schneider: Geschichte der Betriebswirtschaftslehre, in: Michael Lingenfelder, (Hg.): 100 Jahre Betriebswirtschaftslehre in Deutschland, München 1999, S. 1–29, hier S. 18. Vgl. zu den erfrischenden Erkenntnissen der „Privatwirtschaftslehre" Wilhelm Riegers (Tübingen 1929), die sich ausdrücklich nicht als Rezeptwissenschaft verstand, Ulrich Thielemann 2010, S. 95–99.

[15] Horst Albach: Betriebswirtschaftslehre ohne Unternehmensethik, in: Zeitschrift für Betriebswirtschaft, Jg. 75, Nr. 9, 2005, S. 809–831, hier S. 813. Vgl. kritisch Ulrich Thielemann, Jürgen Weibler: Betriebswirtschaftslehre ohne Unternehmensethik? Vom Scheitern einer Ethik ohne Moral, in: Zeitschrift für Betriebswirtschaft, Jg. 77, Nr. 2, S. 179–194.

[16] Rudolf Walter: Wenn Hürlimann jodelt, in: Der Freitag, 18.04.2009, www.freitag.de.

[17] Im Financial Times ranking of full-time MBA machen die beiden Kriterien „Gewichtetes Einkommen in US-Dollar" und „Prozentualer Gehaltszuwachs [durch das Studium]" 40 Prozent der Punkte bei der Bewertung einer betriebswirtschaftlichen Fakultät (bzw. „Business School") aus. Vgl. Ursula Milton: How to read the rankings, Financial Times, 29.01.2007, www.ft.com.

[18] Robert Simons, Henry Mintzberg, Kunal Basu: Memo to: CEOs, in: Fast Company, 31. Mai 2002; www.fastcompany.com/magazine/59/ceo.html.

[19] Vgl. etwa Eric Stern, Mike Hutchinson: The Value Mindset. Returning to the First Principles of Capitalist Enterprise, Hoboken 2004.

[20] Immanuel Kant: Grundlegung der Metaphysik der Sitten, Werkausgabe Bd. VII, Frankfurt am Main 1974, S. 61.

[21] Georg Wilhelm Friedrich Hegel: Phänomenologie des Geistes, Werke Bd. 3, Frankfurt am Main 1986, 64f.

[22] Muhammad Yunus: Der Kapitalismus ist zum Spielcasino verkommen, Interview, www.spiegel.de, 09.10.2008.

[23] Hans-Werner Sinn: Arbeit für alle, in: Die Welt, 01.03.2006, S. 9.

[24] Karl Homann: Gesellschaftliche Verantwortung der Unternehmen, in: Ursula Schneider, Peter Steiner (Hg.): Betriebswirtschaftslehre und gesellschaftliche Verantwortung, Wiesbaden 2004, S. 1–16, hier S. 13.

[25] Dennis C. Mueller: Wettbewerb und Leistung auf zwei ungewöhnlichen Märkten, in: Perspektiven der Wirtschaftspolitik, Bd. 8, Sonderheft, 2007, S. 133–140, hier S. 135.

[26] Jochen Ihring, George Kerschbaumer: Erfolgreich umstrukturieren mit Private Equity, in: Akzente (Kundenmagazin von McKinsey Deutschland), Nr. 22, Dezember 2001, S. 2–7.

[27] David Pinkerton, Andrew Joy: Private equity ist effizienter als der öffentliche Aktienmarkt, Interview, in: Finanz und Wirtschaft, 5. Mai 2004, S. 23.

[28] Karl Polanyi: The Great Transformation. Politische und ökonomische Ursprünge von Gesellschaften und Wirtschaftssystemen, Frankfurt am Main 1978 (1. Aufl. 1944).

[29] Ebd.

[30] Vgl. zum Unterschied Ulrich Thielemann 2009, S. 108–110. Deontologische Ethik benennt die Dimension der Rechte und der korrespondierenden Pflichten; teleologische Ethik benennt die Dimension des Guten und damit letztlich den potenziellen Gehalt eines moralischen Rechts.

[31] Wenn im Folgenden von Qualität die Rede ist, wird damit nicht auf die Summe der Eigenschaften eines Gegenstandes abgestellt, sondern auf die Güte dieser Eigenschaften.

[32] Vicco von Bülow: Es geht nur noch ums Geld, Interview, in: Der Spiegel, Nr. 52, 2006, S. 62–66, www.spiegel.de.

[33] Vgl. etwa Bruno S. Frey, Margit Osterloh: Managing Motivation. Wie Sie die neue Motivationsforschung für Ihr Unternehmen nutzen können, 2. Aufl., Wiesbaden 2002. – Dies bedeutet, dass das Subjekt der Tätigkeit (der Mitarbeiter, die Mitarbeiterin) zum Objekt wird und das nun dispositive Subjekt des Tätigkeitsfeldes (das Management, der „Agent" des Kapitals) seinerseits extrinsisch an nichts als am Gewinn orientiert ist und sein soll, wozu gehören mag, dass er die unmittelbar Tätigen im Glauben lässt, so sich dies auszahlt, zwischen der Orientierung an der Sache und der Sache (dem Produkt) selbst bestünde ein interner Zusammenhang. Die Beschäftigten, die im engeren und weiteren Sinne „Werktätigen", dürften rasch spüren, dass dies von nun ab eine Illusion ist.

[34] Dass es beim Marketing, jedenfalls nach dem auch vorfindlichen professionellen Selbstverständnis, nicht um die opportunistische Anpassung an Kundenwünsche geht, zeigen etwa die innerprofessionellen, zum Teil heftigen Reaktionen auf den Vorschlag des PR-Managers Klaus Merten, Public Relations als „Lizenz zum Täuschen" zu begreifen und zu betreiben. Vgl. Nils Klawitter: Lizenz zum Täuschen, www.spiegel.de, 24.10.2008, sowie die Diskussionen im PR-Journal (www.pr-journal.de).

[35] Peter Drucker: Peter Drucker Takes The Long View, Interview, in: Fortune Magazine, 28. September 1998, http://money.cnn.com/magazines/fortune/fortune_archive/1998/09/28/248706/index.htm.

[36] Vgl. implizit etwa auch Stefanie Hiß: Corporate Social Responsibility – Innovation oder Tradition? Zum Wandel der gesellschaftlichen Verantwortung von Unternehmen in Deutschland, in: Zeitschrift für Wirtschafts- und Unternehmensethik, 10/3 (2009), S. 287–303.

[37] Benedikt XVI: Caritas in Veritate, Vatikan 2009, www.vatican.va.

[38] Peter Schallberger: Zwischen Panik und Euphorie. Fallrekonstruktive Befunde zum subjektiven Erleben der „neoliberalen" Transformation, in: Kurt Imhof, Thomas S. Eberle, (Hg.): Triumph und Elend des Neoliberalismus, Zürich 2005, S. 142–155, hier S. 148f.

[39] EuGH: Urteil vom 19. Mai 2009, Rechtssache C-171/07, http://curia.europa.eu.

[40] Vgl. zum Zusammenhang zwischen der Intensivierung des Wettbewerbs (die Folge der Ökonomisierung ist) und Preissteigerungen Ulrich Thielemann 2010, S. 229ff.

[41] Vgl. zur ethischen Bedeutung der Orientierung an Gründen bereits im (scheinbar) „einsamen Denken" Karl-Otto Apel: Grenzen der Diskursethik? Versuch einer Zwischenbilanz, in: Zeitschrift für philosophische Forschung, Bd. 40, H. 1 (1986), S. 3–31, hier S. 7f., 18, 24f.

[42] Der Begriff wurde geprägt von Nico Stehr: Die Moralisierung der Märkte, Frankfurt am Main 2007.

[43] Die Alternative Bank Schweiz (ABS) hält in ihrem Leitbild (Mai 2011) fest: „Die ABS strebt nicht nach Profit-

maximierung. Sie will jedoch Gewinn erzielen." Vgl. www.abs.ch

[44] Vgl. Ulrich Thielemann 2009, S. 178ff.

MATTHIAS BURCHARDT

KRISE UND VERANTWORTUNG –
PROLOG DES DRITTEN HUMANISMUS

Wenn es gegenwärtig etwas geben sollte, das nicht in die Krise kommt, dann ist es die Krise selbst: Mal zeigt sie sich als ökologische Krise, mal als Wirtschaftskrise, dann als Finanzkrise, schließlich als soziale Krise, wenn nicht gerade als Krise der Demokratie. Und selbst wenn wir des notorischen Krisengeredes in den Medien inzwischen überdrüssig werden, können wir nicht abstreiten, dass es Umweltverschmutzung und Ressourcenknappheit, Klimaveränderungen und Artensterben, Hunger und Genozide, Unterdrückung und Ausbeutung, Staatsschulden und Rating-Agenturen, Kriege und Terror, Fundamentalismus und Werteverfall, atomare Verseuchung und Energiekonzerne, *slums* und *gated communities* gibt. Je nach Breite und Höhe des journalistisch verstärkten Alarmpegels sind wir geneigt, die Krisensymptome nicht nur isoliert zu betrachten, sondern als tiefer gehende Dysfunktionalität unserer Lebensform: Die Wirtschaftskrise, die ökologische Krise, die Krisen des Politischen und des Sozialen stoßen uns auf Probleme in unserem Verhalten, in den institutionellen Strukturen und Prozessen.

Oft erklingt dann der Slogan „Jede Krise ist auch ein Chance!", denn die Krise ist eine strenge und wohlmeinende Lehrmeisterin, die uns fördert und fordert. Sie zeigt unsere Schwächen auf und zwingt uns so zur Optimierung unserer Funktionen: Die Schuldenkrise lehrt die europäischen Staaten das Sparen durch Rationalisierung und das flächendeckende Einführen von *new public management*. Die ökologische Krise erteilt uns eine Lektion in Sachen „Nachhaltigkeit", die politische Krise, die sich in der Occupy-Bewegung oder Stuttgart 21 anzeigt, kann durch mehr „Teilhabe" gelöst werden und die soziale Krise durch „Bildung". Man muss eben nur an den richtigen „Stellschrauben" drehen und „gegensteuern", dann kann man auch in schweren Zeiten politisch „Kurs halten". Soviel zur Rhetorik der politischen Kybernetik (griech. Steuermannskunst). Im Hintergrund solcher Rede steht die Deutung der Krise als vorübergehende *Dysfunktionalität*, der durch Funktionsoptimierung beizukommen ist. Wie unzutreffend dies ist, zeigt sich allerdings daran, dass die angebotenen Lösungsvorschläge selbst noch im Geiste des Problems gedacht sind: Die ökonomische Krise der Euro-Staaten wird durch Rationalisierung und Sozialabbau nicht gelöst, vielmehr schwächen die neuen Managementmodelle die Leistungsfähigkeit der Institutionen und Akteure, vertilgen die Innovationskraft und bedrohen die kulturelle Vielfalt der betroffenen Länder. Ganz abgesehen davon ist es beschämend für ganz Europa, wenn zum Beispiel griechische Schulkinder aufgrund von Hunger im Unterricht zusammenbrechen. Ähnlich sieht es mit der ökologischen Krise aus: Die Nachhaltigkeitsdiskussion stellt nämlich unsere ressourcenverzehrende Lebensform nicht prinzipiell in Frage, sondern forciert bloß eine ökonomistische Ressourcenbewirtschaftung.[1] Entsprechend vermag auch die Inszenierung von Teilhabe kaum zu verschleiern, dass die res publica nicht mehr res populo ist, sondern dass die Machtzentren in den Zeiten der Postdemokratie[2] längst in die Lobbies oder Thinktanks verlagert sind. Es ist deshalb zynisch, wenn von Bürgern in überschuldeten Kommunen plebiszitär entschieden werden darf, ob denn nun das Schwimmbad oder die Bibliothek geschlossen werden soll.

„Teilhabe" in diesem Sinne ist eine bloße Politikattrappe, eine Funktionalisierung von Partizipation im Schatten von Sachzwängen, insbesondere wenn die selektive Zuweisung von Teilhabe noch an Qualifikationshürden gekoppelt wird[3] und eine Gestaltungsmöglichkeit des Ganzen gar nicht zur Disposition gestellt wird. So konnte man den Gegnern von Stuttgart 21 einen Dialog anbieten, in dem das Projekt selbst nicht in Frage gestellt werden durfte, wohl aber über die Standorte von Blumenkübeln diskutiert werden konnte. Der inzwischen durchgeführte Volksentscheid ist ebenfalls in der Logik einer instrumentellen Auffassung von Demokratie zu betrachten und ist deshalb in keiner Weise dazu angetan, als Beispiel gelebter Demokratie zu gelten, da über die Zahl der Stimmen als Legitimation hinaus eine Einigung in der Sache durch diskursive Entschließung nicht stattgefunden hat.

Gleichermaßen darf bezweifelt werden, dass die soziale Krise durch „Bildung" gelöst werden kann. Die Unter- und Mittelschicht haben längst verstanden, dass der Slogan „Aufstieg durch Bildung" keinen Anhalt mehr in der Realität hat. Clemens Knobloch zeigt[4], dass die sprachmagische Bannung von sozialen Problemen durch Bildungsrhetorik politisch nicht aufgeht: Nur weil man nicht mehr von „Armen", sondern von „bildungsfernen Schichten" spricht und statt Geld nun Bildungsgutscheine verteilt, kann die Perspektivlosigkeit der jungen Generation nicht geheilt werden. Wenn demnächst auf Druck der OECD die Akademikerquote in Deutschland auf 40 Prozent erhöht wird, bedeutet das keine soziale Aufwertung dieser Menschen inklusive entsprechender Bezüge und Sozialchancen, sondern lediglich eine Abwertung der akademischen Abschlüsse mit entsprechendem Niveauverlust an den öffentlichen Universitäten und lebenslängliches Prekariat für immer mehr Turbo-Akademiker. Im Hintergrund der Bildungsrhetorik steht letztendlich der Imperativ einer effizienten Ökonomisierung von Humanressourcen. Das ist selbstverständlich das Gegenteil von dem, was Humboldt und die Tradition einmal unter Bildung verstanden, es ist sogar weniger als Ausbildung: Es ist „Employability".

Zusammengefasst: Die Krise wird verkannt, wenn sie nur als optimierungsbedürftige Störung von Funktionszusammenhängen eingeschätzt wird. Die Instrumente der Effizienz- und Funktionssteigerung sind deshalb keine Lösung, sondern ein Teil des Problems. Die bittere Wahrheit ist, dass das Leben, wie wir es kennen und schätzen, zugrunde gehen wird – nicht, weil es dysfunktional wäre, sondern im Gegenteil – weil unsere Lebensform so effizient und effektiv funktioniert. Ein verantwortlicher Umgang mit der *pan-krisis* muss darin bestehen, nach dem Sinn des Funktionalitätsparadigmas selbst zu fragen. Was macht eigentlich Menschsein aus? Worin besteht ein gutes Leben? Was ist das Glück? Erst vor dem Hintergrund dieser fundamentalen Fragen kann entschieden werden, ob es überhaupt einen Sinn ergibt, eine Lebensform in ihren Funktionen zu optimieren; denn aus optimiertem Irrsinn wird noch lange kein Sinn, aus effizientem Unrecht kein Recht und aus zertifiziertem und qualitätsgemanagedem Krieg kein Frieden.

Die Krise kann – dem Wort nach – deshalb als Sinn-Scheide verstanden werden, als Ort, an dem wesentliche Fragen der *conditio humana* wie unter dem Brennglas vergrößert aufscheinen und den Weltbürgern zur Beantwortung vorgelegt werden. So betrachtet wirft die Wirtschaftkrise die anthropologische Grundfrage nach dem Sinn von Arbeit auf: Ist diese ein Ort der Ausbeutung oder der Selbstverwirklichung? Leben wir, um zu arbeiten, oder arbeiten wir, um zu leben? Warum gibt es Männer, Frauen und Kinder, die sich körperlich verschleißen, ohne in den Genuss der Früchte ihres Tuns zu kommen, während andere die Früchte genießen, ohne sich je die Hände schmutzig machen zu müssen?

Nimmt man die *ökologische Krise* als Sinnkrise, ist auch die Frage nach dem menschlichen Verhältnis zur Natur zu stellen: Selbst wenn etwa das Schöpfungsmodell aufgrund seiner theologischen Voraussetzungen oder die aristotelische *physis* aufgrund ihrer Entelechie nicht mehr als Deutungsmuster herangezogen werden kann, zeigt sich doch, dass die Entteleologisierung, Mechanisierung und Entzauberung der Natur durch die aufklärerische Moderne, der Grund einer verheerenden Ressourcenlogik geworden ist, die theoretisch, ethisch und politisch nicht mehr zu halten ist. Und: Was ist mit der Natur, die wir selbst sind? Sind wir auch nur noch Rohstoffe auf der großen Sachzwangrampe, die an der Schwelle zur Zukunft aufgestellt ist? Sicher nicht! Natur und Mensch sind diesseits von Nachhaltigkeit und biologisch-ökologischen Reduktionismen sinnhaft zu bestimmen, wenn wir aus dem technisch-ökonomistischen Funktionsparadigma aussteigen wollen.

Die *Krise des Politischen* wirft die Frage nach dem Sinn des Politischen, des Gemeinwesens und seiner rechten Form auf. Die Verkürzung der Demokratie auf eine funktionale Problemlöse-Instanz, die aufgrund von maximaler Kommunikation zwar nicht am schnellsten – das wäre die

Diktatur –, aber am besten auf externe Herausforderungen reagieren kann, ist ein Zerrbild, das John Dewey in „Democracy and Education"[5] zeichnet. Wir sehen aktuell, dass demokratische Prozesse mit der Echtzeit des Geldes nicht mehr Schritt halten können und verzichten deshalb zunehmend auf diskursive und legitimatorische Prozesse. Von Deweys Position aus könnte man nach der Qualität von Entscheidungen fragen, die unter explizitem Ausschluss einer demokratisch vielstimmigen Sachklärung zustande gekommen sind. Unter der anthropologischen Sinnperspektive greift aber selbst diese berechtigte Rückfrage nicht weit genug; bleibt doch die Frage ungeklärt, ob denn das Demokratische nur funktional zu legitimieren ist – also als optimierte Reaktion auf externe Sachzwänge – oder ob nicht das Politische mehr und anders ist als eine Problemlöse-Instanz: eine Seinsweise des *zoon politikon*, die sinnhaft erfüllt werden muss.

Die *soziale Krise* schließlich stellt uns vor die Frage nach der Gerechtigkeit, die mehr umfasst als bloß das Verteilungsproblem, was allerdings nicht ausschließt, die Konzentration von Vermögen auf wenige Personen der Weltbevölkerung als ungerecht zu bezeichnen und politisch umzugestalten.

Überschreitet man also die Engführung der Krise auf temporäre Dysfunktionalität bedeutet Verantwortung im vollen Sinne ein Wahrnehmen und Beantworten von Sinnanfragen. Im Zentrum aller Krisen steht – nach meiner Überzeugung – die Fragwürdigkeit des Menschen selbst, die tiefe Verunsicherung bezüglich des Sinns seiner Existenz, in Zeiten, in denen alle Funktionsmythen von Produktion und Konsum fragwürdig geworden sind.

Die Krise des Menschen

In „Die Ordnung der Dinge" diagnostiziert Michel Foucault lakonisch, dass „der Mensch verschwindet wie am Meeresufer ein Gesicht im Sand"[6]. Damit ist nicht die faktische Auslöschung unserer Spezies gemeint, wie Philanthropen befürchten oder radikale Ökoaktivisten erhoffen würden. Das Ende des Menschen ereilt diesen bei Fortdauer seiner Existenz. Es wird weiterhin gewählt und regiert, konsumiert und produziert, kopuliert, geboren oder abgetrieben, gestorben und getötet, gespielt und gelacht, nur ist es nicht mehr „der Mensch", dem dieses widerfährt, sondern ein „kognitives System", „programmierbare Biomasse" oder was immer die Humanwissenschaften als Erben für „den Menschen" auserkoren haben. Es stirbt allein der *homo humanus*, der einst durch Vernunft, Sprache und Freiheit zum Subjekt einer Humanisierungsgeschichte werden sollte, der nicht nur Thema, sondern auch Projekt der Anthropologie war: „Mensch" war damals nie nur ein Name, sondern immer auch eine Norm. Der Mensch des Humanismus verstand sich schließlich als Selbstzweck, „Menschlichkeit" wurde von „Unmenschlichkeit" abgegrenzt und über die „Menschenrechte" (1789) gab es einen Bezugpunkt, der nicht an den sozialen Status, Nationalität oder Religiosität gebunden war. Schon als Mensch war man Rechtssubjekt, wenngleich die Instanzen, vor denen dieses Recht eingeklagt werden konnte, nicht ohne weiteres zur Verfügung standen.

Die Behauptung des *homo humanus* im zweiten Humanismus, wie er etwa bei Wilhelm von Humboldt oder auch Johann Gottfried Herder nachzuweisen ist, erfolgte jedoch zu keiner Zeit naiv und unkritisch, wie uns die späte Moderne glauben machen will. Humanismuskritik war ein steter, skeptischer Begleiter des Humanismus, vertreten durch die Humanisten. Herder unterstreicht in seinen „Ideen zu einer Philosophie der Geschichte der Menschheit", dass die Kehrseite menschlicher Perfektibilität stets seine Korruptibilität ist[7], dass die Anthropologica Sprache, Freiheit, Kunst, Sinnlichkeit (usf.) keine unverbrüchlichen Fundamente, sondern historisch aufgegebene Problemtitel menschlicher Selbst- und Weltauslegung bilden.

Gleichwohl unternahmen die Humanisten den Versuch zu prüfen, inwieweit der Mensch als Fluchtpunkt zur Klärung von theoretischen, praktischen und ästhetischen Fragen taugen konnte – in einer Situation, in der die metaphysischen Ordnungen nicht mehr in der Lage zu sein schienen, diese Aufgaben auszutragen.

Was im Nachgang dazu als *Humanismuskritik* über den *homo humanus* hereinbrach, stellte genau diesen Fluchtpunkt radikal in Frage, also die Möglichkeit, dass „der Mensch" als letztes Prinzip des Denkens und Handelns fungieren könnte. Vergleichbar mit einem großen Teilchenbeschleunigerexperiment in der Physik, in dem Teilchen in ihre Einzelteile zerlegt werden, widerfährt auch „dem Menschen" eine wissenschaftliche Zergliederung: Während die Humanisten seine Individualität postulierten, wurde er in der Geschichte anthropologischer Selbstbeforschung zum Dividuum, zum Teilbaren gemacht, das auf zugrunde liegende Strukturen zurückgeführt werden konnte. Darwin stellte ihn in eine natürliche Abstammungsgeschichte, die nicht nur seine Herkunft, sondern auch sein Wesen naturalisierte. Marx zeigte auf die konstituierenden Produktionsverhältnisse, Freud auf psychische Strukturen, Nietzsche auf den Willen zur Macht und Foucault auf die diskursiven Voraussetzungen, die so etwas wie „den Menschen" disponieren konnten. Wo sich aber „der Mensch" als abgeleitete Größe erwies, war er theoretisch nicht mehr zu halten.

Die Ironie der Geschichte des Humanismus besteht in der Sicht Michel Foucaults[8] gerade darin, dass die Ermächtigung des Menschen zum Subjekt allen möglichen Wissens zum Grund für seine Selbstliquidation wurde: Er stirbt auf dem Feld der Anthropologie und an seine Stelle treten als Spaltprodukte „die Gesellschaft", „die seelischen Instanzen", „der Diskurs", „die Gene", „das Gehirn" usf. Die Humanwissenschaften wenden sich nun diesen Isotopen zu und erklären sie zu den eigentlichen Trägern des Wahren, Schönen und Guten. „Der Mensch" dagegen hat seine explikative Kraft eingebüßt und wandert in den Fundus ausgedienter Requisiten des Welttheaters.

Dies könnte das Ende der Geschichte vom Menschen sein und vielleicht sogar ein friedliches, wäre nicht diese in groben Strichen nachvollzogene Entwicklung der Grund für die gegenwärtige Krisenlage, die die Frage nach dem Menschen neu hervortreibt. Ein Blick auf die sogenannte Postmoderne vermag diesen Zusammenhang noch deutlicher herauszuarbeiten.

Mythologeme der Postmoderne

Die Geschichte der Humanismuskritik kulminierte in den 80er und 90er Jahren des vergangenen Jahrhunderts in einer Pandemie des Präfixes „Post-". In Anbetracht der breiten Diskussion ist es bemerkenswert, wie still es in den letzten Jahren um „die Postmoderne" geworden ist. So still, dass die meisten Studierenden heute weder den Ausdruck gehört, geschweige denn die relevanten Diskursformationen genauer studiert hätten. Es erscheint mir deshalb sinnvoll, an diese Zeit zu erinnern, auch wenn es ausgesprochen gerafft und im Gestus des Epilogischen geschieht. Die Schlagworte der Zeit sind schnell zusammengefasst. Man sprach von „Pluralismus" und „Relativismus", vom „Tod des Subjekts" und „des Autors", vom „Ende des Menschen" und „der Geschichte" (Francis Fukuyama), „anything goes" (Paul Feyerabend) und vom „Ende der großen Erzählungen" (Lyotard).

Die angeführten Glaubensformeln, die durch das Feuilleton geisterten, erhoben unter dem Titel „Postmoderne" nicht den Anspruch, eine neue Epoche einzuleiten, die die Moderne ablösen könnte. Vielmehr ging es um eine Radikalisierung von Tendenzen der Moderne, die allerdings deren Projekt in Frage stellten: Die Probleme einer Pluralität von Lebensformen und der Relativität der Geltung von Normen und Wahrheitsansprüchen hatte sich auch schon der Humanismus vorgelegt, mit dem Unterschied allerdings, dass eine Einigungsperspektive zumindest im Sinne einer regulativen Idee aufrecht erhalten wurde. Pluralismus und Relativismus dagegen geben diesen Anspruch auf und behaupten die Unmöglichkeit einer überwölbenden Klammer des Denkens und Handelns, die die Vielzahl der Vernünfte, der diffundierten Identitäten, der kulturellen Spielarten und Normen, der politischen Systeme und ästhetischen Stile zusammenführen könnte. Weder „der Mensch" noch „das Subjekt", noch eine transpersonale „große Erzählung" konnten als Fluchtpunkt und Prinzip der Einheit oder Einigung ins Feld geführt werden. Das Leben erschien dementsprechend als ein großes Spiel mit brüchigen Regeln, das man – je nach Standpunkt – lustvoll als letzte Befreiung feierte oder als Entfremdung von den Ansprüchen der Moderne betrauerte.

Spätestens jedoch seit uns die finanziellen Schulden und die ethische Schuld dieser Zeit eingeholt haben, wird zunehmend mit kritischen Augen auf „die Postmoderne" geschaut, zumal ihre Mythologeme längst ihre Strahlkraft eingebüßt haben, wie sich an Zeittendenzen und neuen Schlagworten zeigt. Anstelle einer Pluralisierung der Lebens- und Denkformen können wir eine Homogenisierung derselben beobachten: So wie sich die deutschen Innenstädte kaum noch voneinander unterscheiden, weil allenthalben die gleichen Ketten ihre Filialen eröffnen, so erscheinen die kulturellen Differenzen unter dem Druck einer weltweiten Ökonomisierung nur noch als regionale Einfärbungen, die über die Wiederkehr des ewig selben Kosten-Nutzen-Kalküls einer instrumentellen Vernunft kaum hinwegtäuschen. Entsprechend macht sich auf den Trümmern der entwerteten Werte die Norm der Effizienz breit, der kategorische Komparativ des Ökonomismus.[9] Und während sich die Intellektuellen noch mit Evidenzen für die Unmöglichkeit von Normbegründungen beschäftigten, wurde ein Kraftfeld entfesselt, das keiner Rechtfertigung bedarf, um Normen in Geltung zu setzen: der totale Markt.[10] Verantwortlich für diese Transformationen sind – auch nach dem Tod von Subjekt und Autor – ironischerweise nicht anonyme Diskurse, sondern ausweisbare Akteure und machtvolle Institutionen (OECD, WTO, Bertelsmannstiftung), und selbstverständlich ist auch völlig evident, dass es eine große Mehrheit von Verlierern und nur eine kleine Zahl von Profiteuren dieser Machenschaften gibt. Es sind nicht „die Märkte", die ganze Volkswirtschaften über mehrere Generationen zu Geiseln nehmen und die Erde zur Ausplünderung freigeben, sondern plutokratische Machtcliquen.

Die Lage der Anthropologie stellt sich nach dem „Ende des Menschen" als zersplittert dar: An Deutschen Universitäten ist sie längst in Teildisziplinen der Humanwissenschaften aufgelöst worden. In der gesellschaftlichen Wirklichkeit findet dagegen ein gewaltiges Umerziehungsprogramm zum *homo oeconomicus* statt. Das Leitbild[11] der sogenannten Bildungsreformen ist der Mensch als Humankapital und Unternehmer seiner selbst[12]. Und obwohl das „Ende der Geschichte" mit dem Fall der Mauer besiegelt zu sein schien, führen deutsche Soldaten Kriege in vielen Teilen der Welt und entledigen sich nordafrikanische Völker ihrer Diktatoren, mit oder ohne der Hilfe ihrer ehemaligen Kolonialherren.

Auch die Formel *anything goes* klingt heute nicht mehr nach grenzenloser Freiheit, die keiner übergeordneten Instanz mehr verpflichtet wäre. Zwar verhängt auch der Ökonomismus ein Individualisierungsdekret im Imperativ, Portfolios mit Zertifikaten zu füllen und Alleinstellungsmerkmale auszubilden, doch geschieht dies immer in einer Haltung der Kapitalisierung des Lebens, im Angesicht stetig drohender „Qualitätstribunale"[13], die einen gewaltigen Anpassungsdruck auf die Menschen ausüben, marktferne oder gar -transzendierende Elemente aus ihrer Biographie zu tilgen[14].

Und zuletzt: Haben wir wirklich keine *großen Erzählungen* mehr? Ist nicht die gebetsmühlenartige Beschwörung der „Globalisierung" eine solche Klammer um alle kleinen Geschichten, als Rechtfertigung für „Modernisierung" und „Reformen"? Was wäre, wenn die ganze „Postmoderne" selbst nur eine solche große Erzählung ist?

Festzuhalten bleibt, dass wir – aus der Sicht des Humanismus – in einer Zeit eskalierender Inhumanität leben, aber zugleich aller Mittel beraubt scheinen, dies als inhuman zu bezeichnen und politisch zu bekämpfen. Übersetzt man nämlich das Programm der „Postmoderne" aus ideengeschichtlichen Kategorien in politisch-strategische Begriffe, erweist es sich als massive Schwächung von Demokratie, Kulturalität, Personalität und Normativität – als Vorbereitung eines ökonomistischen Weltputsches, wie Ernst-Ulrich von Weizäcker beim Werkbundtag in Frankfurt 2011 eindrücklich ausführte: 1989 waren lediglich 6 Nationen durch das neoliberale Regime regiert, heute sind es 190.

Perspektiven: Mensch 3.0?

Die aufgeworfenen Fragen nach Krise und Verantwortung führen in theoretischer, praktischer und politischer Hinsicht zur Frage nach dem Menschen, denn die Krise der Krisen zeigt sich als anthropologische Sinnkrise, als Blick in die Grundlosigkeit oder Ungegründetheit unserer Existenz. Die Anfragen der Postmoderne auf der theoretischen Ebene ernst zu nehmen, bedeutet anzuerkennen, dass wir kein vorfindliches Fundament mehr haben, auf das wir uns als Menschen fraglos berufen könnten. Die Ansprüche der Ethik dagegen zwingen uns anzuerkennen, dass das Problem der Normativität gerade heute unumgänglich ist – bis hin zu der Aufgabe der Universalisierung von Normen. Denn bei allen intellektuellen Skrupeln und Verunmöglichungstheoremen bleibt doch die Aufgabe personaler Verantwortlichkeit bestehen. Warum sollten Ausbeutung von Natur und Instrumentalisierung von Menschen in Europa anstößiger sein als in China oder Bangladesh? Die politische Analyse schließlich zeigt auf, dass die Abwesenheit von Fundamenten nicht bedeutet, dass es keine Normen und Menschenbilder mit universellem Anspruch auf Gültigkeit mehr geben würde: im Gegenteil.

Es ist die dramatische Aufgabe unserer Generation zu prüfen, welche Ansprüche des Humanismus im Feuer der Postmoderne verbrannt sind und welche geläutert wurden. Verantwortung in der Krise heißt deshalb zunächst nachzuvollziehen, dass das technokratisch-ökonomische Lebensmodell theoretisch wie praktisch gescheitert ist. Hierzu bedarf es einer kategorialen Prüfung der leitenden Handlungs- und Denkmodelle und einer Wiedervorlage der anthropologischen Grundfragen: Was ist der Mensch? Was ist das Glück? Was sind Gerechtigkeit, der Sinn des Politischen und der Sinn von Arbeit? Wie ist unser Verhältnis zur Natur zu gestalten? Wie ist Normativität auszuweisen?

Diese theoretische Besinnung muss sich allerdings vor zwei Gefahren in Acht nehmen: Weder darf sie eine schlichte Restauration des Menschenbildes des 18. Jahrhunderts vornehmen, noch darf sie die Modelllogik des Ökonomismus fortschreiben. Im ersten Fall würde man an die Stelle des Anspruchs den Fetisch einer Historisierung setzen, „Humboldt ist tot" wie Jürgen Rüttger medizinisch korrekt diagnostiziert hat, die Bildungsidee dagegen ist – allen geistlosen Reformbemühungen zum Trotz – nicht totzukriegen. Und: Selbst Kritiker des Ökonomismus sind bisweilen selbst noch Modell-Insassen dieser mächtigen Strömung, sodass es nach Jahren medialer Bewusstseinsbewirtschaftung tatsächlich einer neuen Aufklärung und Bildung bedarf, um das Gewand des *homo oeconomicus* wirklich abstreifen zu können.

Neben der theoretischen Durchdringung der anthropologischen Krise bedarf es weiterhin einer politischen Aufarbeitung, zumal in demokratischen Ländern, die erschreckend leicht zur Beute des ökonomischen Totalitarismus und seiner Profiteure geworden sind. Wer trägt durch Tun oder Unterlassen die Verantwortung für den Raubbau an Natur und Mensch, an der Zerstörung kultureller Vielfalt und ökonomischer Kraft? Wer war korrupt, wer naiv, wer Überzeugungstäter? Wer übernimmt die Verantwortung für die Krise und zieht in seinem Handeln Konsequenzen? Wer aufmerksam zuhört, wird feststellen, dass sogar Menschen in Führungspositionen, diesen kritischen Analysen zustimmen. Wenn man dann allerdings fragt, warum sie dann gegen diese Einsicht handeln, wird man oft institutionelle Sachzwänge und hierarchische Einbindung als

Rechtfertigung zu hören bekommen. Vielleicht hat Günter Anders ja Recht, wenn er befürchtet, dass das Eichmannzeitalter nicht mit dem Zweiten Weltkrieg beendet wurde[15].

Eine politische Antwort auf die Krise kann in unseren Breiten deshalb nur in einer Revitalisierung der Demokratie als Lebensform bestehen, die niemanden aus seiner Verantwortung für die *res publica* entlässt.

Ein Anknüpfungspunkt für den notwendigen anthropologischen Aufbruch findet sich bei dem Freiburger Philosophen Eugen Fink, der den Menschen nicht als isolierte Substanz, als starkes Subjekt denkt, sondern als Wesen der Relation[16]. Der Mensch existiert als unaufkündbares Selbst-, Mit- und Weltverhältnis. Diese Verhältnisse kommen in elementaren Praxen zur Erscheinung, die fünf Daseinsfelder aufspannen: die Felder der Arbeit, des Spiels, der Liebe, der Herrschaft und des Kultes.[17] Diese Sphären antworten je verschieden auf Grundbedingungen der relationalen Existenz und konstituieren dort eigensinnige Fundierungen des Menschseins, die nicht aufeinander zurückgeführt werden können, ohne gewaltsam ihrer Eigensinnigkeit beraubt zu werden. Die Auffächerung der Grundphänomene zeigt nicht nur die Vielheit der Daseinsdeutungen: Jede Kultur, jede Zeit und jedes Individuum verhält sich zum Problem der Liebe, aber die Deutungen können erheblich variieren. Sie ermöglicht auch Verstehen und Begegnung durch ein gemeinsames *tertium comparationis,* das die Unterschiede zur Geltung bringt. Einheit und Vielheit können auf diese Weise analogisch aufeinander bezogen werden, sodass Relativismus und Pluralismus nicht das letzte Wort behalten.

Finks Aufriss der Grundphänomene hat darüber hinaus aber auch noch in normativer Hinsicht eine hilfreiche Funktion: Die Übergriffe einer Lebenssphäre auf die anderen sind als Totalitarismen zu klassifizieren, als die Tilgung des Eigensinns der Bereiche durch die Expansion einer bestimmten Logik. Dort, wo die Kirche sich anmaßt zu entscheiden, wer herrschen soll, welche Kunst zu produzieren ist, welche Eheschließungen akzeptabel sind und wie Produktions- und Eigentumsverhältnisse gestaltet werden müssen, sprechen wir von religiösem Fundamentalismus. Wenn Politik dagegen in alle Lebensbereiche hineinregiert und bestimmt, welche Kunst „entartet" ist, dass „Rassenzugehörigkeit" bei Eheschließungen eine Rolle spielt usf., dann handelt es sich um politischen Totalitarismus. Wenn die Kosten-Nutzen-Logik, der Markt, das Wettbewerbsprinzip und die Kapitalisierung in alle Lebensbereich vordringt, handelt es sich theoretisch um einen Kategorienfehler und praktisch um ökonomischen Totalitarismus.

Eine Konsequenz, die aus der Krisenanalyse zu ziehen ist, lautet deshalb: Zurückweisung des vermeintlichen ökonomistischen Sachzwangs. Künstler sind dem Eigensinn des Künstlerischen verpflichtet, nicht der Logik des Marktes, Familien sind keine Humanressourcen oder informelle Produktionsstätten neuen Humankapitals, sondern ambivalente Liebesbeziehungen, das Politische ist keine Funktion der Märkte, sondern Gestaltungsort des Gemeinwesens, Kirchen sind keine Dienstleistungsagenturen, sondern Schwellen von Immanenz und Transzendenz, und selbst das Feld der Arbeit ist unterbestimmt, wenn man es auf die ökonomistische Deutung reduziert – zum Glück ist sogar die Ökonomie theoretisch wie praktisch reicher als der Ökonomismus.

[1] Malte Brinkmann: Nachhaltigkeit, in: Vierteljahrsschrift für wissenschaftliche Pädagogik, Heft 2., 2006. S. 280f.

[2] Colin Crouch: Postdemokratie, Frankfurt am Main 2008.

[3] Matthias Burchardt: Teilhabe, in: Vierteljahrsschrift für wissenschaftliche Pädagogik, 2010. Heft 1, S. 107f.

[4] Clemens Knobloch: Warum Privatunis schick sind, in: Vierteljahrsschrift für wissenschaftliche Pädagogik, Nr. 1, 2011, S. 74–87.

[5] John Dewey: Demokratie und Erziehung, Weinheim 1993, S. 19.

[6] Michel Foucault: Die Ordnung der Dinge, Frankfurt am Main 1974, S. 462.

[7] Johann Gottfried Herder: Ideen zur Philosophie der Geschichte der Menschheit, in: Werke Band XIII. Bernd Suphan (Hg.), Hildesheim 1967, S. 110.

[8] Michel Foucault, Paolo Caruso: Gespräch mit Michel Foucault, in: Von der Subversion des Wissens. Walter Seitter (Hg.), Frankfurt am Main 1996, S. 7–27.

[9] Jan Masschelein, Maarten Simons: Globale Immunität oder Eine kleine Kartographie des europäischen Bildungsraums, Zürich/Berlin 2005.

[10] Ulrich Thielemann: Der unbemerkte Sachzwang zum Unternehmertum: Zur Aktualität Max Webers im Zeitalter globalen Wettbewerbs, in: Wirtschaft und Wertekultur(en), Georg Pfleiderer, Alexander Heit (Hg.), Zürich 2008, S. 75–103.

[11] Bildung in Deutschland 2010. Ein indikatorengestützter Bericht mit einer Analyse zu Perspektiven des Bildungswesens im demografischen Wandel. Im Auftrag der Ständigen Konferenz der Kultusminister der Länder der Bundesrepublik Deutschland und des Bundesministeriums für Bildung und Forschung. Bielefeld 2012, S. 2.

[12] Ulrich Bröckling: Das unternehmerische Selbst, Frankfurt am Main 2007.

[13] Jan Masschelein, Maarten Simons: Globale Immunität oder Eine kleine Kartographie des europäischen Bildungsraums, Zürich/Berlin 2005.

[14] Ullrich Thielemann: Der unbemerkte Sachzwang zum Unternehmertum: Zur Aktualität Max Webers im Zeitalter globalen Wettbewerbs, in: Wirtschaft und Wertekultur(en). Georg Pfleiderer, Alexander Heit (Hg.), Zürich 2008, S. 75–103.

[15] Günther Anders: Wir Eichmannsöhne. Offener Brief an Klaus Eichmann, München 1964.

[16] Matthias Burchardt: Relationale Anthropologie, in: Handbuch der Erziehungswissenschaft. Band I. Gerhard Mertens, Ursula Frost, Winfried Böhm, Volker Ladenthin (Hg.), Paderborn 2007, S. 517–536.

[17] Eugen Fink: Grundphänomene des menschlichen Daseins, Freiburg–München 1995.

ERNST ULRICH VON WEIZSÄCKER

WENIGER MATERIELLE, MEHR GEISTIGE RESSOURCEN – HEUTZUTAGE WERDEN MATERIELLE RESSOURCEN VERSCHWENDET. EINE REVOLUTIONÄRE VERBESSERUNG STEHT AN

Am Beginn des 21. Jahrhunderts kann es keinen Zweifel mehr darüber geben, dass die Menschheit vor einer überwältigenden Aufgabe steht, die nach einem langen Zeitraum eines euphorischen Fortschrittsoptimismus eine Besinnung, ein Umdenken und Umhandeln erforderlich machen. Das Ausmaß unseres Handelns ist angesichts einer Weltbevölkerung von sieben Milliarden Menschen und deren Bedarf auf dem begrenzten Raum unseres Planeten dramatisch geworden. Lokale Katastrophen waren in der Geschichte der Menschheit keine Seltenheit, jetzt allerdings sind wir erstmals im globalen Maßstab im Begriff, uns unserer eigenen Lebensgrundlagen zu berauben und damit unseren Untergang herbeizuführen.

Angesichts der gewaltigen ökologischen Herausforderungen, der andauernden ökonomischen Katastrophe und den damit verbundenen sozialen Ungerechtigkeiten kann es ein „Weiter-so" nicht geben.

Die Menschheit muss diese Fehlentwicklungen als Herausforderung annehmen, indem sie ihr Wissen und ihre Fähigkeiten in Hinblick auf einen nachhaltigen Umgang mit den begrenzten Ressourcen im begrenzten Biotop Erde einsetzt.

Der in den 80er Jahren des 20. Jahrhunderts durch den Brundtland-Bericht in die Diskussion eingegangene Begriff der Nachhaltigkeit ist alles andere als ein in die Jahre gekommener Modebegriff. Die Forderung nachhaltigen Wirtschaftens und Handelns ist unter den gegebenen Umständen ein Imperativ. Nachhaltigkeit ist ein der Forstwirtschaft entlehnter Begriff, der im heutigen Sprachgebrauch jede Form des Wirtschaftens auf ihre zukünftigen Auswirkungen hin unter dem Aspekt der Bewahrung und Schonung betrachtet. Für die Forstwirtschaft hieß das in Hinblick auf unkontrollierte Rodung und den Kahlschlag ganzer Landschaften, dass nicht mehr gefällt werden darf als nachwachsen kann.

Eigentlich sollte diese der Daseinserhaltung dienende Vorsorge eine dem Homo Sapiens eigene und selbstverständliche Kulturleistung sein. Im Gegenteil allerdings und im Angesicht der Katastrophen setzt die Menschheit die eigenen Lebensgrundlagen immer rücksichtsloser aufs Spiel.

Die Menschheit lebt über ihre Verhältnisse und im Grunde und im übertragenen Sinne auf zu großem Fuße. Mathis Wackernagel und William Rees entwickelten 1984 das Konzept des ökologischen Fußabdrucks, um einen Maßwert für einen den Ressourcen angemessenen Verbrauch bereitzuhalten. Der ökologische Fußabdruck bemisst sich an der Fläche, die notwendig ist, um den Lebensstandard jedes der zurzeit sieben Milliarden Menschen unter den derzeitigen Produktionsbedingungen zu gewährleisten.

„Um die Vorräte der Biosphäre nicht zu ruinieren, und die Abfallkapazität nicht zu überfordern, dürfen nicht mehr erneuerbare Ressourcen verbraucht, als von der Natur tatsächlich erneuert werden, und nicht mehr Abfälle erzeugt, als tatsächlich absorbiert werden."[2]

Dabei ist es zynisch, von der Menschheit zu sprechen. Es sind vor allem die Industrienationen, deren negative Bilanzen zu einer 30Prozentigen Übernutzung (Stand 2005) der regenerativen Kapazität der Erde beitragen.

Diese Bilanz macht überdeutlich, dass es an der höchsten Zeit ist, dieser Entwicklung Einhalt zu gebieten. In den 1970er Jahren entwickelten Paul Ehrlich und John Holdren die sogenannte IPAT Formel, die die Umweltbelastung (I = Umwelt-„impact") aus der Bevölkerungszahl (P = population), dem Pro-Kopf-Wohlstand (A = affluence, i.S. des Bruttoinlandprodukts) und dem Technologiefaktor (T) ermittelt. Danach ist $I = P \times A \times T$. Bevölkerungszahl und Pro-Kopf-Wohlstand sind die Werte, denen ein weiteres Ansteigen unterstellt wird. Es gilt also den Technologiefaktor zu verkleinern, um die Umweltbelastung zu reduzieren.

Die Botschaft dieses Beitrages und der in „Faktor Fünf" beschriebenen Systemverbesserungen in den relevanten Sektoren (Energieeffizienz, Übergang zu klimaneutralen Treibstoffen, Rückgewinnung von Wärme und Strom, erneuerbare Energien, Recycling, Produktverbesserung, Materialeffizienz, Verminderung anderer Treibhausgase als CO_2) ist eine 80 Prozent Reduzierung der Umweltbelastung durch eine neue technologische Revolution, die angesichts der technologischen Entwicklungen möglich ist und einen neuen Wachstumszyklus einleiten kann. Dieser muss allerdings ohne zusätzlichen Verbrauch von Energie, Wasser und Materialien auskommen. Ein neuer Wachstumszyklus muss „grün" sein, wenn er die existenziellen Belange der Menschheit auf diesem Planeten berücksichtigen will.

In „Faktor Fünf" zeigen wir in den Kapiteln „Gebäude", „Stahl und Zement", „Landwirtschaft" und „Verkehr" wie durch technische Innovationen das angestrebte Ziel einer fünffachen Erhöhung der Ressourcenproduktivität herbeigeführt werden kann.

Einige Beispiele seien genannt: Wir können heute dank des von Wolfgang Feist entwickelten Passivhauses die jährlichen Heiz- und Klimatisierungskosten auf ein Zehntel reduzieren. Im Bereich der Zementherstellung sind wir heute in der Lage durch Nutzung von Geopolymeren die Energiekosten auf ein Fünftel zu reduzieren.

Der Einsatz von Tröpfchenbewässerung in der Landwirtschaft führt zu enormen Einsparungen im Wasserverbrauch. Die Möglichkeiten des Wasserrecyclings sind noch lange nicht ausgeschöpft. Ich erinnere daran, dass das Wasser des Rheins allein zehn Mal durch die Zivilisation fließt, bevor es in Rotterdam das Meer erreicht.

Daneben muss der Ausbau der Kreislaufwirtschaft intensiviert werden. Bedenkt man mit welchen Umweltfolgen die sogenannten Seltenen Erden gefördert werden und wie gleichzeitig skandalös niedrig unsere Recyclingquoten – sie liegen unter einem Prozent – in Bezug auf diese Mineralien sind.

Die neue/grüne technologische Revolution muss der Industriellen Revolution, die seit rund 150 Jahren die Steigerung der Arbeitsproduktivität zum Ziel hatte, nachfolgen. Die Arbeitsproduktivität ist in diesem Zeitraum um das 20-Fache gestiegen, und jetzt ist der Faktor Arbeit überhaupt nicht mehr knapp oder unproduktiv. Auf dem Feld der Ressourcenproduktivität allerdings ist – bei gleichzeitiger Knappheit an Ressourcen und Energie – ein enormes Defizit festzustellen.

Der Mechanismus, der die Arbeitsproduktivität steigerte, war ein Ping-Pong mit den Bruttolöhnen. Steigt das eine, zieht das andere nach. Dieses wiederholte sich gut hundert Mal in den industrialisierten Ländern. Markvorteile hatten diejenigen Staaten, die in diesem Ping-Pong die Konkurrenz hinter sich lassen konnten.

Diesen Mechanismus auf den von Ressourcen und Energie zu übertragen sind diese Ausführungen geschuldet. An die Stelle von Arbeitsproduktivität und Lohnkosten treten Energieeffizienz und Energiepreise. Das heißt: Steigt die Energieeffizienz , werden die Energiepreise entsprechend angehoben. Energie- und Ressourcenproduktivität werden die wichtigsten Wettbewerbsfaktoren. Das ist der Kern der von uns angestrebten aufkommensneutralen ökologischen Steuerreform.

Diese Überlegungen bleiben im Rahmen einer Ideologie, die auf Liberalisierung, Deregulierung und Privatisierung setzt, allerdings Fiktion. Eine Verlagerung der operativen Verantwortung für das Marktgeschehen vom Staat auf die Privatwirtschaft, von öffentlichen Anliegen auf die Mehrung privaten Profits muss angesichts der ökologischen Folgen korrigiert werden. Die Mentalität, die den Staat als regulative Instanz ablehnte oder behinderte, hat sich ad absurdum geführt. Das ist spätestens durch die durch Deregulierung und Markteskapaden ausgelöste Finanzkrise von 2008 sichtbar geworden. Auch die ökologischen Katastrophen können als Marktversagen und zu schwache Regulierung verstanden werden.

Diese aus dem Gleichgewicht geratene Dominanz des Marktes ist nicht länger hinzunehmen. Für die Durchsetzung der von uns genannten Ziele bedarf es der Zusammenarbeit starker Staaten und einer engagierten Zivilgesellschaft. Nur auf dieser Ebene können die Voraussetzungen für angemessene rechtliche und moralische Rahmenbedingungen geschaffen werden, innerhalb derer sich die Märkte bewegen dürfen. Es geht um nichts weniger, als die öffentlichen Güter, zu denen voraussetzungslos unsere natürlichen Lebensgrundlagen gehören, gegen private Wohlstandsvermehrung durchzusetzen. Die Forderungen, die sich daraus ergeben, sind keine von Einzelwissenschaften, sondern politischer Art, in deren Zentrum die Aufgabe, die Grundlage des Lebens auf der Erde wiederherzustellen und zu beschützen, steht.

Diese Aufgabe muss vom Staat und der Staatengemeinschaft angenommen werden. Nur ein langfristig nach oben gerichteter Preispfad für Energie und Ressourcen gewährleistet einen effizienten und sozial akzeptablen Rahmen für die Entwicklung und die breite Durchsetzung der ehrgeizigen Faktor-Fünf-Innovationen.

Ohne die vom Staat garantierte Verlässlichkeit kann man weder Investoren, der Industrie, dem Handel noch dem Konsumenten zumuten, sich langfristig in der gewünschten Richtung festzulegen. Und ohne Festlegungen wiederum werden die Heerscharen von Ingenieuren in der Privatwirtschaft und in öffentlichen wissenschaftlichen Institutionen keine Neigung haben, die langfristige und systemhafte Verbesserung der Ressourcenproduktivität anzupacken.

Nachdem technologische Revolution und politische Steuerung thematisiert wurden, gilt es, noch einmal auf die IPAT-Formel zurückzukommen. Die Komponente T in der Formel lässt sich um den Faktor 5 verbessern. Wir wenden uns jetzt der Komponente A (affluence) zu, dem Pro-Kopf-Wohlstand. Konventionell wird dieser immer im Sinne des Bruttoinlandprodukts (BIP) gedeutet. Dabei wissen wir, dass Werte wie Gesundheit, erfüllende Partnerschaft, soziale und kulturelle Teilhabe einen höheren Stellenwert als der Verbrauch materieller Güter einnehmen können.

Ein vom Bruttoinlandsprodukt (BIP) teilweise abgekoppelter Messwert für Wohlstand ist der Human Development Index (HDI). Dieser von dem pakistanischen Ökonomen Mahbub ul Haq entwickelte Index berücksichtigt neben dem Pro-Kopf-Einkommen Bildung und Gesundheit (Lebenserwartung) als wichtige Parameter. Der in diesem Index errechnete Wert 1 bezeichnet den Idealzustand. Bei Werten unter 0,8 ist die menschliche Entwicklung unbefriedigend, und bei 0,2 herrscht bittere Armut. Die Verbindung des ökologischen Fußabdrucks mit dem HDI definiert eine Zielmarke, die als „Viereck der nachhaltigen Entwicklung" bezeichnet wird: Fußabdruck unterhalb von zwei Hektar, HDI oberhalb 0,8. Die zentrale Aussage unseres Buches „Faktor Fünf" ist, dass die Verfünffachung der Ressourcenproduktivität alle Länder in das Nachhaltigkeitsviereck bringen könnte.

Der Weg dorthin muss das Ziel einer nachhaltigen Zivilisation sein, die als eine humane Zivilisation denen, die am Existenzminimum leben, ein menschenwürdiges Dasein ermöglichen und den eigenen, überzogenen und ökologisch „gefährlichen" Lebensstil überdenken und revidieren muss. Das heißt mit anderen Worten, dass neben einer technologischen Effizienzrevolution ein Paradigmenwechsel in Bezug auf die Lebensführung der „auf zu großem Fuße lebenden" Teile der Weltbevölkerung einsetzen muss.

In den letzten Jahren hat sich im Rahmen der Diskussion (vor allem) um die Post-Wachstumsgesellschaft der Begriff der Suffizienz etabliert. Suffizienz – oder Genügsamkeit – kann in einer Kultur, die sich in erster Linie über einen von der Werbung dynamisierten Konsum definiert, wie eine Drohung klingen. Aber es geht tatsächlich nur um einen eleganten, eingeschränkten Verbrauch; es geht um eine verantwortungsvolle und bewusste Lebensführung, die Rücksicht auf ihre eigenen (Lebens-)Voraussetzungen nimmt und den oben genannten Werten gegenüber einem maßlosen materiellen Konsum einen höheren Stellenwert einräumt.

Das setzt aber auch ein grundsätzliches Überdenken unseres Menschenbildes voraus, das gegenüber dem Egoismus-Wettbewerbs-Menschenbild, dem der *homo oeconomicus* entspricht, das Kooperations-Kultur-Menschenbild stark macht.
Ersteres, von Thomas Hobbes (1588–1679) über Adam Smith (1723–1790), Jeremy Bentham (1748–1832), William James (1842–1910), Herbert Spencer (1820–1903) bis zu Milton Friedman (1912–2006) in der Tradition angelsächsischer Philosophie stehende Welt- und Menschenbild hat unmittelbare Auswirkungen auf die ökonomische und soziale Entwicklung der *modernen* Gesellschaften gehabt.
Dem gegenüber stellt die biologische Anthropologin Mary Clark die auf Kooperation und Bindung angelegte Natur des Menschen. Dies kommt einem philosophischen und sozialen Paradigmenwechsel gleich. Denn diese für den Menschen existenzielle Kategorie gilt auch für die Staatengemeinschaft, die bei der Bewältigung der globalen Krisen im Bewusstsein der gemeinsamen Verantwortung für unseren Planeten mehr denn je auf Kooperation angewiesen ist.
Die Bedeutung des Staates aber hat in den 1980er Jahren und endgültig mit dem Zusammenbruch des Kommunismus nach 1990 an Gewicht verloren. Es gilt also, die Balance zwischen Wirtschaft und Staat wiederherzustellen und dem Staat als regulative Instanz und globalen Vertragspartner seine Bedeutung zurückzugeben.
Auf der Ebene des Verhältnisses der Industriestaaten zu den Entwicklungsländern stellen sich die Forderungen im Rahmen eines verantwortungsvollen Wachstums auf drei Ebenen. Für den Norden bedeutet es, auf der Basis höchster Ressourceneffizienz einen vernünftigen und genügsamen Lebensstil für sich zu entdecken. Im Verhältnis der Staaten des Nordens zu denen des Südens muss selbstverständlich sein, dass jeder Mensch auf der Erde das gleiche Naturnutzungsrecht hat. Für den Süden muss das heißen, dass ein verantwortungsvolles Wachstum nicht auf der Grundlage des Kopierens eines nachweislich Ressourcen zerstörenden Lebensstils (der Industriestaaten) bestehen kann und darf.

Ich hoffe, mit diesen technischen, politischen und philosophischen Visionen, die als mein Beitrag für die Gestaltung eines verantwortungsvollen und nachhaltigen Lebens im Rahmen des Werkbundtages und dieser Publikation anzusehen sind, den Erwartungen, die sich hinter dem Titel dieses Buches aussprechen, gerecht geworden zu sein. Dem interessierten Leser empfehle ich die vertiefende Lektüre von „Faktor Fünf", auf dem diese Ausführungen basieren.

[1] Auf der Basis des von Ernst Ulrich von Weizsäcker frei gehaltenen Vortrags redigiert von Ulf Kilian.

[2] Ernst Ulrich von Weizsäcker, Karlson Hargroves, Michael Smith: Faktor Fünf – Die Formel für nachhaltiges Wachstum, München 2010, S. 20.

AUTORINNEN UND AUTOREN

Thorsten Bürklin, Prof. Dr. phil.
Studium der Architektur und Philosophie in Karlsruhe und Florenz. Promotion in Karlsruhe zum Dr. phil. (Philosophie).
Professor für Geschichte und Theorie der Architektur an der msa | Münster School of Architecture sowie an der Fachhochschule Frankfurt am Main (Praxis und Theorie der Stadt). Bologna-Preis 2010 der FH Münster für herausragende Leistungen in der Lehre. Von 2005 bis 2007 verantwortlicher Redakteur von „werkundzeit" (Zeitschrift des Deutschen Werkbunds). Tätigkeiten als freier Architekt.
Ausgewählte Publikationen: Balance und Krise. Weltgestaltende Individualität und Werk in der italienischen Renaissance, Hildesheim und andere 1997; AuftritteScenes. Interaktionen mit dem architektonischen Raum: die Campi Venedigs (mit A. Janson), Basel u.a. 2002; Lokale Identitäten in der globalen Stadtregion. „Alltagsrelevante Orte" im Ballungsraum Rhein-Main (mit M. Peterek), Frankfurt am Main 2006; Orte öffentlichen Lebens in der Stadtregion (hg. mit P. Kreisl u. M. Peterek), Frankfurt am Main 2007.

Matthias Burchardt, Dr. Phil.
Studium der Philosophie, Germanistik und Erziehungswissenschaft in Köln, Promotion zum Doktor der Philosophie.
Zur Zeit Lehrstuhlvertretung Allgemeine Pädagogik an der PH Ludwigsburg. Tätigkeiten: unter anderem Akademischer Rat am Institut für Bildungsphilosophie, Anthropologie und Pädagogik der Lebensspanne, Radiophilosoph beim Westdeutschen Rundfunk, Kurator am Rheinischen Landestheater in Neuss, Verfasser der Kölner Erklärung „Zum Selbstverständnis der Universität", Vorträge zur Ökonomisierung von Bildung.
Mitglied unter anderem Geschäftsführung der Gesellschaft für Bildung und Wissen, Martin-Buber-Gesellschaft, Görres-Gesellschaft, Kölner Kreis für humane Geburtskultur. Themenschwerpunkte: Anthropologie, Bildungstheorie, Phänomenologische Pädagogik, Bildungspolitik.
Ausgewählte Publikationen: Erziehung im Weltbezug 2001, Abschied vom Menschen? 2006, Von der Verantwortung der Verantwortung 2007 (jeweils in: Vierteljahrsschrift für wissenschaftliche Pädagogik). Pädagogische Anthropologie, in: Handbuch Erziehungswissenschaft 2007.

Adrienne Goehler, Dipl.-Psych.

Studium der Romanistik und Germanistik an der Universität Freiburg, Studium der Psychologie in Hamburg.

Derzeit unter anderem tätig als Autorin und Kuratorin. Zuvor unter anderem Präsidentin der Hochschule für bildende Künste in Hamburg; Abgeordnete der von ihr initiierten GAL-Frauenfraktion in der Hamburgischen Bürgerschaft; Mitbegründerin des Rates für Frauen in Wissenschaft, Technik und Kunst; Senatorin für Wissenschaft, Forschung und Kultur in Berlin; Kuratorin des Hauptstadtkulturfonds; Dozentin Universität St. Gallen; Initiatorin und Kuratorin der künstlerischen Intervention „Art goes Heiligendamm" anlässlich des G8-Gipfels in Heiligendamm 2007; Seit 2010 Ausstellung „Zur Nachahmung empfohlen! Expeditionen in Ästhetik und Nachhaltigkeit"; 2013 wall on wall, Ausstellung des Fotografen Kai Wiedenhöfer.

Mitglied im Rundfunkrat des NDR; im Kunstbereit der Internationalen Frauenuniversität (ifu); Kuratorium der "Europäischen Akademie für Frauen in Politik und Wirtschaft" Berlin; Vorstand der Internationalen Frauenuniversität (ifu)/Womens' Institute of Technology, Development and Culture (W.I.T.); Vorstand von Berlin 21, dem Dach der Berliner Agenda-Initiativen; Aufsichtsrat der tageszeitung (taz); Kuratorium der Europäischen Kulturhauptstadt Ruhr 2010; Aufsichtsrat des Arsenal, Institut für Film und Videokunst e. V.

Ausgewählte Publikationen: Verflüssigungen. Wege und Umwege vom Sozialstaat zur Kulturgesellschaft (2006); Tausend Euro für jeden. Freiheit, Gleichheit, Grundeinkommen (2010); Hg.: Zur Nachahmung empfohlen! Expeditionen in Ästhetik und Nachhaltigkeit. Ausstellungspublikation (2010).

Albrecht Göschel, Dr. rer. pol., Dipl.-Ing.

Studium der Architektur und Stadtplanung in Hannover und Berlin; der Soziologie/Sozialpolitik in Essex, England; Promotion in Soziologie an der Universität Bremen.

Bis 2006 tätig als wissenschaftltlicher Mitarbeiter und Projektleiter am Deutschen Institut für Urbanistik (Difu) Berlin, unter anderem Leitung und Koordination des Forschungsverbundes „Stadt 2030" des Bundesministeriums für Bildung und Forschung, des Projektverbundes „Familienfreundliche Stadt"; Forschungen zum Wertewandel in den alten und neuen Bundesländern, zur Kulturpolitik etc.; Stadtplaner in München und Frankfurt am Main, Wissenschaftlicher Mitarbeiter an den Universitäten Göttingen und Bremen, HdK Bremen; Lehrbeauftragter an den Universitäten Frankfurt am Main, Göttingen, FU Berlin, HU Berlin; Dozententätigkeit am Institut für Städtebau, Berlin (Referendarsausbildung unter anderem), Gastdozent an der Hochschule für Musik und Darstellende Kunst, Wien; am Internationalen Zentrum für Kultur und Management (ICCM) Salzburg; an der Hochschule für Wirtschaft und Politik Hamburg und der Fernuniversität Hagen.

Ehrenamtliche Tätigkeiten als Erster Vorsitzender des „Forums gemeinschaftliches Wohnen e. V." (2007 bis 2010) und in der Kulturpolitik. Akademiepreisträger der Evangelischen Akademie Baden 2007.

Themenschwerpunkte/Publikationen: Zukunft der deutschen Stadt; Kultur- und Sozialpolitik, Kultureller und Sozialer Wandel, Stadtschrumpfung, Demographie, Generationsbeziehungen, Kultursoziologie, Architektur- und Planungstheorie, Gemeinschaftliches Wohnen.

Ludger Heidbrink, Prof. Dr. phil.

Studium der Philosophie, Germanistik und Kunstgeschichte in Münster und Hamburg. Promotion an der Universität Hamburg im Fach Philosophie. Habilitation im Fach Philosophie an der Universität Kiel (2002).

Seit 2012 Professor für Praktische Philosophie an der Christian-Albrechts-Universität zu Kiel. Seit

2009 tätig als außerplanmäßiger Professor für Corporate Responsibility und Corporate Citizenship an der Universität Witten-Herdecke. Zuvor unter anderem Wissenschaftlicher Mitarbeiter und Lehrbeauftragter an den Universitäten Hamburg, Rostock, Lüneburg und Kiel (1992). Seit 2003 Privatdozent an der Universität Kiel. Ab 2004 Leiter der Forschungsgruppe „Kulturen der Verantwortung" am Kulturwissenschaftlichen Institut Essen. Seit 2007 Direktor des „Center for Responsibility Research" am Kulturwissenschaftlichen Institut Essen.

Arbeits- und Forschungsschwerpunkte: Verantwortungsethik, Wirtschafts- und Unternehmensethik, Politische Philosophie, Sozial- und Kulturphilosophie.

Ausgewählte Publikationen: Kritik der Verantwortung. Zu den Grenzen verantwortlichen Handelns in komplexen Kontexten, Weilerswist 2003; Verantwortung in der Zivilgesellschaft. Zur Konjunktur eines widersprüchlichen Prinzips, zusammen mit Alfred Hirsch, Frankfurt/New York 2006; Staat ohne Verantwortung? Zum Wandel der Aufgaben von Staat und Politik, zusammen mit Alfred Hirsch, Frankfurt/New York 2007; Handeln in der Ungewissheit. Paradoxien der Verantwortung, Berlin 2007; Verantwortung als marktwirtschaftliches Prinzip. Zum Verhältnis von Moral und Ökonomie, zusammen mit Alfred Hirsch, Frankfurt/New York 2008; Unternehmertum. Vom Nutzen und Nachteil einer riskanten Lebensform, zusammen mit Peter Seele, Frankfurt/New York 2010.

Konrad Hummel, Dr. rer. soc.

Studium der Pädagogik und der Soziologie an der Goethe-Universität in Frankfurt am Main, (Diplompädagoge, Erziehungswissenschaften). Promotion an der Universität Tübingen.

Derzeit tätig als Beauftragter der Stadt für Bürgerbeteiligung in Konversionsentwicklung der Stadt Mannheim; zuvor unter anderem Bereichsleiter Politik im Bundesverband vhw , Wohnen und Stadtentwicklung e. V. Berlin; Mitglied im Stadtrat Fellbach (1980–86) und Augsburg (2002–2008); Lehrtätigkeiten an Universitäten (Duisburg: Gemeinwesenarbeit), Berufsakademie (Stuttgart: Gerontologie) und Deutschem Jugendinstitut (DJI). Von 1992 bis 2002 Koordination und Durchführung von Projekten im Rahmen der Zusammenarbeit der Regionen Europas (Rhone-Alpes, Lombardei, Katalonien, Schottland, Polen).

Mitglied im Beirat der Blätter der Wohlfahrtspflege, Mitarbeit bei Bertelsmann-, Bosch-, Ebert- und Adenauerstiftung, sowie Stiftung Bürger für Bürger und Kuratorium Deutsche Altenhilfe (KDA), Gründungsmitglied des Bundesnetzwerkes Bürgerengagement (BBE), Mitarbeit im Gesprächskreis Bürgerengagement des Bundespräsidenten, Mitglied in der Geschäftsführung des Nachbarschaftsheimes Schöneberg.

Ausgewählte Publikationen: 1982: Öffnet die Altersheime, 1986: Wege aus der Zitadelle, 1991: Freiheit statt Fürsorge, 1995: Bürgerengagement, 2007: in von der Leyen, Ursula: Füreinander da sein. Miteinander Handeln, 2009: Die Bürgerschaftlichkeit unserer Städte, 2010: Urbane Landschaften: Lernlandschaften durch das Engagement von Stadt, Unternehmen (CSR) und Bürgerschaft.

Ulf Kilian

Studium der Freien Kunst an der Staatlichen Hochschule für Bildende Künste – Städelschule in Frankfurt am Main und der Philosophie, Kunstgeschichte und Kunstpädagogik an der Goethe-Universität in Frankfurt am Main.

Tätigkeiten: Seit 2011 Vorsitzender des Deutschen Werkbundes e. V.; seit 2000 Vorsitzender des Deutschen Werkbundes Hessen e. V.; künstlerische Tätigkeiten im bildenden und performativen Bereich; zahlreiche Ausstellungen im In- und Ausland; Initiator der Werkgespräche für zeitgenössische Kunst beim Deutschen Werkbund Hessen (1999). Mitbegründer des Ensembles daimonion (1998); Gründung der Firma techne (1989).

Frederic J. Schwartz, Prof. Dr. phil.

Studium der Kunstgeschichte an der Columbia University, New York; Promotion mit einer Arbeit zur Geschichte des Deutschen Werkbundes zwischen 1907 und 1914.

Neben seiner Tätigkeit als Professor für Kunstgeschichte und Architektur am University College London ist Frederic J. Schwartz in den vergangenen Jahren auch kuratorischer Berater, so unter anderem bei der Ausstellung Modernism: Designing a New World, 1914–1939 im Victoria & Albert Museum, London (2004), bei der Neukonzeption des Museums der Dinge, Berlin (2006) , bei der Stiftung Bauhaus anläßlich der großen Bauhaus-Ausstellung 2009. Zudem war Frederic J. Schwartz Mitglied eines internationalen Beratungsteams des Deutschen Werkbundes Berlin, das zwischen 2005 und 2007 Projekte zum 100. Jubiläum des Deutschen Werkbundes konzipierte (Stadt, Morgen, organisiert von Bernhard Schneider).

Seit 1996 ist Frederic J. Schwartz im Herausgebergremium des Oxford Art Journal.

Seine Forschungsschwerpunkte unter anderem sind die Geschichte des Deutschen Werkbundes, Kunst der deutschen Avantgarde im 20. Jahrhundert und die Historie der Kunstgeschichte als akademische Disziplin.

Ausgewählte Publikationen: Blind Spots: Critical Theory and the History of Art in Twentieth-Century Germany. New Haven, London 2005; The Werkbund. Design Theory and Mass Culture before the First World War, New Haven, London 1996 (deutsche Ausgabe: Der Werkbund. Ware und Zeichen 1900–1914, erschienen im Verlag der Kunst, Dresden, Berlin 1999); ‚Funktionalismus heute': Adorno, Bloch und das Erbe des Modernismus in der der BRD, in: Mythos Bauhaus: Zwischen Selbsterfindung und Enthistorisierung, Hg. von Anja Baumhoff und Magdalena Droste, Berlin 2009, S. 315–335; Werkbund und Bauhaus: Eine Neubetrachtung der Verbindungen, in: bauhaus global, Hg. von Annemarie Jaeggi, Berlin 2010, S.39–48.

Martin Seel, Prof. Dr. phil.

Studium der Germanistik, Philosophie und Geschichte in Marburg und Konstanz; Promotion zum Doktor der Philosophie bei Albrecht Wellmer; Habilitation in Konstanz.

Derzeit tätig als Professor für Philosophie an der J. W. Goethe-Universität Frankfurt am Main; zuvor Professor für Philosophie an der Universität Hamburg und an der Justus-Liebig-Universität in Gießen. Seine Themenschwerpunkte liegen in den Bereichen der Erkenntnistheorie und Sprachphilosophie sowie der Ethik und Ästhetik.

Ausgewählte Publikationen: Die Kunst der Entzweiung. Zum Begriff der ästhetischen Rationalität, Frankfurt am Main 1985; Eine Ästhetik der Natur, Frankfurt am Main 1991; Versuch über die Form des Glücks, Frankfurt am Main 1995; Ästhetik des Erscheinens, München 2000; Sich bestimmen lassen. Studien zur theoretischen und praktischen Philosophie, Frankfurt am Main 2002; Adornos Philosophie der Kontemplation, Frankfurt am Main 2004; Die Macht des Erscheinens. Texte zur Ästhetik, Frankfurt am Main 2007, Theorien, Frankfurt am Main 2009; 111 Tugenden, 111 Laster. Eine philosophische Revue, Frankfurt am Main 2011.

Ulrich Thielemann, Dr. rer. oec.

Studium der Wirtschaftswissenschaften an der Universität Wuppertal; Promotion 1996 mit der Arbeit „Das Prinzip Markt. Kritik der ökonomischen Tauschlogik" bei Peter Ulrich an der Universität St. Gallen; Habilitation im Fach Wirtschaftsethik 2011 an der Universität St. Gallen.

2011 gründete er in Berlin den Thinktank „MeM – Denkfabrik für Wirtschaftsethik" und leitet diesen seither. Zuvor war er unter anderem Vizedirektor des Instituts für Wirtschaftsethik der Universität St. Gallen. Dort war er zwischen 2003 und 2010 auch Lehrbeauftragter für Wirtschaftsethik. Seit 2005 ist er Associate Professor für Wirtschaftsethik der Universität Educatis (Altdorf, Schweiz). Ebenfalls seit 2005 ist er Ethik-Revisor bei der ABS, Alternative Bank Schweiz. 2011 war er Gastprofessor für Wirtschaftsethik an der Universität Wien. Seit 2011 ist er Stellvertretender Vorsitzender des Beirates des Ökosozialen Forums Deutschland.

Ausgewählte Publikationen: „System Error. Warum der freie Markt zur Unfreiheit führt" (Frankfurt am Main 2009, Westend Verlag), „Standards guter Unternehmensführung. Zwölf internationale Initiativen und ihr normativer Orientierungsgehalt" (Bern und andere 2009, Haupt Verlag, mit Peter Ulrich) sowie „Wettbewerb als Gerechtigkeitskonzept. Kritik des Neoliberalismus" (Marburg 2011, Metropolis; Habilitationsschrift).

Ernst Ulrich von Weizsäcker, Dr. rer. nat.

Studium der Physik in Hamburg, Promotion in Freiburg zum Dr. rer. nat. (Biologie).

Tätigkeiten als Professor für Biologie an der Universität Essen; Präsident der Universität/GH Kassel; Direktor am UNO Zentrum für Wissenschaft und Technologie in New York, Direktor des Instituts für Europäische Umweltpolitik, Bonn, London, Paris; Präsident des Wuppertal Instituts for Klima, Umwelt, Energie; MdB für Stuttgart 1, SPD (1999–2002 Vorsitzender Enquetekommission Globalisierung; 2002-2005 Vorsitzender des Umweltausschusses); Dean, Donald Bren School for Environmental Science and Management, Univiversity of California, Santa Barbara, USA; 2008 (ehrenamtl.) Ko-Präsident, International Resource Panel, wohnhaft in Emmendingen.

Mitglied unter anderem Club of Rome (Kopräsident); Europäische Akademie der Wissenschaften; World Academy of Art and Science; SPD (1968–72 und 1999–2001 Landesvorstand der SPD Baden-Württemberg), Vereinigung Deutscher Wissenschaftler (1988–91 Vorsitzender; 2003–2006 Vorstandsmitglied), Ehrungen unter anderem Ehrendoktor der Soka-Universität Japan (2001); Takeda Award for Environmental Excellence (2002); Deutscher Umweltpreis (2008); Großes Bundesverdienstkreuz der Bundesrepublik Deutschland (2009); Ehrendoktor der Universität Belgrad (2010); Theodor Heuss Preis (2011).

Ausgewählte Publikationen: 1989: Erdpolitik; 1995: Faktor Vier. Doppelter Wohlstand, halbierter Naturverbrauch. (mit A. und H. Lovins); 2000: Politik für die Erde; 2006: Grenzen der Privatisierung (hg. mit O.Young und M. Finger), 2010: Faktor Fünf (mit Charlie Hargroves und M. Smith).

IMPRESSUM

Für die finanzielle Unterstützung der vorliegenden Publikation und des Werkbundtages 2011 leben//gestalten danken wir dem Kulturfonds Frankfurt RheinMain.

Umschlagcollage: Thomas Schriefers DWB
Konzept und Redaktion: Ulf Kilian DWB
Gestaltung und Satz: Martina Voegtler DWB
Druck und Bindung: fgb freiburger graphische betriebe

Bibliografische Information der Deutschen Nationalbibliothek
Die Deutsche Nationalbibliothek verzeichnet diese Publikation in der Deutschen Nationalbibliografie; detaillierte bibliografische Daten sind im Internet über http://dnb.d-nb.de abrufbar.

jovis Verlag GmbH
Kurfürstenstraße 15/16
10785 Berlin
www.jovis.de

ISBN 978-3-86859-156-9

kulturfonds
frankfurt**rheinmain**